Guérir nos âmes blessées

Dessins de Muzo

DR DAVID GOURION

Guérir nos âmes blessées

La révolution des thérapies

MARABOUT

Sommaire

Entre la vie et moi, une vitre mince. J'ai beau voir et comprendre la vie très clairement, je ne peux la toucher. [...] Je regrette amèrement, bien souvent, de ne pas être le marin de ce bateau, le cocher de cette calèche, n'importe quel Autre imaginaire dont la vie, n'étant justement pas la mienne, me pénètre intimement, délicieusement, par la seule force de mon désir et du seul fait qu'elle m'est étrangère !

Fernando PESSOA
Le livre de l'intranquillité

Préambule

Une histoire d'oiseaux, de rêves et de philosophes

Permettez-moi de relater brièvement l'histoire échevelée de deux événements qui conduisirent à l'écriture de ce livre ; c'est anodin mais sans doute plus amusant qu'une fastidieuse préface.
Tout commence un samedi matin de printemps. Comme tant d'autres avant moi, pour avoir le début du début d'une vague idée, je dois bouger.
Ce matin, c'est en longeant l'allée des Cygnes que je cours en contemplant les reflets irisés du soleil sur la peau verte et toute fripée de la Seine. Je sais que je veux écrire sur les avancées en santé mentale, expliquer pourquoi se faire aider peut sauver. Je cours plus vite, j'accélère mes foulées, mon cœur palpite, la musique est à fond, je commence à me sentir euphorique. Je fais une pause, j'enlève les écouteurs et là, petit sourire du jour levant, juste au-dessus de moi, un petit oiseau piaille avec insistance. Son « Cui ! Cui ! Cui » semble me dire « Vis ! Vis ! Vis ! ». Après coup, cela fait tellement fleur bleue… Mais sur le moment, cela semblait « émotionnellement » tellement évident…
Cependant, dis, l'oiseau, il va falloir m'aider à développer un peu. Mince, il est déjà parti !

Quelques semaines plus tard, seconde impulsion, sous la forme d'un rêve étrange. Contrairement à Dante, ce n'était pas Homère

qui me guidait au cours de cet étrange périple, mais deux philosophes. D'un côté Nietzsche tonnait : « Donnez-moi un pourquoi et je trouverai tous les comment ! » De l'autre, Spinoza expliquait avec douceur : « Dieu… C'est-à-dire la nature. »
Avant de me dire adieu, ils se retournèrent pour un dernier conseil : « Vis et aime, du plus fort que tu peux, il n'y a que cela. *Amor Fati*. Le reste n'a aucune importance. Strictement aucune. »

Vous avez peut-être l'impression que je me moque avec mes histoires d'oiseaux, de philosophes et de rêves ? Et, surtout, quel rapport avec les thérapies ?
Mais cela sert exactement à ça, une psychothérapie : à apprendre à vivre et à aimer. À commencer par soi-même.
L'essentiel est là : « Aime et vis. » Il n'y a rien d'autre.
Tous les oiseaux le savent !

Introduction

L'immense succès de *En thérapie** n'est pas un hasard. Les thérapies fascinent. Comme de nombreux collègues, je me suis précipité devant la série réalisée par Olivier Nakache et Éric Toledano et je suis redevenu, le temps des épisodes, un enfant curieux. Mais ayant vite remis ma casquette de professionnel, conscient des immenses défis actuels, je me suis demandé comment aider celles et ceux qui en ont besoin – et qui sont toujours plus nombreux – à mieux comprendre leurs émotions, à se poser les bonnes questions et à se tourner vers les solutions appropriées. « S'il faut avoir une musique en soi pour faire danser le monde », comme l'écrivait Nietzsche, alors la thérapie est cette « danse au bord de l'abîme ». À notre époque de masques et d'écrans où « l'abîme nous contemple à mesure que nous l'approchons », ce livre est une invitation à entrer dans la danse.

LA RÉVOLUTION DES THÉRAPIES

Nous assistons à une véritable révolution** dans le domaine des thérapies, et cette révolution ne fait que commencer. Il me semblait fondamental que chacun puisse comprendre ces avancées, d'une façon claire, pragmatique et accessible. J'ai tenté l'ambitieux pari d'une approche globale, intégrant psychothérapies de

* D'après *Arte*, l'adaptation française de la série israélienne *BeTipul* aurait généré 50 millions de vues cumulées pour la saison 1 et 20 millions de vues pour la saison 2, un mois seulement après sa diffusion.

** Je pèse le mot, qui est lourd de sens, en particulier dans notre pays !

différentes obédiences, psychotropes et neurosciences. Cette approche est résolument tournée vers l'avenir et la recherche, avec un tour d'horizon des stratégies émergentes, notamment les thérapies sous psychédéliques et la neurostimulation.

Le monde des émotions et de la santé mentale demeure mystérieux pour le plus grand nombre. Déni, méconnaissance, banalisation : ici plus que dans n'importe quel autre domaine, les idées reçues lèvent un voile d'obscurité qui freine l'accès aux soins. Pour autant, nous sommes tous concernés.

SANTÉ MENTALE : QUI EST CONCERNÉ ?

Qui est concerné par les problèmes de santé mentale ? Potentiellement tout le monde, mais pas à n'importe quel moment. En effet, compte tenu de la forte prévalence des troubles émotionnels, chacun d'entre nous est susceptible d'être touché, que ce soit pour soi ou dans son entourage proche. À ceux qui se croient immunisés contre la dépression, comme s'il s'agissait d'une question de force mentale, je dis simplement : ne me croyez pas sur parole, lisez les chiffres et estimez-vous chanceux d'avoir été épargnés jusque-là ! De fait, les troubles psychiatriques constituent un véritable fléau en termes de santé publique : la dépression, selon l'OMS[1], touche 280 millions d'individus à travers le monde et elle est la première cause de handicap.

Quant à ceux qui objectent que les troubles psychiques sont des problèmes de riches occidentaux modernes, c'est-à-dire au fond une question de mode, on doit répondre que c'est factuellement faux : les souffrances psychiques ont existé de tout temps. Certes la psychologie s'est constituée comme science au XIXe siècle, mais n'est-ce pas de l'Antiquité gréco-romaine que nous viennent les termes « thérapie* » et « psyché** » qui composent le mot

* Du grec *therapeía*, soins aux dieux.

** Du grec *psyche*, âme, souffle de vie ou encore énergie vitale.

« psychothérapie » ? Pythagore ne présupposait-il pas déjà, près de cinq cents ans avant J.-C., que le cerveau est le siège de l'intelligence et de la folie ? Quant à Socrate, n'était-il pas l'illustre pionnier des thérapies de restructuration cognitive modernes lorsqu'il déclarait dans ses dialogues ne posséder qu'un seul art, celui de la maïeutique*, qui consiste à procéder exclusivement par questions successives sans jamais chercher à imposer ses propres certitudes ? Et faut-il oublier Hippocrate, Aristote, Lucrèce, Galien ou encore l'illustre Arétée de Cappadoce, qui posèrent les premiers jalons des théories de l'esprit et des soins psychiques ?

LE STRESS DU QUOTIDIEN

Les causes des troubles psychiques ont des racines multiples et complexes qui combinent l'innée et l'acquis : il y a des familles dans lesquelles l'anxiété ou la dépression sévissent, d'autres dans lesquelles le diabète ou le cholestérol se transmettent de génération en génération. Chacun d'entre nous affrontera au cours de l'existence son lot d'épreuves : qui un accident, qui un deuil, qui une maladie, une séparation, un licenciement ou une situation de précarité.

Mais le facteur omniprésent est le stress du quotidien, ou plutôt l'accumulation chronique de stress. Bien souvent, cet excès de stress chronique s'accompagne de mauvaises stratégies de compensation qui l'aggravent, comme les addictions. Le poids du stress de nos vies trépidantes a été alourdi par plusieurs lames de fond : la pandémie de Covid, la guerre en Ukraine et l'urgence climatique entraînent une augmentation nette des symptômes anxieux et dépressifs en population générale[2], dans toutes les classes d'âge, mais en particulier chez les jeunes[3].

---

* Maïeutique : l'art d'accoucher (de soi en l'occurrence pour Socrate).

Au-delà de ces catalyseurs majeurs, notre époque est caractérisée par la vitesse et la complexité. Héraclite l'a dit il y a 2 500 ans, on ne se baigne jamais deux fois dans le même fleuve : cela n'a jamais été aussi vrai ! L'individu – comme la société – est en profonde mutation, et ce, dans tous les domaines de la vie : les valeurs, l'équilibre travail-loisirs, l'égalité des sexes, la structure familiale, le numérique, l'écologie, etc. La question du sens que nous cherchons à donner à nos activités – et plus généralement à nos vies – se fait de plus en plus pressante. Certes, nous n'assistons pas en France au Big Quit des États-Unis, mais on observe une augmentation sensible et continue des démissions[4]. Les étudiants, qui ont toujours été la figure de proue des avancées sociales, s'autorisent à remettre en cause les modèles dominants et interpellent leurs aînés, que ce soit dans les universités ou dans les grandes écoles, à AgroParisTech, Sciences Po, X ou HEC. Dans ce monde mouvant, chacun est plus que jamais astreint à l'autonomie et à la responsabilité, alors même que les repères tendent à s'effacer et que les modèles traditionnels de solidarité s'effritent. Chacun est soumis à l'injonction de trouver sa place et de réussir sa vie, mais sans mode d'emploi. Certes, à l'ère du post-MeToo et de la Ciivise*, les choses avancent dans plusieurs domaines fondamentaux, mais les violences sexuelles sont toujours fréquentes et la prévention encore insuffisante.
Dans un monde où chacun est un navigateur sans carte ni boussole, prendre soin de soi est plus que jamais essentiel.

LA THÉRAPIE : SOIN OU QUÊTE ?

Au-delà de la santé mentale et du soin, la psychothérapie conduit souvent à aborder les rivages des questions existentielles. À ce titre, plus qu'une proximité, il y a une véritable parenté entre

---

* Commission indépendante sur l'inceste et les violences sexuelles faites aux enfants.

la quête philosophique et le travail psychothérapique. Prendre conscience de ses difficultés émotionnelles est loin d'être simple, et le fameux « Connais-toi toi-même » socratique est l'ambitieux projet de toute une vie, même pour les psys !

Le chemin de celui qui s'interroge sur son fonctionnement psychique et décide d'entamer ce voyage a quelque chose d'initiatique, à l'image de celui de Dante, perdu « au milieu du chemin de la vie ». Cette *midlife crisis* existentielle, que l'on peut vivre à 20 ans comme à 60 ans, n'est pas qu'un « travail », c'est aussi une quête. Cette quête, tous ceux qui l'ont réalisée, quelle que soit l'approche psychothérapique choisie, vous le diront : il y a un avant et un après. Avoir la liberté de pouvoir se poser la question à un moment de sa vie est indéniablement une chance et un privilège.

Aussi, ce livre s'adresse à la lectrice ou au lecteur curieux qui souhaite mieux comprendre les troubles émotionnels et les thérapies actuelles, tout autant qu'à celle ou celui qui présente des difficultés psychologiques et souhaite disposer d'une grille de lecture et de conseils pour obtenir des soins de qualité. Il s'adresse également aux futurs psychothérapeutes qui souhaitent bénéficier d'une vue panoramique du paysage d'aujourd'hui et d'une vision prospective pour demain.

Mais surtout, il s'adresse à celles et ceux qui n'y croient pas ou n'y croient plus, qui pensent qu'ils sont seuls, qui ont déjà essayé et ont échoué ou qui ne comprennent pas comment une thérapie pourrait les aider. La thérapie nécessite le même courage que celui de l'explorateur qui navigue en *Terra incognita* : puisse ce livre les aider à franchir le seuil.

Quoi que vous décidiez et quoi que vous fassiez, j'espère que cet ouvrage vous aidera à poser les premiers jalons d'un beau voyage intérieur.

PARTIE I

COMPRENDRE

1

L'art du doute

Ce n'est pas le doute, c'est la certitude qui rend fou… Mais il faut, pour sentir ainsi, toute la profondeur de l'abîme… Nous avons tous peur de la vérité…

Friedrich NIETZSCHE, *Ecce Homo* (traduction d'Alexandre Vialatte)

Étudiante en histoire de l'art, Jeanne* est une jeune fille pétillante qui vient consulter sur les conseils de sa famille. Depuis plusieurs mois, elle n'arrive plus à se motiver pour travailler. Ses résultats sont en chute libre, et elle envisage d'abandonner, au grand dam de ses parents, tous deux brillants universitaires. Elle parle vite sans me regarder, comme si elle était pressée de vider son sac pour terminer la séance le plus rapidement possible : « De toute façon, c'est une impasse, je ne trouverai jamais de job avec l'histoire de l'art, c'est de la merde, autant changer de voie, mais je ne sais pas vers quoi aller. Vous voyez, je suis totalement perdue et je me déteste encore plus, car j'ai tout pour moi, je suis juste une petite fille gâtée qui s'écoute trop. » Elle se sent en permanence épuisée et, lorsque je le lui demande, elle me précise qu'elle est envahie d'idées noires mais n'a pas de projet suicidaire précis. Très anxieuse depuis l'enfance, elle a tendance à se faire du souci pour tout, et elle a appris, pour gérer son stress, à tout nettoyer, ranger, classer, et à recommencer

* Tous les prénoms de patients ont été changés.

encore et encore, jusqu'à l'épuisement. Parfois, quand l'angoisse déborde trop, elle déclenche d'horribles attaques de panique qui lui donnent, dit-elle, « envie de se taper la tête contre les murs ou de sauter par la fenêtre ». Lorsque je lui demande quand tout cela a commencé, elle s'effondre en pleurs. Sa petite amie l'a quittée après qu'elle lui a révélé qu'elle l'avait trompée au cours d'une soirée alcoolisée : « Maintenant, vous allez penser que je suis une traînée, mais nous avions de grosses difficultés relationnelles, je suis très jalouse et colérique, et la sexualité, c'est pas mon truc », me précise Jeanne avec une moue de dégoût. J'observe sur ses poignets de nombreuses striures fines et rosées. Elle s'en rend compte et les dissimule sous ses manches. Chez Jeanne, la honte est l'émotion dominante : j'apprends qu'elle déteste tout autant son corps que sa personnalité, qu'elle se trouve « trop grosse » et « vraiment trop bête », et qu'elle évite au maximum les relations sociales, par timidité maladive. Pour s'oublier et s'apaiser, elle consomme de plus en plus d'alcool et de cannabis le soir dans son lit, en regardant des séries jusqu'à 2 ou 3 heures du matin.

L'histoire de Jeanne, c'est le quotidien du psychiatre. Que peut-on espérer d'une thérapie dans son cas ? Quelle thérapie lui réussirait ? Comment l'accompagner au mieux ? Peut-elle guérir, ou doit-elle se contenter de se stabiliser et, au fil du temps, espérer que cela s'arrange un peu ? Dans l'ombre et les replis de chacune des histoires de vies que nous aborderons au fil des pages, se cachent plus de doutes et de questions que de réponses. Parmi ces questions, trois reviennent de façon invariable. La première est celle du diagnostic, indispensable pour avancer vers la bonne thérapie. La deuxième interroge les causes sous-jacentes, qui s'imbriquent et se masquent mutuellement, ne se dévoilant souvent que lentement, étape par étape, à l'image de ces poupées russes emboîtées les unes dans les autres. Le troisième écueil est le plus difficile à surmonter : c'est celui du doute, du renoncement et de la perte d'espoir. Dire que « rien ne sert à rien » est performatif : si rien ne sert à rien, alors pourquoi tenter d'agir ? Ce triste leitmotiv s'insinue parfois dans l'esprit pour y grandir et finir par devenir le cœur même de la rumination dépressive : il faut le surmonter pour parvenir, comme le proposait Albert Camus, à « imaginer Sisyphe heureux ». Sénèque, bien avant lui, ne disait rien d'autre : « Ce n'est pas parce que les choses sont impossibles que tu n'oses pas, c'est parce que tu n'oses pas qu'elles sont impossibles. »

LA BOÎTE DE PANDORE

Revenons sur le piège du diagnostic : tout jeune psychiatre apprend que, avant de décider d'une thérapie, il faut établir un diagnostic précis. On ne soigne pas à l'aveugle, pas plus qu'un chirurgien n'opère sans objectif. Il s'agit donc de mener l'enquête avec le plus grand soin. Je me souviens de l'excitation mêlée de la crainte de mal faire que j'éprouvais, lors de mes tout premiers pas d'interne, à l'hôpital Albert-Chenevier à Créteil. Au contact des patients, le jeune praticien comprend vite que la complexité de l'esprit humain ne peut se réduire à de simples étiquettes diagnostiques, dont pourtant il ne peut se passer, faute de mieux. C'est l'un des grands paradoxes de la psychopathologie : il n'existe pas de vérité absolue, la médecine de l'esprit étant avant tout une science de l'erreur et du doute.

Le résumé de l'histoire de Jeanne est d'ailleurs hautement révélateur de cette complexité. Les étiquettes diagnostiques que nos manuels sont susceptibles de proposer pour son cas se bousculent au portillon : dépression majeure, anxiété généralisée, phobie sociale, trouble panique, TOC, addiction, trouble de la personnalité borderline, état de stress post-traumatique complexe, trouble du rythme circadien… Un véritable inventaire à la Prévert.

Et comme si les choses n'étaient pas suffisamment compliquées, ce diagnostic ne dépend pas que des symptômes décrits par Jeanne (c'est-à-dire de ce qu'elle veut ou peut nous dire), mais aussi de la formation du psychiatre – j'ajouterai même : de son opinion et de son état émotionnel au moment de l'évaluation. Si le clinicien se sent profondément touché par la détresse de Jeanne et redoute un geste suicidaire, il diagnostiquera une dépression. S'il se focalise sur les automutilations, l'impulsivité, les addictions et les conflits relationnels, il évoquera un trouble de la personnalité borderline, dont la prise en charge est différente. Et si Jeanne lui est très sympathique et qu'il veut la rassurer et lui faire plaisir en lui proposant un pronostic rapidement favorable, peut-être sera-t-il victime d'un de ces biais cognitifs qui le conduiront à diagnostiquer un simple trouble anxieux. Pour ne rien simplifier, ajoutons que Jeanne est très à l'aise sur Internet et qu'elle a donc naturellement ses propres idées : elle est convaincue, après avoir lu de nombreux articles de presse et passé des heures à faire d'interminables batteries de tests *online*, qu'elle est bipolaire, car son humeur « fait le yoyo ». Elle est persuadée qu'elle souffre également d'un TDAH (trouble déficit attentionnel avec hyperactivité), car elle perd tout le temps ses affaires et n'arrive pas à s'organiser. Elle conclut plus généralement qu'elle est « totalement folle », car il lui arrive, lors de violentes crises de colère, de se sentir « totalement déconnectée et disjonctée », ce qui ne peut évidemment être que « la schizophrénie, n'est-ce pas, docteur ? ».

Il suffit de se pencher un instant sur les symptômes de Jeanne pour comprendre la difficulté du diagnostic en psychiatrie. Certes, l'expérience du clinicien joue un grand rôle, mais tout cela est teinté d'une bonne dose de subjectivité. Mark Zimmerman, professeur de psychiatrie à la Brown Medical School (hôpital de Rhode Island, Providence, États-Unis), a ainsi montré que même en utilisant des outils d'aide au diagnostic, il existe une importante confusion entre diagnostics, notamment entre troubles de la personnalité borderline et troubles bipolaires, pour la simple et bonne raison que leurs symptômes se superposent[5]. Un vrai casse-tête chinois ! La plupart des psychiatres en conviennent : le système diagnostique international actuel doit être totalement repensé et transformé. Plutôt que des diagnostics, qui posent l'insolvable question de la limite entre le normal et le pathologique, certains estiment qu'il serait bien plus approprié de proposer une échelle de graduation (un peu, beaucoup, à la folie, pas du tout) pour différents traits (impulsivité, réactivité anxieuse, etc.). C'est tentant, mais cela ne résout pas la question essentielle : quelle différence entre souffrance normale et souffrance pathologique et, surtout, que se passe-t-il dans la chambre obscure de l'esprit quand nous souffrons ?

LES GAMES CHANGERS

Pour répondre à cette question, l'imagerie cérébrale fonctionnelle couplée à l'intelligence artificielle est un indéniable *game changer*. Avec cet outil puissant, il ne s'agit plus de théoriser de façon spéculative pour « croire » mais, à l'image de saint Thomas, de « voir » le fonctionnement dynamique du cerveau lors des différents états émotionnels. Mais « voir dans le cerveau » et analyser des bases de données géantes avec le *machine learning* ne suffit pas, loin de là. L'être humain est plus, bien plus, qu'un cerveau et qu'une accumulation de données sophistiquées. Ici encore, le doute est non seulement permis, il est salutaire. Une approche de la santé mentale qui ne prendrait pas en compte le contexte biologique, psychologique, social, culturel, politique et spirituel de l'individu est incomplète. Il suffit de comprendre à quel point le contexte est déterminant sur nos comportements pour s'en convaincre aisément. À propos de contexte et de spiritualité, cela me rappelle cette étude de sociologie dans laquelle on demandait à des étudiants séminaristes de rejoindre une deuxième salle d'examen située à l'autre extrémité de la ville. On avait séparé le groupe en deux : ceux qui ne disposaient que d'un temps réduit pour traverser la ville, et qui étaient donc pressés, et ceux qui disposaient de tout leur temps. Juste en bas de l'immeuble où ils venaient de concourir pour leur examen de fin d'année se trouvait un acteur déguisé en vieillard mendiant. Or les étudiants des deux groupes venaient tout juste de plancher durant deux heures justement… sur la thématique du bon samaritain ! Le premier groupe, celui des étudiants pressés, quitta l'immeuble rapidement, sans même adresser le moindre coup d'œil au pauvre hère. À l'inverse, les étudiants du second groupe s'approchèrent de lui et l'abordèrent. Cela prouve à quel point l'analyse du contexte est indispensable pour interpréter un simple comportement humain, *a fortiori* pour conclure à un diagnostic.

POUPÉES RUSSES

Le deuxième piège est que nos actuels manuels de diagnostics, particulièrement le DSM-5*, notamment à cause des errements du passé (à une époque où la théorie psychanalytique dominante était prise pour la vérité toute nue), ne prennent plus du tout le risque d'aborder les causes sous-jacentes des troubles psychiques**. Ils suivent à la lettre l'aphorisme de Pythagore « Dans le doute, abstiens-toi », et proposent une réponse sibylline : les causes des troubles psychiques demeurent incomplètement élucidées et sont multifactorielles (mais il existe différents modèles théoriques, etc.). Cet impensé rend malaisé le choix de la thérapie la plus appropriée. Là encore, à défaut de certitude, l'opi-

* Manuel diagnostique et statistique des troubles mentaux (en anglais, *Diagnostic and Statistical Manual of Mental Disorders*), élaboré par l'American Psychiatric Association.

** À l'exception notable du diagnostic d'état de stress post-traumatique, dont les critères impliquent l'existence d'un traumatisme.

nion du psychiatre prévaut plus que dans aucune autre discipline médicale : si le modèle théorique qui lui est le plus familier est biologique, il se focalisera sans doute sur le choix d'un psychotrope. Il en va de même dans le choix de la thérapie : selon que son modèle dominant est issu de la psychanalyse ou des thérapies comportementales et cognitives, son approche sera radicalement différente. D'où, à mon sens, l'importance de disposer d'une vue d'ensemble à 360 degrés sur les différents modèles théoriques et les différentes thérapies. À ce titre, les thérapeutes qui ne revendiquent qu'un seul modèle à l'exclusion de tous les autres m'inquiètent toujours un peu.

J'ajoute que si le doute est salutaire, il ne doit pas confiner à l'inaction et faire renoncer. Ne tombons pas dans l'ironie selon laquelle « le chirurgien fait tout, mais ne sait rien ; le médecin sait tout, mais ne fait rien ; le psychiatre ne sait ni ne fait rien ; et le médecin légiste sait tout, mais il est trop tard…* »

En réalité, pour éclaircir la question des causes, il suffit parfois de demander à la personne la plus concernée… Demandons à Jeanne : selon elle, tout aurait commencé après sa première expérience sexuelle, en réalité un viol. En effet, au fil des séances, nous apprenons à mieux nous connaître et elle me révèle, comme je m'y attendais, qu'elle avait été victime de violences sexuelles quand elle avait 14 ans. Elle explique que son premier petit ami, un garçon d'une vingtaine d'années, l'avait agressée : « Je ne sais pas si ce qu'il m'a fait était un viol ou pas, mais c'était horrible et je ne veux plus jamais y repenser… »

Nous avons donc décidé d'axer la thérapie sur le « retraitement mnésique » de cet épisode profondément inscrit dans sa mémoire traumatique. Par chance, l'approche de type ICV (intégration du cycle de vie) a bien fonctionné et elle a bénéficié d'un effet domino : les autres symptômes se sont progressivement tous améliorés.

---

* Aphorisme humoristique de Wayne Miller.

Comme on le constate avec la prise en charge de Jeanne, la diversité des outils thérapeutiques permet de créer une approche individualisée, une véritable « thérapie de précision ». Cette approche qui consiste en quelque sorte à passer du « prêt-à-porter » au « sur-mesure » est un deuxième *game changer* absolument fondamental. Et c'est d'autant plus important que la thérapie peut aider à identifier la cause – notamment lorsqu'elle fait émerger un traumatisme psychique – et contribuer ainsi à résoudre l'énigme du diagnostic et des causes sous-jacentes, à rebours de la démarche classique.

LES MENTALITÉS CHANGENT

Enfin, le troisième problème est que Jeanne, lorsqu'elle vient consulter, est convaincue au fond d'elle qu'elle ne peut pas changer, qu'elle n'ira pas mieux, et que tout cela ne servira à rien d'autre qu'à rassurer ses parents. Elle est envahie par la honte, cette deuxième peine qui vient alourdir le fardeau de sa souffrance. Parfois, la perte d'espoir des patients est tellement profonde qu'ils parviennent même à convaincre leur psychiatre qu'il n'y a plus rien à faire ! Ce qui a contribué à aider Jeanne à reprendre espoir a été la possibilité d'échanger par téléphone avec une autre de mes patientes au parcours similaire que j'avais sollicitée au préalable, et qui a pu lui expliquer à quel point elle avait pu progresser. Par la suite, elles ont continué d'échanger et sont devenues amies.

Il est bien plus facile de parler de santé mentale aujourd'hui qu'hier et je crois pouvoir dire qu'il est désormais possible de le faire sans honte. À ce titre, l'impact sur les consciences d'artistes comme Hoshi, Stromae, Orelsan, Pomme, Selah Sue, Yannick Noah et bien d'autres encore, qui assument et ont le courage de chanter le mal de vivre, est immense. J'ai eu l'honneur de participer à la cérémonie du Psychodon en juin 2022 sur la grande scène

de l'Olympia ; au-delà de l'émotion très perceptible dans la salle, je crois ne pas me tromper en affirmant que flottait dans le public quelque chose de l'ordre d'un sentiment de fierté. Fierté de participer à la lutte pour une meilleure reconnaissance des maladies mentales, sans nul doute, mais je crois aussi, fierté d'être là sans se cacher (enfin !). Cela peut prêter à sourire, mais n'oublions pas qu'en d'autres temps (à vrai dire, il y a encore fort peu de temps), les malades mentaux étaient relégués, cachés et punis, et que les « thérapies » dont ils faisaient l'objet étaient synonymes de mauvais traitements.
Aussi, je crois sincèrement que le troisième *game changer*, c'est l'évolution des mentalités.

UNE VOIE VERS LA GUÉRISON

Jeanne va bien aujourd'hui, vraiment bien. Tous les patients n'évoluent hélas pas aussi favorablement mais, dans son cas, c'est spectaculaire. Elle a repris ses études et a intégré une prestigieuse école d'art. Ses relations sentimentales avec sa nouvelle petite amie sont au beau fixe et les addictions sont loin derrière elle. Elle a bénéficié d'une dizaine de séances d'intégration du cycle de vie (IGV), une approche thérapeutique récente qui apaise les traumatismes en façonnant la trame de la mémoire autobiographique et permet d'une certaine façon de « recoller les morceaux » fragmentés du moi. Il y a quelque chose de proustien dans cette thérapie – de *La Recherche du temps perdu* au moi retrouvé…
Nous avons décidé de compléter cette approche par cinq séances d'EMDR, une technique qui utilise les mouvements oculaires pour mieux intégrer les souvenirs traumatiques, puis par cinq séances de restructuration cognitive pour assouplir ses schémas perfectionnistes. Tant qu'elle se sentait trop fragile, nous utilisions de petites doses d'un antidépresseur que je lui prescrivais sur quelques mois et qu'elle tolérait parfaitement bien, puis nous

interrompions la prise. Nous n'avons pas eu besoin d'utiliser cette molécule depuis plusieurs années, mais elle sait que c'est un filet de sécurité en cas de besoin. Le fait de rencontrer à plusieurs reprises ses parents en sa présence a également été déterminant. J'ai découvert deux personnes aimantes mais très mal à l'aise avec les émotions, et sans doute un peu trop rigides et exigeantes sur certains points. Ils ont assoupli certaines de leurs positions en acceptant mieux l'homosexualité de Jeanne et en rencontrant sa nouvelle amie. En parallèle, un coach sportif a aidé la jeune fille à se remettre au sport, qu'elle pratique désormais trois fois par semaine, et elle continue à prendre beaucoup de plaisir à pratiquer la boxe thaïe. Elle fait aussi dix minutes par jour de méditation en pleine conscience et, quand elle se sent anxieuse, elle utilise des techniques de respiration très efficaces.

Si j'avais dû prendre en charge Jeanne quand j'ai débuté dans la psychiatrie, il y a vingt ans, mon approche aurait été très différente. Jeanne n'aurait pas bénéficié d'une thérapie ciblée sur son trauma, et elle aurait peut-être continué à souffrir et à s'enliser dans ses addictions. Mon intervention aurait davantage résidé dans un soutien empathique que dans une voie vers la guérison. Les êtres humains sont résilients et Jeanne aurait vraisemblablement fini par trouver des ressources pour avancer, mais cela aurait pris sans doute plus de temps.

Certes, les patients n'évoluent pas tous aussi bien que Jeanne, mais ils sont chaque jour plus nombreux à bénéficier de ces nouvelles approches. Tant de choses ont changé au cours des dernières années et l'avenir nous réserve bien des surprises, car ce n'est que le début de l'histoire...

2

Tous concernés

De quoi souffres-tu ?
De l'irréel intact dans le réel dévasté.
René Char, « Rémanence »

La question de la vulnérabilité aux troubles psychiques est vaste. Même le grand Churchill a fléchi sous les coups de la dépression, comme d'autres figures célèbres. Celui qui croit que sa santé mentale est d'acier gagnerait à relire Homère : même le plus superbe de ses héros, Achille « au pied léger », n'est pas invulnérable. On a beau avoir été plongé tout bébé dans le Styx et être protégé des dieux, il suffit d'une flèche habilement décochée dans le talon pour sombrer… *Hubris*, quand tu nous tiens !

LES VAGUES D'HOKUSAI

Parmi les ténors de la recherche dans ce domaine, permettez-moi de vous présenter deux scientifiques pour lesquels j'ai un grand respect. Avshalom Caspi et Terrie Moffitt, que l'on peut qualifier de ténors de la recherche en épidémiologie analytique, ont longtemps exercé à l'institut de psychiatrie du King's College, à Londres, et sont désormais à l'université Cornell, aux États-Unis. J'ai eu la chance de rencontrer ce couple de choc au cours de ma thèse de sciences et de découvrir la gigantesque base de données cliniques d'une grande valeur qu'ils ont patiemment recueillie, en suivant une cohorte d'un millier d'enfants nés en Nouvelle-Zélande, inclus à l'âge de 3 ans et très régulièrement suivis durant plusieurs décennies avec des batteries de tests psychologiques, mais aussi des prélèvements génétiques. Grâce à ces inestimables données, ils ont publié de nombreux articles dans les plus prestigieuses revues scientifiques, notamment dans le domaine des interactions entre les gènes et l'environnement, c'est-à-dire l'inné et l'acquis, dans l'émergence des troubles psychiques[6]. Bien que tous leurs résultats n'aient pas été répliqués par la suite, ils ont marqué un tournant dans la recherche en psychiatrie. Par la suite, Avshalom et Terrie sont parvenus à montrer que près de deux tiers des sujets de leur cohorte ayant atteint la trentaine ont présenté au moins un trouble psychique (trouble anxieux, dépression, addiction, bipolarité, trouble du comportement alimentaire, etc.[7]). Deux tiers à 30 ans, c'est énorme !

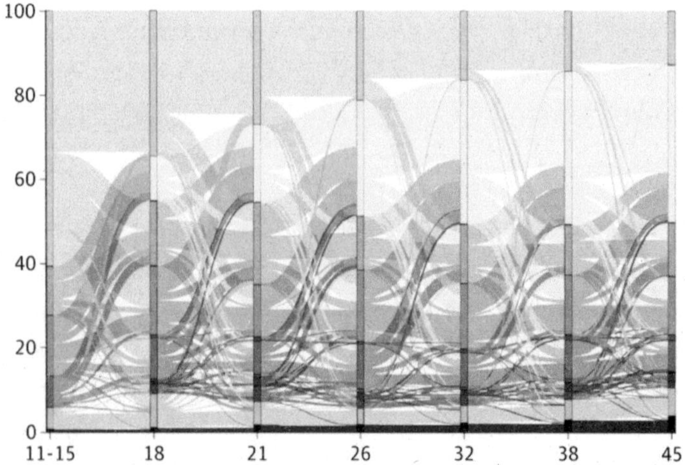

On distingue les différentes trajectoires d'apparition et de combinaison des troubles mentaux, au cours du temps, d'un millier de sujets entre 11 ans et 45 ans. Caspi et al., JAMA Netw Open. 2020.

David Gourion sur le Fuji-Yama
constatant les vagues successives
des troubles émotionnels.

Bien entendu, ils continuent à suivre leur cohorte, dont les sujets ont aujourd'hui 45 ans et dont 86 % ont présenté au moins un trouble psychique, la majorité cumulant par ailleurs plusieurs diagnostics[8]. Ils ont étudié finement la façon dont les troubles émotionnels ont tendance à émerger par grandes vagues au cours de la vie, ce qui donne lieu à des graphiques qui m'évoquent irrésistiblement les vagues d'Hokusai.

Avshalom et Terrie ne sont pas les seuls à constater l'important cumul des troubles au cours de la vie, résultat notamment répliqué dans une vaste étude de registres portant sur 6 millions de Danois[9].

LES FENÊTRES DE VULNÉRABILITÉ

Au fond, plus nous avançons en âge et plus le risque d'être concerné augmente : à terme, seule une minorité y échappera. Il faut s'y faire, nous serons presque tous touchés par les questions de santé mentale à un moment ou à un autre de notre vie – comme nous le sommes par les problèmes de santé physique. L'anxiété, la dépression, les addictions et les troubles du comportement alimentaire sont aussi fréquents que l'hypertension, le diabète, la polyarthrite rhumatoïde ou l'infarctus du myocarde. En définitive, la vraie question n'est pas qui sera concerné, mais quand ?

Cette question de l'âge de début des troubles mentaux est cruciale : elle doit permettre de déterminer les fenêtres temporelles de vulnérabilité et, de ce fait, les moments stratégiques pour la prévention. D'après l'étude de Marco Solmi – la plus vaste méta-analyse disponible actuellement – portant sur la synthèse de 192 études épidémiologiques à travers le monde[10], la majorité des troubles psychiques émergent tôt, entre 10 et 30 ans.

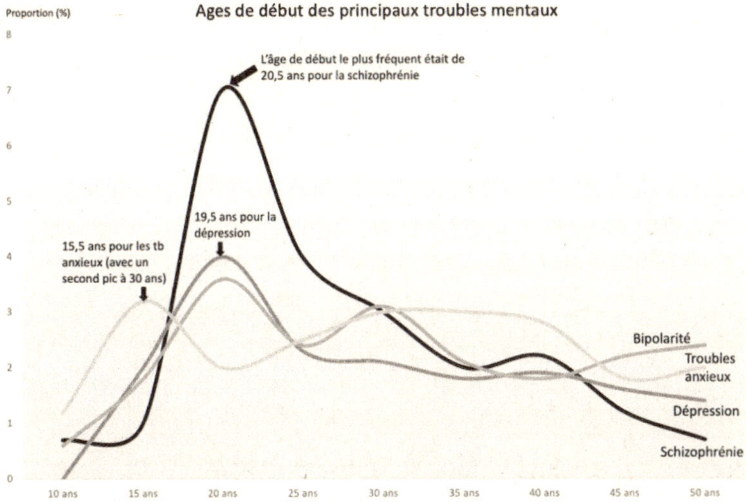

Cette précocité implique une stratégie de dépistage et de prévention à la hauteur des enjeux, et qui ne peut reposer sur les seules épaules des pédopsychiatres, lesquels sont débordés et de moins en moins nombreux. Les enseignants, les parents, les responsables politiques, la société tout entière doit se saisir de cette problématique et agir.

PRÉVENTION : LA RÉSILIENCE EST-ELLE UN MYTHE ?

Il existe de belles histoires de résilience dont je ne doute pas, mais la réalité du terrain est de plus en plus dure et sombre. Le nombre d'adolescents hospitalisés pour des crises suicidaires ou des bouffées délirantes est en augmentation croissante, et nous ne parvenons plus à proposer de rendez-vous aux personnes qui souffrent de dépression. Au risque de me répéter, nul n'est à l'abri. Bien entendu, certains semblent plus fragiles, parfois porteurs de vulnérabilités génétiques ou de traumatismes qui remontent à l'enfance. Mais chacun a son propre seuil de tolérance au-delà duquel l'accumulation de catastrophes et de facteurs de stress déclenchera l'apparition de signes de détresse psychique. Même le meilleur marathonien du monde tombe s'il court trop longtemps trop vite : c'est une réalité physiologique. Il en va de même pour la dépression : à chacun son seuil de tolérance et ses capacités de résistance face au stress et aux épreuves de la vie. Il importe donc de connaître ses limites et d'apprendre à se préserver plutôt que de croire en une prétendue invulnérabilité. Il suffit d'observer les conséquences d'une pandémie, d'une guerre, de catastrophes diverses ou de la chute dans la précarité pour constater que les fragilités psychiques sont susceptibles d'émerger chez tout un chacun, en particulier dans les populations vulnérables que sont les enfants, les adolescents et les étudiants.

Si résilience il y a, elle est à l'opposé des processus de résignation et d'inaction : elle se situe dans l'action et dans la prévention. De fait, il existe des programmes de prévention – entre autres basés sur la pratique de la méditation et sur le ciblage des facteurs de risque évitables – qui améliorent la tolérance au stress, au même titre qu'il existe des programmes pour prévenir les maladies cardiovasculaires. Parmi les facteurs de risque évitables, citons l'isolement, l'abus d'alcool et de drogues (notamment la consommation de cannabis lorsque le cerveau est encore en plein développement avant l'âge de 25 ans, en particulier si l'on présente des antécédents familiaux de psychose). Certes, les thérapies sont de plus en plus efficaces, mais il est plus simple de ne pas allumer un incendie de forêt que de l'éteindre !

Une pratique régulière de l'activité physique a montré un effet non négligeable sur la prévention des symptômes anxieux et dépressifs, au même titre que celle de la méditation en pleine conscience ou du yoga. Une alimentation saine et équilibrée contribue également à notre équilibre psychique. Rien de très nouveau sous le soleil. Encore faut-il le mettre en place efficacement et faire preuve de persévérance, à titre individuel mais aussi à titre collectif, et d'un point de vue politique. En ce qui concerne l'exemple du cannabis, la France est le plus mauvais élève de l'Europe, avec une consommation massive de plus en plus précoce chez nos ados. La politique de prohibition-répression, qui est pourtant un échec du point de vue de la santé publique, assortie d'une manne financière considérable pour les mafias, demeure un angle mort de nos décideurs. Quant à la loi Évin contre la publicité sur l'alcool, elle a récemment failli être purement et simplement détricotée par nos sénateurs... La question de la prévention est donc centrale : chacun doit être vigilant, pour soi comme pour son entourage, et les mentalités doivent changer jusqu'au plus haut niveau de l'État.

3
Conjuguer les émotions

Le verbe aimer est difficile à conjuguer : son passé n'est pas simple, son présent n'est qu'indicatif, et son futur est toujours conditionnel.

Jean Cocteau

Pour ses 40 ans, notre amie et voisine Dorothée s'attendait à un dîner familial intime. Au dernier moment, elle découvre que son mari lui a préparé une gigantesque surprise : sa famille et tous ses amis sont là pour lui chanter « Joyeux anniversaire ! » Surprise intense, joie, rires, pleurs, débordement émotionnel : on voit son visage parcouru par toutes les nuances de l'arc-en-ciel des émotions. Quelques instants plus tard, elle sautille comme un enfant et se met à danser au son de la musique... Ce qui est parfaitement logique, puisque d'un point de vue étymologique, l'émotion (du latin *ex movere*, littéralement « mettre en mouvement »), c'est précisément ce qui nous fait bouger !

UNE BRÈVE HISTOIRE DES ÉMOTIONS

Aujourd'hui, on accorde une grande attention aux émotions, et c'est une excellente chose. Partout, des articles nous incitent à être attentifs aux émotions de nos enfants, de nos proches et, bien entendu, à nos propres émotions. Mais n'oublions pas que l'intérêt que nous accordons aux émotions est un phénomène récent.

À l'exception notable de Spinoza, pour qui la joie augmente la « force d'exister[11] », la pensée occidentale les a longtemps reléguées dans l'ombre. Dans l'Antiquité grecque, on concevait les « passions » comme des obstacles à la rationalité[12] et les émotions étaient opposées à l'esprit, donc à la raison. Les émotions trop intenses ont longtemps été perçues comme de dangereux signes de faiblesse (hélas, cela n'est pas terminé). Fruits de la chair, on leur reprochait de mener à l'inconduite morale et au péché, voire de confiner à la folie – en particulier chez les femmes, avec l'hystérie. Selon une conception misogyne très en vogue jusqu'à la fin du XVIIIe siècle, l'utérus était considéré comme un petit animal capricieux susceptible de migrer dans le corps ; en cas de pénurie de sperme, on imaginait qu'il remontait dans le corps pour grignoter une matière de la même couleur, la matière blanche du cerveau, ce qui déclenchait les symptômes*...
Darwin aura été l'un des pionniers de la compréhension des émotions. Grâce à son observation méticuleuse des points communs entre les expressions – faciales et corporelles – des émotions chez l'animal et chez l'homme, il acquiert l'intuition que les émotions sont le fruit de l'adaptation au cours de l'évolution, et qu'elles sont donc universelles à travers toutes les cultures[13].

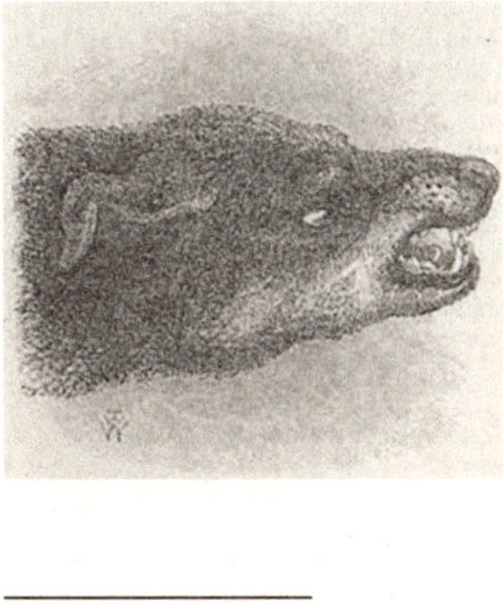

Chien en train de gronder (The Expression of the Emotions in Man and Animals. C. Darwin. 1872.)

* Jusqu'à la fin du XIXe siècle, des médecins ont pratiqué des « douches pelviennes », des fumigations et des massages vulvaires en prétendant que cela faisait redescendre l'utérus et calmait les symptômes... No comment !

Le philosophe William James, considéré comme l'un des pères de la psychologie américaine, soutient qu'une émotion n'est pas un simple processus psychique ; selon lui, elle n'est ressentie que lorsque l'individu prend conscience d'une réaction physiologique[14]. En désaccord avec cette approche, Freud affirme pour sa part que « l'affect a toujours raison[15] ». Dans sa conception, influencée par les découvertes de l'époque de thermodynamique et de la physique quantique qui postulait l'existence d'un courant fluide électrique, les affects sont « quelque chose qui peut être augmenté, déplacé, déchargé et s'étale sur les traces mnésiques des représentations un peu comme les charges à la surface des corps peuvent se déplacer et donner lieu à des symptômes[16] ». Dans les années 1960, la psychologue Magda Arnold (1903-2002) va bouleverser la psychologie des émotions en introduisant le concept d'« évaluation cognitive de l'émotion », qui permet de comprendre la diversité des réactions émotionnelles en fonction de l'interprétation du contexte que chacun fait en fonction de sa propre carte mentale. À peu près à la même époque, James Averill attire l'attention sur l'importance du contexte social : les émotions seraient régies par des règles implicites, des sortes de scripts sociaux qui varient d'une culture à une autre. Par exemple, on s'attend à ce que les gens soient heureux à leur mariage et tristes à des funérailles. Si ces règles sont bafouées, l'individu est généralement exclu – au fond, l'émotion et son expression impliquent une forme de « décence sociale ». On pense inévitablement à *L'Étranger* d'Albert Camus, ou encore à l'acteur qui, par son jeu, est capable de modifier les émotions du public, mais peut lui-même, en miroir, être affecté par les émotions qu'il joue. Paul Ekman, dont il faut absolument lire le livre *Je sais que vous mentez !*[17], est allé plus loin en montrant que nos expressions faciales, en particulier nos micro-mimiques quasi indétectables, sont gouvernées par des règles sociales qui prescrivent l'affichage ou, au contraire, le camouflage (notamment pour mentir) de certaines émotions. Ses talents ont fait l'objet de la célèbre série *Lie To Me*.

Dans le domaine des neurosciences, la découverte des neurones miroirs est un tournant majeur pour comprendre la composante sociale des émotions. Ces neurones, qui permettent de se voir agir à la place de l'autre et jouent un rôle fondamental dans l'empathie, ont été découverts dans les années 1990 par le médecin et biologiste Giacomo Rizzolatti[18].

L'*EMBODIMENT* : UNE HISTOIRE DE CORPS ET D'ESPRIT

Un autre grand tournant est retracé dans les travaux d'Antonio Damasio, professeur de neurologie aux États-Unis. Dans *L'Erreur de Descartes*[19], son premier livre, qui l'a fait connaître du grand public, Damasio décrit le cas de Phineas Gage, qui travaillait dans la construction des chemins de fer de l'Ouest américain au XIXe siècle. À la suite d'un accident de dynamite, une barre à mine lui traversa la boîte crânienne. Gage sortit miraculeusement indemne de ce drame, mais sa personnalité avait radicalement changé : cet homme apprécié et respecté devint paresseux, asocial et inconséquent. Ce cas illustre comment la lésion d'une partie du cerveau (en l'occurrence, la région du cortex préfrontal ventromédian) perturbe significativement l'émotivité et la sociabilité. Damasio développe un modèle d'*embodiment*, c'est-à-dire d'interconnexions étroites entre le corps et le cerveau lors du ressenti émotionnel, notre corps constituant notre cartographie du monde. Ainsi, le fait de ressentir précéderait celui de penser, contrairement à ce que suggère la pensée cartésienne.

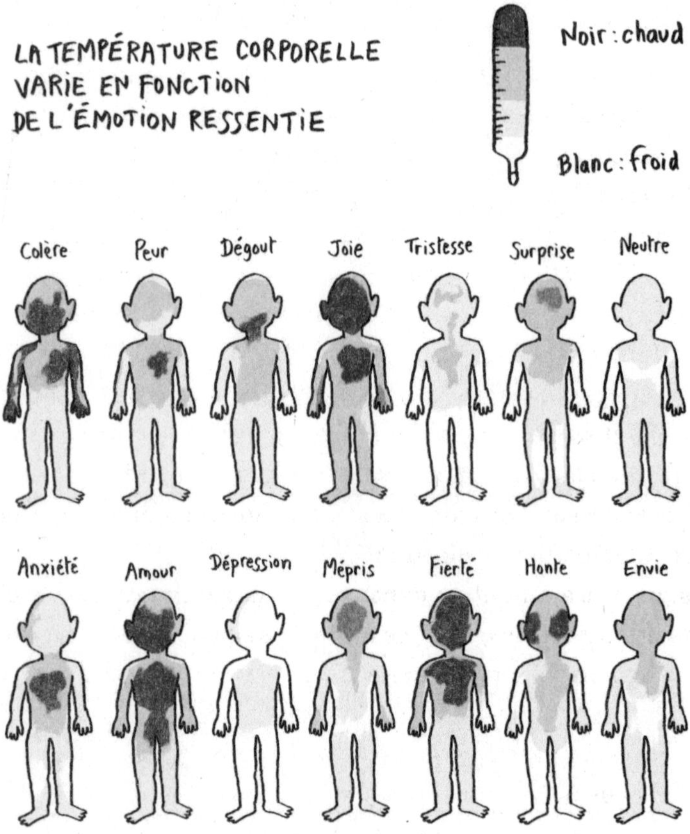

Carte corporelle des émotions, librement adapté par Muzo d'après Nummenmaa et al., PNAS, 2014 (https://doi.org/10.1073/pnas.1321664111)

Enfin, la découverte du réseau cérébral de l'introspection, le fameux réseau du mode par défaut (RMD), que nous aborderons au chapitre 4, fut une autre grande découverte dans le domaine de la recherche sur la régulation des émotions.

Aujourd'hui, les émotions font l'objet de centaines de milliers de publications scientifiques – il y a très exactement 543 652 résultats dans le moteur de recherche biomédical Pubmed et cela ne cesse d'augmenter !

LES COMPÉTENCES ÉMOTIONNELLES

Comme pour les couleurs, il existe un nombre limité d'émotions fondamentales : la joie, la tristesse, la colère, la peur, le dégoût et la surprise. À partir de sa deuxième année, l'enfant développerait trois nouvelles émotions : l'empathie, l'envie et la gêne. On parle alors d'émotions ayant trait à la conscience de soi, c'est-à-dire à l'ego. Ensuite apparaissent, vers 3 ans, les émotions liées à la capacité de s'évaluer soi-même : l'enfant enrichit son répertoire émotionnel avec la fierté, la honte et la culpabilité. Bien entendu, le développement des émotions est façonné par l'environnement familial et social, en particulier par le lien d'attachement avec la mère. La capacité de la mère à interpréter correctement les états affectifs de son petit joue un rôle fondamental dans le développement affectif de ce dernier[20].

Les parents auraient tendance à encourager davantage l'expression des émotions négatives lorsqu'il s'agit d'une fille, à l'exception de la colère, qui est mieux tolérée chez les garçons[21]. Cela pourrait expliquer que les filles semblent plus enclines à exprimer leurs sentiments face à des événements difficiles, alors que les garçons auraient parfois plus tendance à se déconnecter de leurs émotions ou ne manifesteraient leurs émotions négatives que lorsqu'elles sont en rapport avec la colère. Ces compétences émotionnelles – que les psychologues américains Peter Salovey et John Mayer ont nommées « intelligence émotionnelle » – vont s'affiner jusqu'à la fin de l'adolescence, avec la capacité à étendre de plus en plus le registre de perception des nuances de la vie émotionnelle et à améliorer les stratégies de régulation. Le concept d'intelligence émotionnelle sera popularisé plus tard par le journaliste scientifique Daniel Goleman[22].

L'invalidation systématique des émotions de l'enfant par les parents, associée à une tendance à la critique et à un manque de chaleur affective, serait impliquée dans l'émergence du trouble

de la personnalité borderline à l'adolescence[23]. Ce trouble se manifeste par des difficultés d'attachement (angoisse d'abandon, instabilité relationnelle), une forte instabilité émotionnelle, une impulsivité et des conduites à risque.
On parle d'alexithymie pour désigner l'incapacité à nommer ses émotions, sous-tendue par la difficulté à les identifier. L'incapacité à ressentir des émotions, ou anesthésie affective, se retrouve dans différents troubles, notamment dans la dépression avec anhédonie, qui est l'incapacité à ressentir du plaisir.

LES ÉMOTIONS SE CONJUGUENT À TOUS LES TEMPS ET À TOUTES LES PERSONNES

« Comment allez-vous ? » Je soumets mes patients à ce rituel au début de chaque consultation. Systématiquement. Certains répondent machinalement : « Ça va. Et vous, docteur ? » D'autres me rétorquent du tac au tac : « D'après vous, si je viens vous voir ? » D'autres, enfin, semblent perdus, pris de vertige face à l'abîme. Car cette question toute simple est d'une complexité colossale. Connais-toi toi-même… Comment cerner un état émotionnel, par définition subtil et mouvant ? Et quelle est la différence entre un état émotionnel pénible mais normal, et un trouble qui peut relever de l'aide d'un psy ? Et combien d'entre nous sont personnellement concernés par les troubles émotionnels ?
Venons-en maintenant à la question qui inaugure chacune de mes consultations : « Comment allez-vous cher lecteur ? »
À défaut d'un diagnostic médical, qui relève de l'expertise d'un clinicien, voilà une grille de lecture conçue pour ceux qui pensent qu'ils ne comprennent pas suffisamment bien leurs émotions. Il s'agit d'un modèle très simple qui regroupe les émotions douloureuses et les troubles qui s'y rattachent autour de quatre conjugaisons principales : le passé, le futur, l'impératif et le pluriel.

Lorsque nous conjuguons nos émotions au futur, en nous tournant vers les rivages incertains de l'avenir, se dessinent peu à peu les contours d'anticipations et de prévisions, à l'horizon desquels apparaissent nos peurs et nos inquiétudes. Cette science-fiction inquiétante de notre propre histoire, que nous créons en pensée, est le berceau de l'anxiété... Au passé, nos émotions se gorgent de l'amertume nostalgique de nos regrets.
À l'impératif, nous sommes prisonniers de tyranniques « Je dois » qui enferment dans des attitudes rigides et perfectionnistes, ou encore des « Pour me sentir bien, j'ai absolument besoin de... », qui conduisent à certaines conduites addictives.
Au pluriel se conjuguent les problématiques du lien, de l'attachement, de l'appartenance, de la confiance et de l'amour, mais aussi de la dépendance, de la jalousie, de la colère, des conflits et de la solitude. Tandis qu'au présent, nous vivons ancrés dans le réel d'un ici et maintenant sur lequel nous pouvons agir.

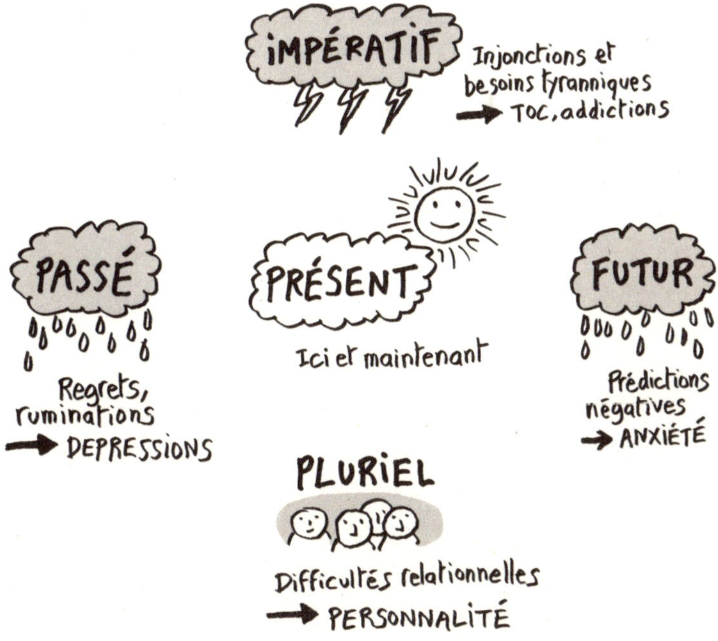

AU PASSÉ : DES REGRETS À LA DÉPRESSION

Quel est votre plus grand regret ? Si on vous le demandait, quelle serait votre réponse ? La question a été posée à des passants à New York... C'est une expérience vraiment touchante dont on trouve la vidéo sur YouTube*. À mesure que les passants écrivent leurs regrets sur un tableau noir, on voit leurs yeux se remplir de larmes. Mais ils ont aussi le droit d'effacer ces regrets sur le tableau, et c'est finalement une histoire pleine d'optimisme dont nous pourrions tous nous inspirer, car on découvre que la plupart de ces regrets n'ont finalement aucune importance.

« Le souvenir d'une certaine image n'est que le regret d'un certain instant » écrivait Marcel Proust. Lorsque nous conjuguons nos sentiments au passé, c'est la longue farandole des souvenirs qui défile dans notre esprit. Et notre mémoire est plastique : chaque fois que nous évoquons un souvenir, nous en refaçonnons la trame, nous en approfondissons le sens, comme si nous cherchions à le peaufiner pour mieux nous l'approprier. Ce faisant, nous le modifions légèrement, lui ajoutant parfois un détail nouveau, ou lui attribuant une signification ou une émotion un peu différente. Cette relecture est parfois bénéfique – il y a d'heureux souvenirs dans lesquels nous aimons plonger –, mais lorsque notre humeur est basse comme la marée, la ronde des souvenirs tristes se mélange aux regrets, à la nostalgie, à la frustration ou à la résignation. Un pas de plus, et c'est la musique triste de la rumination dépressive qui émerge. En ressassant le passé, nous comparons notre moi présent à notre moi idéal, et cette comparaison ne nous convient pas. Des essaims de pensées négatives, qui débutent toutes par « Et si... » s'abattent sur nous : « Et si j'avais accepté ce job », « Et si j'avais déménagé », « Et si je lui avais dit combien je l'aime », « Et si je n'avais pas fait

* Il suffit d'entrer, sur un moteur de recherche, les mots « What's your biggest regret New York ».

autant d'erreurs », etc. Notre jugement moral s'active et nous nous transformons en tribunal. « Les bêtises qu'il a faites et les bêtises qu'il n'a pas faites se partagent les regrets de l'homme », affirmait à juste titre Paul Valéry. La pensée ruminative (c'est-à-dire qui tourne en boucle) centrée sur les regrets, même si elle fait partie de la vie psychique normale, peut, dans certaines circonstances de vulnérabilité (stress élevé, épuisement, facteurs traumatiques, etc.), préparer le terrain à la dépression.

Mais précisons les termes, pour ne pas confondre déprime et dépression.

La déprime, c'est le coup de blues que nous connaissons tous et qui revient à certains moments éclipser notre joie de vivre. Ces moments de spleen ou de *down* sont parfaitement normaux et témoignent de notre sensibilité et de la plasticité de notre psychisme. Par effet de contraste, ils donnent leur caractère précieux aux moments les plus heureux, comme l'ombre avec le soleil. Normalement, ils ne durent pas longtemps et s'estompent en quelques heures. Leur thérapie est simple ; il suffit d'un rayon de soleil, d'une balade dans les bois ou sur une plage, d'un bon livre ou d'une musique, d'un rire d'enfant, de l'épaule d'un ami ou d'un baiser de l'être aimé. Chacun ses consolations…

Un cran au-dessus en intensité, il y a l'apparition d'un ou de plusieurs symptômes dépressifs dont les manifestations sont diverses et les visages multiples. Cela se traduit parfois sous la forme d'un brouillard gris, épais et dense, qui drape l'esprit d'une insondable tristesse et de ruminations envahissantes. D'autres fois, c'est sous la forme d'une perte des envies et du plaisir : plus rien ne compte et le moindre effort devient infiniment coûteux. Parfois encore, c'est une fatigue incompréhensible et inextinguible qui nous envahit, et on a l'impression pénible de se traîner avec une chape de plomb sur les épaules. Bien d'autres symptômes sont susceptibles d'émerger : nuits blanches, perte d'appétit et de poids (ou l'inverse), crises d'angoisse, ralentissement du corps et de l'esprit (ou agitation), idées noires (culpabilité, honte, incapacité, avenir bouché…), envies de mourir, désintérêt pour la sexualité, etc.

Ces signes disparaissent parfois spontanément et tout rentre dans l'ordre. La dépression, au sens clinique, c'est l'accumulation de plusieurs de ces symptômes et, surtout, leur installation dans la durée. Tels de gros nuages noirs qui s'agrègent, ils finissent par occuper tout l'espace et entravent la capacité à agir et à prendre du plaisir dans les différentes sphères de la vie. On ne parvient plus à bien s'occuper de soi et l'on abandonne des activités de loisir ou de plaisir. On ne s'investit plus non plus dans son travail ni à la maison. On délaisse les relations amicales. La vie sentimentale et sexuelle n'a plus d'intérêt. On finit par ne plus avoir goût à rien du tout.

La dépression, c'est donc une paralysie de l'esprit et du corps. C'est une vraie maladie qui ne se soigne ni avec la volonté ni avec les bons conseils (dire à un déprimé « Secoue-toi », c'est comme dire à un paralytique « Lève-toi et marche ! »), mais qui nécessite une prise en charge médicale et psychologique. Les thérapies de la dépression ayant fait des progrès considérables au cours des dernières années, tant du côté des psychothérapies que des psychotropes (nous y reviendrons dans la partie II), il est dommage de ne pas bénéficier de ces avancées. Hélas, faute d'information, par peur des psys, par découragement (l'un des symptômes de la dépression) ou par honte (car la personne déprimée a souvent honte d'être dans cet état dont il se croit à tort responsable), les soins sont souvent délaissés ou tardifs. Quand on a le mal de vivre à ce niveau d'intensité, on devrait logiquement pouvoir consulter un psy aussi facilement et rapidement que l'on consulte un dentiste en cas de rage de dents. Car les thérapies de la dépression ont fait de véritables pas de géants. Si l'un de vos proches présente les signes que je viens de décrire, ne le laissez pas sans aide, demandez-lui « Comment ça va ? », dites-lui « Je me fais du souci pour toi, je ne te trouve pas en forme, laisse-moi t'aider », et accompagnez-le chez le psy. Et s'il ne veut pas en entendre parler, insistez – gentiment mais fermement. Car il y a pire qu'être déprimé : être déprimé et se sentir seul au monde. Faire comprendre à la personne qui est au fond du gouffre qu'elle n'est pas seule est un premier pas qui sauve des vies. Ami, parent, collègue, enseignant, voisin ou simple citoyen, nous avons tous ce grand pouvoir.

AU FUTUR : DE L'INCERTITUDE À L'ANXIÉTÉ

Ce soir-là, c'était la veille de la rentrée de septembre pour mes enfants. Dans la nuit, l'un d'eux s'est réveillé, soi-disant pour boire un verre d'eau. Dans la cuisine, nous avons discuté un moment : « Papa, tu crois que ça va bien se passer ? J'aurai des amis dans ma classe ? Et si la maîtresse n'est pas gentille ? » Il a réussi à se rendormir, mais pas moi... Le stress est communicatif et c'était aussi la rentrée pour moi !

L'incertitude fait partie de notre quotidien. Le cerveau humain, grâce à ses incroyables capacités cognitives, est une extraordinaire machine à prédire. Différents travaux récents semblent indiquer que nos capacités de prédiction fonctionneraient selon un modèle bayésien[24]. Un modèle bayésien (en référence à Thomas Bayes, mathématicien qui vécut au XVIIIe siècle), c'est un modèle statistique qui, en tenant compte de l'analyse des événements passés (c'est-à-dire de l'expérience), repère des schémas répétitifs, leur attribue une certaine probabilité de survenue et, ce faisant, génère des prédictions. Lorsque le cerveau ne parvient pas à faire de prédictions, c'est le domaine de l'incertitude, qui provoque en général l'apparition du stress et de l'anxiété. Des recherches ont montré que la certitude est préférée à l'incertitude. Même la certitude d'une expérience négative : être sûr du pire est moins stressant que de ne pas savoir. C'est notamment le cas lorsqu'un examen de santé signale une lésion dite « suspecte » : l'attente avant le diagnostic sera souvent extrêmement pénible et anxiogène, et parfois même plus mal vécue que l'annonce d'une maladie grave. La sagesse populaire ne dit pas autre chose : « Nul ne sait ce que l'avenir nous réserve. » Pourtant, cet avenir incertain et anxiogène, on nous exhorte à le prédire depuis notre plus tendre enfance : « Pense à ton avenir ! » Comme si, pour préparer l'avenir, il fallait sans cesse penser au futur. Mais est-ce bien vrai ? Trop penser à l'avenir, n'est-ce pas s'exposer à ruminer, à s'inquiéter inutilement et, surtout, à passer à côté de l'instant présent, au risque de perdre la précieuse substance des bons moments ? Donc, paradoxalement, en pensant trop l'avenir, à mal le préparer ?

Car lorsque nos pensées et nos émotions se conjuguent au futur, l'inquiétude et l'anxiété ne sont souvent pas très loin. Lorsque les légions des prévisions catastrophistes s'abattent sur notre esprit, elles font le lit des troubles anxieux (anxiété généralisée, hypocondrie, etc.). Ces ruminations sur l'avenir se nomment, en psychologie, des « anticipations anxieuses ». Elles sont également sous-tendues par des « Et si... » : « Et si ce grain de beauté était un mélanome ? », « Et si le retard de mon enfant était dû à un accident ? », « Et si je ratais ma présentation à cette réunion importante demain ? » ; voilà que l'anxiété nous gagne.

Mais quelle est la différence entre anxiété normale et anxiété pathologique ? Le trouble anxieux le plus fréquent, c'est le trouble anxieux généralisé (TAG). Comme tous les troubles anxieux, il se caractérise par une inquiétude forte, durable et invalidante sans lien avec un danger ou une menace réelle, qui perturbe le fonctionnement du quotidien et la qualité de vie. Cette anxiété envahissante et permanente s'accompagne de symptômes physiques : agitation, nervosité, fatigue, difficultés de concentration, tensions musculaires ou troubles du sommeil. Souvent, cette inquiétude est alimentée par des anticipations anxieuses centrées sur des questions portant sur la vie professionnelle, la santé (personnelle ou des proches), les ressources financières, mais parfois aussi sur des questions mineures concernant l'organisation du quotidien.

Le deuxième grand trouble anxieux, le trouble panique (TP), est très différent. Alors que l'anxiété du TAG est sournoise et permanente, celle du trouble panique se manifeste sous la forme de crises aiguës, les attaques de panique, qui sont des épisodes de détresse psychique et physique brefs mais très intenses et récurrents. Les patients qui les subissent les décrivent comme des moments de peur violente, avec un sentiment de mort ou de catastrophe imminente, et une perte de contrôle de soi. Elles durent généralement moins d'une trentaine de minutes. Les symptômes physiques sont souvent très présents, notamment palpitations, transpiration, tremblements, sensation d'essoufflement ou d'étouffement, étourdissement, bouffées de chaleur, nausées ou douleurs abdominales. Le trouble panique s'accompagne de la crainte que les redoutables attaques de panique surviennent encore et encore. Afin de s'en prémunir, la personne en vient à éviter toutes les circonstances dans lesquelles elles ont eu lieu (la salle de cinéma, la queue du supermarché, les transports en commun…) avec le développement d'une véritable agoraphobie.

Au-delà de ces deux formes principales, l'anxiété peut prendre d'autres visages : l'anxiété sociale est liée à l'idée de ressentir une gêne, une humiliation ou un rejet lors des interactions sociales, qui sont donc évitées au maximum, entraînant un isolement ; l'anxiété de séparation concerne les enfants et les adultes qui craignent d'être séparés de la personne dont ils sont le plus proches, évitant alors de s'en éloigner (ou prenant sans arrêt de ses nouvelles) et se sentant très démunis en son absence.

Dépression et anxiété, dont nous constatons qu'elles sont sous-tendues par des ruminations et des émotions négatives, sont-elles différentes par nature, ou faut-il les considérer comme les deux faces d'une même pièce ? La seconde hypothèse semble la plus probable, comme le suggèrent les analyses réalisées sur la cohorte de Moffitt et Caspi (voir page 30), qui montrent l'existence d'un tronc développemental commun durant l'enfance pour la vulnérabilité aux troubles anxieux et aux troubles dépressifs, lesquels « switchent » fréquemment de l'un vers l'autre au cours de la vie[25]. Pile, anxiété : les ruminations sont centrées sur l'avenir, imprévisible et plein de dangers ; face, dépression : elles se focalisent sur un passé chargé de regrets. Les ruminations dépressives (centrées sur le passé) et les ruminations anxieuses (centrées sur l'avenir) semblent par ailleurs avoir une base cérébrale commune. Des chercheurs norvégiens ont montré, en demandant à de jeunes sujets de voyager mentalement dans le passé ou dans le futur, que les réseaux qui s'activent lorsque l'on se plonge dans les souvenirs ou que l'on imagine l'avenir chevauchent étroitement le fameux réseau du mode par défaut sur lequel nous reviendrons largement[26].

Les thérapies des troubles anxieux ont fait des progrès considérables ces dernières années, en particulier avec l'apparition des thérapies métacognitives, mais aussi de toute la panoplie des outils issus des thérapies comportementales et cognitives (TCC) – comme la restructuration cognitive ou la méditation en pleine conscience – et des approches dérivées de l'Acceptance and Commitment Therapy (ACT), que nous décrirons en partie II.

À L'IMPÉRATIF : ÊTRE L'ESCLAVE DE SOI-MÊME

Jérémie est un jeune journaliste de talent. Un brillant avenir pourrait s'ouvrir à lui, mais il est désespéré. Et pour cause : il s'est constitué une dette de jeux d'argent et de hasard de plus de 300 000 euros, sous forme de crédits à la consommation cumulés. À 26 ans, avec son modeste salaire, le suicide lui semble la seule issue possible. Hors de question d'en parler à sa famille, car il a trop honte, comme la plupart des joueurs pathologiques qui peuvent tomber dans des situations dramatiques. Dostoïevski a décrit avec génie cette mécanique machiavélique dans *Le Joueur* : le gain initial, avec sa fabuleuse pluie d'étincelles de joie, puis la croyance très profonde selon laquelle la chance est avec nous, qui incite à jouer encore et encore, quitte à tout perdre, dans l'espoir inlassable et déraisonnable de « se refaire ».

Quand je demande à Jérémie s'il envisage d'arrêter de jouer, il répond avec force et irritation : « Mais je dois continuer ! Je n'ai pas le choix ! Je suis obligé ! » Ces « Je dois » qui se conjuguent à l'impératif constituent le noyau des addictions. D'ailleurs, le mot vient du latin *ad-dicere* (« dire à ») et renvoie à la notion d'esclavage. Dans la civilisation romaine, en effet, les esclaves n'avaient pas de nom propre et étaient « dits » à leur *Pater familias*. Plus tard, au Moyen Âge, celui qui ne pouvait rembourser sa dette était « addicté » à son créancier : il avait l'obligation légale de travailler pour lui. Perte de liberté, esclavage : dans tous les cas, l'addiction est un assujettissement à une force extérieure qui nous prive de notre libre arbitre.

Les addictions sont des comportements répétitifs dont nous sommes devenus dépendants, qui entraînent de la souffrance et nous volent notre temps et notre énergie. Ces comportements peuvent exister dans différents domaines : addictions aux substances, bien entendu, mais aussi addictions comportementales au sexe, aux écrans, aux réseaux sociaux, aux jeux, aux achats, au rangement, au nettoyage (pour certains chercheurs, les TOC sont une forme d'addiction), etc. Le spectre est large ! Ces troubles sont fréquents : selon l'Office français des dépendances et toxicomanies (OFDT), 15 millions de Français consomment du tabac tous les jours, 5 millions ont une consommation d'alcool quotidienne et 800 000 prennent du cannabis chaque jour.

Derrière l'impératif « Je dois consommer ! » commun à toutes les addictions se cache un mécanisme cérébral qui implique essentiellement le circuit de plaisir et de récompense. L'activation de ce circuit par la substance consommée (ou par le comportement dans le cas des addictions comportementales) entraîne un relargage de dopamine dans le noyau accumbens. La répétition de cette consommation va progressivement créer un conditionnement, le simple fait de penser à la substance ou au comportement entraînant par anticipation une décharge de dopamine. Mais plus ce système de plaisir est stimulé, plus il s'insensibilise : il faut donc augmenter la dose et la fréquence des prises pour continuer d'obtenir du plaisir, car les récepteurs à la dopamine et à d'autres systèmes impliqués dans le plaisir et la régulation des émotions (notamment le circuit des endorphines et de la sérotonine) répondent de moins en moins aux stimulations. Dès lors, le plaisir diminue, le manque apparaît, tandis que les émotions deviennent désagréables (irritabilité, anxiété). Pour contrer cet état pénible, il faut continuer d'augmenter les doses et la fréquence de consommation ; dans le même temps, tout ce qui apportait du plaisir au quotidien (passer du temps avec des proches, pratiquer un loisir, etc.) perd de son attrait. À terme, les circuits de la récompense et des émotions sont tellement dysfonctionnels qu'ils entravent les fonctions cognitives, interférant avec les capacités de prise de décision et d'autorégulation (notamment la capacité à résister aux envies de consommer), avec une perte de contrôle et des rechutes répétées, même lorsque le désir d'arrêter est sincère.

Nous aborderons en partie II les principes des thérapies motivationnelles et comportementales, ainsi que l'utilisation des nouveaux psychotropes, qui viennent bouleverser la prise en charge des personnes souffrant d'addictions.

AU PLURIEL : DE L'ATTACHEMENT À LA PERSONNALITÉ

Marine a invité à dîner Noémie, sa nouvelle et seule amie de fac. Elle a passé des heures à tout ranger et à tout préparer, car elle compte beaucoup sur cette soirée pour renforcer leur amitié. Tout se déroule pour le mieux et une délicieuse odeur se dégage de la cuisine. Quand le poulet au curry et le riz thaï arrivent sur la table, Noémie applaudit avec un vaste sourire. Elle adore ça ! Elle goûte le riz avec gourmandise, mais quand elle découpe son poulet, elle se rend compte qu'il n'est pas assez cuit. Marine se décompose, même si Noémie fait tout pour la rassurer et une réaction en chaîne se produit en elle. Elle se sent nulle, humiliée, invalidée : elle le sait, elle est vouée à rater tout ce qu'elle entreprend. Elle fulmine, et le sentiment d'injustice l'emporte : avec tout le mal qu'elle s'est donné, pour qui elle se prend, cette satanée Noémie pour la juger comme ça ? La colère monte en elle comme une fumée noire dans une cheminée et déborde, menaçant de tout détruire sur son passage. Si t'es pas contente, dégage ! Marine se rend compte qu'elle vient de hurler ces mots. Noémie prend ses affaires et part sans un mot. Marine s'écroule, dévastée. Toute la nuit, elle écume les bars du quartier jusqu'à l'ivresse et l'écœurement, sombrant dans les bras d'un inconnu. Tout plutôt que d'être seule face à elle-même. Le lendemain, en dépit des dizaines de SMS qu'elle envoie à Noémie pour s'excuser platement, celle-ci ne lui répond pas. Comme Marine se sent trop mal pour se lever, elle se réfugie sous les draps, se demandant si elle pourra un jour surmonter sa honte et retourner à l'université.

Notre vie relationnelle peut se décliner sous de magnifiques conjugaisons plurielles : empathie, appartenance, affection, confiance, amour, amitié, soutien… Mais parfois, lorsque nous souffrons de sensitivité (c.a.d d'hypersensibilité relationnelle)

comme Marine, « l'enfer, c'est les autres » : comparaison, jalousie, conflits, humiliation, abandon, solitude, etc.
La façon dont nous nouons nos liens affectifs avec les personnes qui comptent pour nous a fait l'objet de nombreux travaux scientifiques passionnants, qui montrent que les difficultés dans nos capacités d'attachement, en particulier durant l'enfance, sont susceptibles, parmi d'autres facteurs (génétiques, épigénétiques, traumatiques, etc.), de conduire à l'émergence des troubles de la personnalité. Des premiers travaux de John Bowlby, le grand théoricien de l'attachement[27], à ceux de Mary Salter Ainsworth, en passant par la découverte par Weaver des modifications épigénétiquess liées aux interactions précoces[28], on comprend de mieux en mieux la façon dont le lien mère-bébé façonne le sentiment de sécurité et les capacités de communication émotionnelle qui joueront un rôle déterminant dans la construction de la personnalité. Globalement, la théorie de l'attachement postule que la qualité des relations vécues durant l'enfance avec nos figures parentales façonne pour toute la vie notre carte mentale du monde de la relation. Cette carte peut indiquer que le monde est sûr et prévisible (notre style d'attachement est dit « sécure ») ou, au contraire, incertain et dangereux (style d'attachement « insécure »). Tous nos liens, qu'ils soient amicaux, sentimentaux ou familiaux, seront guidés par cette cartographie mentale, qui implique des croyances sur soi (en particulier liées au sentiment de sécurité intérieure et à l'estime de soi), ainsi que des croyances et attentes vis-à-vis des autres (hyperexigence, méfiance, dépendance, etc.).
Largement représenté au cinéma, de *Liaison fatale* à *Joker* en passant par *37°2 le matin*, le trouble de la personnalité limite (TPL), ou personnalité borderline, est le plus fréquent des troubles de la personnalité. Le style d'attachement du TPL est marqué par l'insécurité et la désorganisation, avec des croyances extrêmement péjoratives sur soi (« Je ne vaux rien... ») et sur les autres

(« … donc on va m'abandonner et me maltraiter »), ce qui se traduit par une tendance à tout surinterpréter négativement. On y retrouve certains traits de personnalité récurrents : sentiment permanent d'être abandonné ou rejeté, crises de colère intenses, instabilité extrême des émotions et de l'image de soi, vie sentimentale chaotique, conduites à risque (addictions, partenaires sexuels multiples, impulsivité, etc.), sentiment de vide intérieur, automutilations et crises suicidaires. Ce trouble très fréquent (de 1 à 2 % de la population[29]) est aussi très invalidant, comme en témoigne la tranche de vie du quotidien de Marine.

Par ailleurs, lorsque l'on explore l'enfance des personnes atteintes de TPL, on retrouve fréquemment une histoire d'instabilité ou de carence affective, ainsi que des épisodes d'abus ou de maltraitance affective, physique et/ou sexuelle.

Il existe d'autres troubles de la personnalité liés à des troubles de l'attachement. Les plus fréquents sont :

- les troubles de la personnalité dépendante : manque d'autonomie avec sentiment d'incompétence, besoin permanent d'approbation et de soutien, évitement du conflit, dès qu'une relation s'interrompt, en cherche immédiatement une autre ;
- les troubles de la personnalité histrionique : théâtralisme et immaturité affective, besoin d'être en permanence au centre de l'attention et de séduire, tendance à tout dramatiser ;
- les troubles de la personnalité narcissique : besoin constant d'être admiré, sentiment d'être au-dessus des autres et que tout est dû, exploite et écrase les autres.

Chacun de ces troubles peut grandement bénéficier d'une thérapie. Nous ferons un focus sur les troubles de la personnalité borderline, particulièrement invalidants mais qui bénéficient désormais d'approches qui ont révolutionné le pronostic, notamment avec les thérapies dialectiques et comportementales (voir page 102), les thérapies centrées sur les schémas (voir page 211) et les thérapies basées sur la mentalisation (voir page 220).

APPRENONS À CONJUGUER AU PRÉSENT : ICI ET MAINTENANT

Après nos conjugaisons aux différents temps, que se passe-t-il lorsque nous restons ancrés dans le présent, dans l'ici et maintenant de nos vies, c'est-à-dire dans le réel ? De nombreuses études montrent que l'ancrage dans l'instant, quel que soit l'outil utilisé (méditation, yoga, musique, sport, etc.), aide à mieux réguler nos émotions. Ne nous en privons pas ! Revenir dans l'instant présent est ainsi une excellente thérapeutique lorsque nous nous égarons dans les zones sombres des conjugaisons du passé, du futur ou de l'impératif. Et il existe de très bons outils pour cela.
Mais continuons d'avancer dans notre voyage et demandons-nous maintenant s'il est possible d'entrevoir ce qui se joue à l'arrière-plan de notre vie intérieure, dans cet océan de complexité qu'est le cerveau. Jusque-là, on ne pouvait que froncer les sourcils pour tenter de distinguer vaguement quelque chose à la seule chandelle de la philosophie de l'esprit. L'image qui résume le mieux les avancées des neurosciences, c'est celle d'un puissant projecteur braqué dans la pénombre.

4

Le cerveau dans tous ses états

Nous savons désormais mieux modéliser la façon dont notre cerveau prédit le monde et intègre de l'expérience sur la base des erreurs qu'il commet, ou visualiser la façon dont nos réseaux de neurones se connectent lorsque nous flânons librement dans nos pensées. Mais sait-on pour autant percer le mystère des ruminations douloureuses ? Expliquer les bases cérébrales de l'anxiété ou de la dépression ? Ou encore visualiser les effets cérébraux de la thérapie de façon à mieux guider cette dernière ? Mais commençons par le commencement et faisons connaissance avec les neurones de l'introspection et de l'ego.

AU CŒUR DE NOS SOUCIS

Hamlet, prince de Danemark, la plus célèbre des tragédies de Shakespeare, nous conte, à travers ses ruminations mélancoliques et vengeresses, la quête du prince éponyme pour châtier l'assassin de son père. La douleur morale d'Hamlet est en tout point comparable à celle des personnes qui souffrent de mélancolie (au sens médical, c'est la forme la plus sévère de dépression) : elle est centrée sur les ruminations douloureuses, qui sont de véritables tortures mentales qui peuvent conduire aux idées noires. Stromae l'a chanté avec une rare intensité : « J'ai parfois eu des pensées suicidaires. Et j'en suis peu fier. On croit parfois que c'est la seule manière de les faire taire. Ces pensées qui nous font vivre un enfer. »

Mais que sait-on au juste des mécanismes des ruminations ? Le mot vient du latin *ruminatus*, qui signifie « remâcher, répéter, tourner dans l'esprit ». Les ruminations sont des pensées répétitives focalisées sur son propre sentiment de détresse, avec une forte dimension d'autocritique et une humeur triste ou maussade qui apparaît le plus souvent lorsque des souvenirs chargés émotionnellement sont traités.

Bien que la pensée ruminative soit une activité mentale courante, elle augmente le risque de développer un trouble dépressif[30], ainsi que celui de récurrence dépressive[31].

En effet, l'excès de ruminations est susceptible d'entraîner des émotions négatives de tristesse, d'inquiétude, de honte et de colère, ainsi que des biais cognitifs, c'est-à-dire des erreurs de jugement qui génèrent à leur tour des difficultés à prendre de bonnes décisions, voire à prendre des décisions tout court[32]. Nous avons tous éprouvé la sensation de nous noyer dans un verre d'eau, et les personnes qui souffrent de dépression ou d'anxiété, et qui sont précisément envahies en permanence par ces ruminations sur le passé ou sur l'avenir, ont très souvent ce sentiment d'incapacité à décider quoi que ce soit, même les choses les plus simples, ce qui conduit à une sorte d'inertie, voire de paralysie face à l'action. Parmi les différents types de ressassement, la rumination maussade est caractérisée par le fait que les individus comparent leur situation actuelle à une norme non atteinte[33]. Ce type de rumination conduit à l'autocritique, à la négativité et à une focalisation sur le problème, ce qui facilite l'apparition de ruminations pénibles. Toutes les ruminations sont-elles nécessairement négatives ? En apparence, celles centrées sur la recherche de solutions (ruminations dites « réflexives ») dans le but de comprendre comment faire face aux problèmes qui se présentent pourraient nous être utiles. Hélas, même cette version apparemment plus saine du ressassement peut se transformer en rumination maussade, puis en rumination anxieuse ou dépressive dans une situation de stress[34].

Mais allons un peu plus loin dans la compréhension de la complexité de notre incroyable cerveau. Que peut-on concrètement voir à l'intérieur d'un cerveau qui rumine ?

LE CERVEAU N'EST JAMAIS AU REPOS : L'INCROYABLE DÉCOUVERTE DU RÉSEAU DE MODE PAR DÉFAUT (RMD)

Dans les années 1950, Louis Sokoloff, un neuroscientifique pionnier de l'imagerie fonctionnelle du cerveau, fait une découverte étrange : lors d'une tâche mentale difficile d'arithmétique, la consommation d'énergie du cerveau n'augmente que très faiblement (moins de 5 % de sa consommation d'énergie de base[35]). Au lieu de rejeter ce résultat perturbant, il a l'intelligence d'en déduire que le cerveau est constamment actif, avec un niveau d'activité élevé même lorsque nous ne faisons rien de particulier. Plus tard, en novembre 1992, Bharat Biswal, alors jeune étudiant de 25 ans en poste dans le département de radiologie de la faculté de médecine du Wisconsin, travaille sur la réduction du bruit de fond des signaux générés par l'IRM fonctionnelle lors de tâches motrices et remarque la présence terriblement intrigante d'une activité spontanée et synchrone entre différentes régions distantes du cerveau, survenant alors que le sujet est au repos. Mais c'est Marcus Raichle, neurologue à la Washington University School of Medicine, qui introduit, en 2001, la notion de réseau du mode par défaut (RMD) pour décrire l'activité intense du cerveau au repos, ouvrant un champ de recherche particulièrement fertile[36], notamment dans le domaine de la compréhension des émotions et du fonctionnement psychique. Au fur et à mesure de son exploration, on découvre que le RMD est le réseau de l'introspection, à commencer par le sentiment même de soi. Il constitue une véritable base neurologique de l'ego, car il permet à la fois le traitement des informations autobiographiques (souvenirs des événements et des faits sur soi-même) et de la conscience de soi, en particulier le ressenti émotionnel portant sur soi-même. Il autorise le voyage dans le passé et l'évocation des souvenirs – bons et mauvais –, autant que la projection dans le futur (c'est lui qui s'active quand nous réfléchissons à nos prochaines vacances). Il nous permet aussi de nous autoévaluer et de nous comparer aux autres, jouant un rôle important dans notre vie sociale et dans le sentiment d'exclusion[37].

Lorsque l'on commence à réfléchir sur soi, tout le réseau de connectivité du RMD s'illumine, un peu comme de longues guirlandes entrelacées sur un sapin de Noël. Il est donc possible de visualiser les trajets des neurones qui nous servent à penser à notre passé, à nous sentir bouleversés par la nostalgie ou à ruminer nos regrets.

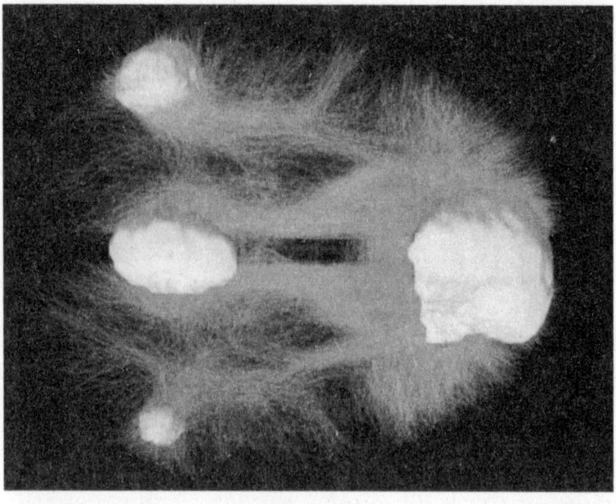

La connectivité fonctionnelle du réseau du mode par défaut : ce qui s'active quand on réfléchit sur soi. (Andreashorn, 2014, Wikimedia Commons)

Autrement dit, le cerveau au repos est très actif ; la prochaine fois que vous demanderez à une personne à quoi elle pense et qu'elle vous répondra « à rien », vous saurez qu'en réalité son cerveau bourdonne intensément !

LES NEURONES DE L'EGO

Parmi les régions du cerveau traversées par le RMD, deux « hubs » particulièrement importants « flashent » sur l'IRM fonctionnelle : il s'agit du cortex cingulaire postérieur et du cortex préfrontal médian.

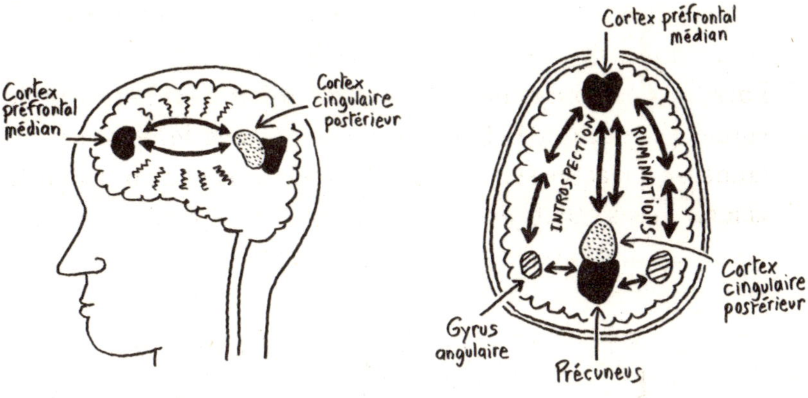

Ces deux réseaux sont impliqués dans la pensée autoréférentielle – chaque fois que nous sommes invités à réfléchir sur nous-mêmes. Si je vous demande à l'instant de me dire si vous pensez avoir le sens de l'humour, elles s'activent. Le cortex préfrontal médian s'active encore plus spécifiquement lorsque l'on porte des jugements sur les autres et que l'on s'engage dans les processus de comparaison (par exemple, si je vous demande cette fois si vous pensez avoir plus d'humour que votre conjoint(e). Notez comme l'équilibre de votre couple repose en grande partie sur votre cortex préfrontal médian…).

Dans la civilisation occidentale moderne, ces réseaux impliqués dans la constitution du sentiment de soi, du jugement et de la comparaison, donc de l'ego, font (hélas !?) l'objet d'un entraînement intensif depuis la plus tendre enfance. Nous apprenons dès la maternelle à nous comparer aux autres et recevons bien vite des notes, avec l'injonction de donner le meilleur de soi pour « réussir ».

Ces réseaux jouent également un rôle important dans la mémoire autobiographique (la mémoire de nos souvenirs). Si je vous demande de penser à un souvenir d'enfance particulièrement précis, ces deux zones (parmi d'autres) vont s'activer.

Les personnes déprimées qui portent de nombreux jugements négatifs sur elles-mêmes (« Je suis nul, je ne vaux rien ») ont une plus grande activité neuronale dans cette région du cerveau.

TOURNER EN ROND : LES RÉSEAUX DE LA PENSÉE NÉGATIVE

Au sein du RMD, d'autres régions stratégiques jouent un rôle clé. C'est notamment le cas du cortex préfrontal dorsolatéral, impliqué dans des processus cognitifs de premier plan qui font la spécificité de l'espèce humaine et sont centraux pour notre autonomie et notre identité : la mémoire, l'attention, la planification, mais aussi l'intégration de l'information cognitive, motivationnelle et émotionnelle. Le cortex préfrontal dorsolatéral est donc d'une certaine façon le chef d'orchestre de notre cerveau. Certains patients anxieux ou déprimés disent « se complaire » dans leur morosité et se le reprochent. Mais l'imagerie cérébrale fonctionnelle pourrait contribuer à les déculpabiliser, car elle montre que cette région cruciale est, dans leur cas, hyperactive, les empêchant de se désengager des pensées négatives par manque de plasticité[38]. C'est le fameux « Je pense trop et je tourne en rond ». Plusieurs études d'imagerie cérébrale ont montré que la méditation de pleine conscience, le fameux *mindfulness*, permet de réguler l'activité du cortex préfrontal dorsolatéral et, plus globalement, d'améliorer la plasticité du RMD[39]. Le yoga, pour lequel on dispose de moins de données, entraînerait également un effet relativement similaire[40]. Clemens Bauer, du département des sciences cognitives et du cerveau au Massachusetts Institute of Technology (MIT), a notamment montré, dans une expérience avec des élèves de 12 ans examinant l'impact de huit semaines d'entraînement à la pleine conscience en milieu scolaire, que la pratique du *mindfulness* a un impact bénéfique, et ce, dès l'enfance. À la suite des interventions, les élèves du groupe de pleine conscience présentaient, par rapport à ceux du groupe de contrôle, une faculté d'attention plus soutenue et une meilleure flexibilité de la connectivité entre leur RMD et leur cortex préfrontal dorsolatéral. Au-delà d'une amélioration de l'attention et du bien-être, l'entraînement à la pleine conscience pourrait donc améliorer la plasticité cognitive et l'apprentissage en milieu scolaire.

Le cortex cingulaire antérieur joue lui aussi un rôle central dans les ruminations. Cette structure qui s'enroule autour des corps calleux, lesquels relient les hémisphères cérébraux droit et gauche, a été associée en particulier à la prise de conscience accrue des aspects négatifs de notre existence. Elle est également impliquée dans ce que l'on ressent lorsque l'on se réfère à soi-même (elle fait partie intégrante du RMD). De surcroît, elle joue un rôle fondamental dans les processus menant à la prise de décision ou encore dans la motivation et l'anticipation du plaisir. Ces capacités sont très diminuées dans la dépression et en constituent les symptômes cardinaux : la personne déprimée n'a plus envie de rien ; même le fait de voir ses enfants ne lui procure plus aucun plaisir et chaque décision devient impossible à prendre. Colm Connoly, du département de pédopsychiatrie à l'université de Californie (San Francisco) a montré, en étudiant le cerveau d'adolescents déprimés n'ayant jamais reçu de traitements, une réduction de la connectivité du cortex cingulaire antérieur au sein du RMD[41]. Chez de jeunes individus victimes de harcèlement et qui se sentent rejetés socialement, on retrouve également une activité anormale du cortex cingulaire antérieur[42]. Cette région du cerveau est par ailleurs associée à la dépression, et c'est l'une des régions que l'on cible quand on utilise la stimulation cérébrale profonde pour soigner les dépressions les plus résistantes[43].

RUMINATIONS ET CIRCUIT DU STRESS : LES LIAISONS DANGEREUSES

Pour mieux comprendre les conséquences de l'hyperactivité du RMD sur le système du stress, évoquons les problèmes de voisinage. Il nous est tous arrivé d'être réveillé au milieu de la nuit à cause de voisins trop bruyants et de rester énervés bien longtemps après qu'ils ont pourtant cessé de faire du bruit. Imaginez que ce voisin sans vergogne qui déambule sur le parquet du dessus avec ses gros talons est le RMD, notre réseau neuronal de l'introspection et de l'ego qui bourdonne à l'excès. À l'étage du dessous se trouve un voisin à l'ouïe hyperfine, l'amygdale cérébrale. Or nos deux amygdales cérébrales sont des centres de régulation de la peur et de la colère…

Au bout d'un moment, même si le voisin du dessus se couche et s'endort paisiblement, il y a fort à parier que les voisins du dessous (M. et Mme Amygdala) soient pour le coup très énervés et songent à s'armer d'un manche à balai… Maureen Satyshur, psychologue et professeure assistante à la faculté de médecine de l'université de Stanford (États-Unis), a ainsi montré que le simple fait de ruminer des pensées négatives – c'est-à-dire de « broyer du noir » – était associé à une diminution de la connectivité entre l'amygdale et le RMD[44].

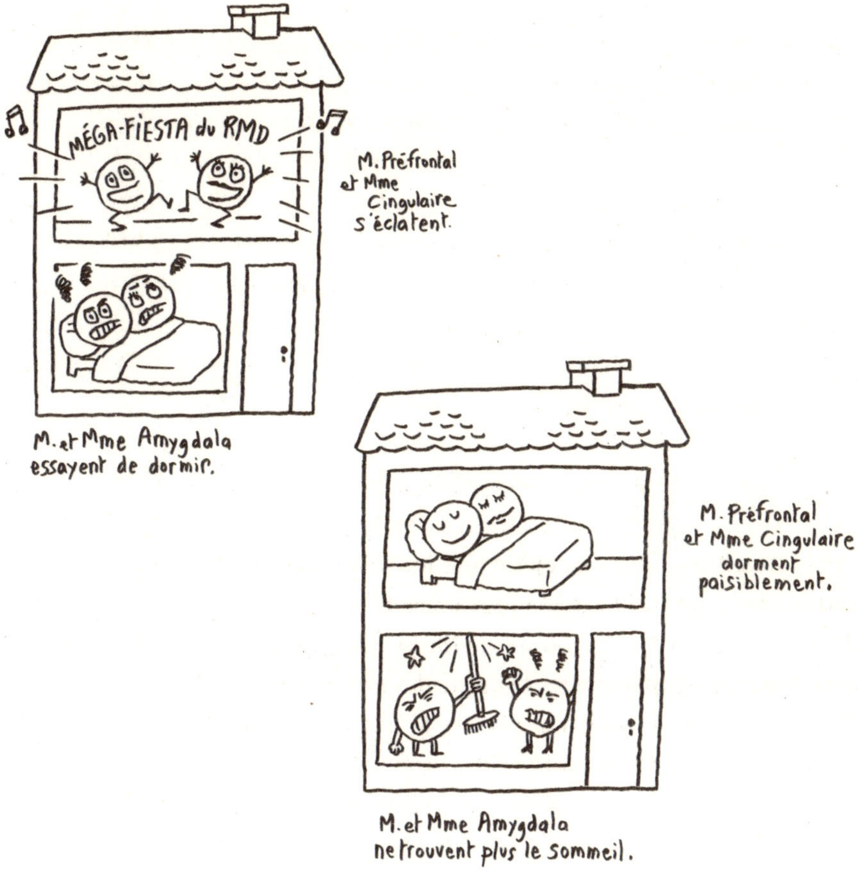

Nous savions déjà que les amygdales s'activent de façon massive lorsque nous nous sentons menacés (par exemple, lorsque nous entendons une violente explosion) et transmettent immédiatement le message de danger à deux petites glandes situées au-dessus de nos reins, les surrénales, qui libèrent massivement les hormones du stress (adrénaline, cortisol). Ces hormones entraînent aussitôt l'activation de tout le système physiologique du stress, qui nous met en situation de pouvoir fuir, de nous battre ou de nous figer, trois actions indispensables à la survie de l'espèce. L'accélération des battements du cœur et de la respiration, le sentiment d'oppression, ainsi que les autres manifestations susceptibles d'accompagner l'activation du système neurovégétatif du stress (sueurs, tremblements, vertiges, accélération du transit digestif, etc.), bien connues des personnes qui souffrent d'attaques de panique, sont de simples flashs d'adrénaline déclenchés par une amygdale trop excitée.

À proximité immédiate de l'amygdale se trouve l'hippocampe, la région la plus proustienne de notre cerveau, puisqu'elle joue un rôle clé dans l'association entre souvenirs et émotions. Cette petite structure enroulée, tel un croissant lové tout au creux de nos lobes temporaux, est réellement fascinante, car elle est à la fois très fragile et dotée de la plus grande capacité de renouvellement, ou plasticité : les jeunes pousses neuronales y naissent tout au long de la vie, comme si elles y bénéficiaient d'un véritable bain de jouvence. L'hippocampe est particulièrement sensible au stress : c'est la seule partie du cerveau susceptible d'être altérée de façon visible en IRM anatomique* chez les personnes souffrant de dépression (en particulier si ces dépressions sont récurrentes et/ou chroniques) ou de stress post-traumatique[45]. Bien que l'on puisse visualiser chez certains patients déprimés ces lésions de l'hippocampe, on ne les réalise pas en routine car elles sont subtiles, inconstantes et peu spécifiques (on les retrouve dans d'autres troubles, notamment les états de stress post-traumatiques et les maladies neurodégénératives de type Alzheimer).

Caroline Figueroa, de l'université d'Amsterdam[46], a fait écouter de la musique triste et évoquer des souvenirs personnels malheureux à soixante-deux patients atteints de troubles dépressifs récurrents, en rémission au moment de l'étude (ils allaient donc bien) et à quarante et un témoins n'ayant jamais été déprimés. Chacune de

* L'IRM anatomique, examen standard en médecine de ville, permet de visualiser les contours des structures cérébrales mais pas leur fonctionnalité, à l'inverse de l'IRM fonctionnelle, qui permet d'étudier la connectivité des structures entre elles (notamment le RMD) mais n'est accessible qu'en recherche du fait d'un coût élevé et de la complexité de la méthodologie et des analyses portant sur des jeux de données très vastes et complexes à traiter.

ces sessions était suivie d'une IRM fonctionnelle à l'état de repos afin d'explorer l'activité du RMD. Après l'induction de l'humeur triste par la musique ou les souvenirs, les témoins sains présentaient une bonne connectivité entre l'hippocampe et le RMD, ce qui leur permettait de bien réguler leurs émotions. Ce n'était pas le cas chez les déprimés en rémission, chez lesquels on retrouvait une mauvaise connectivité du système associée à plus de ruminations. Cette mauvaise connectivité RMD-hippocampe, associée à une forte tendance à la rumination, pourrait représenter une vulnérabilité neuronale persistante après la rémission d'une dépression chez des personnes qui semblent pourtant aller bien en apparence. Il persiste donc dans notre cerveau, longtemps après une dépression, une cicatrice biologique, une faille qui est la marque de notre souffrance passée.

LE CERVEAU TRAUMATISÉ

L'état de stress post-traumatique (ESPT) est le seul trouble mental pour lequel la cause est clairement connue, à savoir un événement impliquant une menace pour l'intégrité physique de soi ou des autres. Ce facteur déclenchant entraine une réaction de peur intense, d'impuissance ou d'horreur, qui va se maintenir bien au-delà de l'événement traumatique et qui s'accompagne de troubles de la mémoire et de la concentration, de cauchemars et de flashback, de symptômes dépressifs et de ruminations. Le syndrome de l'ESPT est un mélange de souvenirs intrusifs de l'événement traumatique, d'évitement des rappels de celui-ci, d'engourdissement émotionnel et d'hypervigilance. L'une des découvertes les plus anciennes met en évidence une augmentation de la réactivité du système nerveux autonome face aux stimuli liés aux traumatismes, tels que les sons ou les vidéos évoquant l'événement traumatique, sans extinction de la peur au fil du temps.

Au cours des trois dernières décennies, la croissance des études scientifiques sur l'ESPT a été explosive, et des milliers de références existent maintenant. Confirmée par une méta-analyse très récente[47], une excellente synthèse de Roger Pitman, du département de psychiatrie à la Harvard Medical School[48], mettait en exergue les liaisons dangereuses que nous avons précédemment décrites entre circuit du stress et RMD. Ce tour d'horizon de la neuro-imagerie cérébrale du psychotrauma montrait notamment que le CCA et l'amygdale sont trop actifs chez les personnes souffrant d'ESPT et que le RMD est déconnecté de l'amygdale, exactement comme nous l'avons envisagé dans l'exemple du voisin tourmenté. Cet état cérébral particulier expliquerait l'anxiété et l'excitation permanente avec un excès d'attention envers tout ce qui peut sembler menaçant, même de très anodin, mais aussi l'incapacité à éteindre la charge émotionnelle liée au souvenir traumatique. Contrairement à la croyance populaire selon laquelle, après un traumatisme, « le temps fera son œuvre », dans l'ESPT hélas, en l'absence de thérapie, le patient demeure – parfois durant des décennies – coincé dans l'événement, au jour J de son traumatisme. Il existe souvent une amnésie totale ou partielle de l'événement traumatique, mais l'événement est pourtant toujours présent : je n'oublierai jamais le masque de souffrance soudainement apparu sur le visage de F. lorsque, en feuilletant des albums anciens, une photo tombée au sol a provoqué la réminiscence immédiate et brutale du souvenir des viols subis dans son enfance. Les troubles de la mémoire autobiographique liés au trauma sont sous-tendus par les dysfonctionnements de l'hippocampe, au même titre que les difficultés à reconnaître qu'un environnement est sûr et sans danger. De ce fait, les personnes qui souffrent d'ESPT sont en permanence sur le qui-vive, même quand tout va bien. En effet, l'hippocampe est impliqué dans la mémorisation des souvenirs mais aussi des signaux environnementaux (notamment contextuels, comme une musique, une odeur, la texture d'un tissu, etc.) présents pendant l'événement traumatique, et dans leur réactivation lorsqu'un élément de l'événement ou du contexte, même éloigné, est de nouveau présent. L'événement traumatique lui-même et les éléments du contexte se tissent au sein de réseaux neuronaux dormants qui se réveillent et résonnent, faisant resurgir les émotions de peur ou d'horreur intense (mais pas forcément le souvenir lui-même) comme au premier jour – il suffit parfois d'un bruit ou d'une odeur qui n'a d'autre caractéristique que d'avoir été entendu ou sentie le jour J. Un peu comme une vaste toile d'araignée qui vibrerait dans son intégralité, alors que l'on n'aurait qu'effleuré délicatement l'une de ses extrémités les plus distantes. Heureusement, les thérapies classiques se sont enrichies d'approches nouvelles qui ont révolutionné la prise en charge de l'état de stress post-traumatique, notamment l'EMDR (voir page 138) et l'intégration du cycle de vie (voir page 144), sur lesquelles nous reviendrons plus loin.

UNE CHIMIE CÉRÉBRALE DES RUMINATIONS ?

Pour mieux comprendre le mécanisme des ruminations, des chercheurs ont conduit des expériences sur de jeunes adultes en bonne santé[49] ; les participants ont passé plusieurs tests au cours desquels ils devaient essayer de stopper des pensées indésirables ou, plus exactement, de ne pas se souvenir des mots qui apparaissaient sur un fond rouge. Les chercheurs ont suivi l'activité cérébrale des participants avec des techniques d'imagerie sophistiquées (IRM fonctionnelle et spectroscopie). Ils se sont alors aperçus que ceux qui avaient le plus de GABA (acide gamma-aminobutyrique) dans l'hippocampe réussissaient mieux à bloquer ces pensées indésirables. Contrairement à la plupart d'autres neurotransmetteurs, comme la dopamine, la sérotonine ou le glutamate, le GABA est connu avant tout pour être un inhibiteur : il « calme » le neurone quand il vient effleurer l'un de ses récepteurs. Ces résultats suggèrent que les neurones de l'hippocampe qui libèrent du GABA, également impliqués dans l'apprentissage et l'intégration d'informations, jouent un rôle important dans le contrôle des ruminations. Chez les personnes souffrant d'état de stress post-traumatique, on a également mis en évidence une diminution de la liaison au GABA dans tout le cortex, en particulier dans l'hippocampe, ce qui témoigne d'une moindre capacité à apaiser l'embrasement neuronal.

Cette découverte pourrait aussi permettre de développer de nouvelles approches pour traiter ces troubles, en augmentant l'activité du GABA dans le cerveau des patients. Cette piste intéresse beaucoup les chercheurs qui tentent de trouver des psychotropes plus actifs que les antidépresseurs classiques. Il faut savoir que l'alcool, comme les tranquillisants de la famille des benzodiazépines (Lexomil®, Lysanxia®, Valium®, Tranxène®, Xanax®, etc.) influent sur la transmission du GABA, mais entraînent une tolérance* et une dépendance, ce qui en fait de mauvais amis des personnes qui souffrent de ruminations, avec un effet boomerang des angoisses, parfois très intense à l'arrêt des médicaments.

Par ailleurs, la kétamine (dont l'eskétamine est l'énantiomère actif**) entraîne une modulation de la transmission du GABA dans le système limbique, en particulier dans l'hippocampe, dans les heures qui suivent son administration, ce qui pourrait expliquer son effet thérapeutique[50]. La kétamine et l'eskétamine sont désormais utilisées dans le circuit hospitalier pour les patients souffrant de dépressions sévères, avec toutefois des contre-indications, notamment chez les personnes souffrant

* En pharmacologie, le terme « tolérance » désigne la diminution de la réponse à un médicament utilisé de façon récurrente (il faut donc augmenter progressivement la dose pour conserver l'effet).

** L'énantiomère actif est la molécule qui, au sein d'une paire de molécules qui sont des images miroir l'une de l'autre, est dotée de la meilleure efficacité thérapeutique.

d'addictions (la kétamine est une drogue prisée des clubbers) ou d'antécédents personnels ou familiaux de psychose.
Par ailleurs, il a été montré qu'une heure de méditation de pleine conscience (comparée à une heure de télévision !) était susceptible de booster le taux de GABA[51]. Les mêmes effets ont été observés pour le yoga[52] et le sport[53].

RÉINITIALISER LE RMD POUR SOIGNER DÉPRESSION ET TRAUMATISMES ?

Au-delà de la fascination qu'exerce le fonctionnement complexe et mystérieux du cerveau, les recherches sur cet organe aident à mieux comprendre les troubles émotionnels sur lesquels nous nous interrogeons depuis des siècles. C'est vrai en particulier pour la dépression, fléau qui concerne une personne sur cinq en France, qui est l'une des premières causes d'arrêt de travail et qui emporte près de vingt-cinq personnes par jour*.
Différents travaux ont ainsi montré que les réseaux de neurones de l'introspection qui constituent le RMD sont impliqués dans les ruminations de la dépression[54], en particulier lorsque les épisodes sont récurrents[55]. Une meilleure compréhension de ces mécanismes pourrait permettre d'améliorer les thérapeutiques existantes ou d'en découvrir de nouvelles. Comme l'a montré une étude à laquelle participait mon ami Philippe Fossati, professeur à la Pitié-Salpêtrière, psychiatre et spécialiste de l'imagerie cérébrale des émotions et de la dépression, l'activation du RMD est corrélée à la réponse aux antidépresseurs[56]. On a également pu noter l'effet des psychédéliques sur le RMD, en particulier de la psilocybine[57]. Cette molécule issue d'un champignon hallucino-

* En 2016, le suicide a causé le décès de 9 300 personnes en 2016 en France métropolitaine, selon la Direction de la recherche, des études, de l'évaluation et des statistiques (Drees). Il est aussi la deuxième cause de mortalité chez les 15-25 ans !

gène chamboule, durant quelques heures, le fonctionnement du cerveau, à la façon d'une boule à neige que l'on aurait secouée, augmentant massivement la connectivité neuronale tout en déstabilisant temporairement celle du RMD[58]. À distance de la prise de psilocybine, on observe une augmentation et une normalisation de la connectivité du RMD, comme si on avait procédé à une « réinitialisation » de ce dernier. L'effet thérapeutique de cette substance dans la dépression pourrait être lié à l'expérience temporaire dite de dissolution de l'ego, qui bouleverse de façon massive et durable les croyances internes négatives sur soi. Au cours d'une expérience dont les résultats ont été publiés dans un article au titre explicite – « Je, moi, au revoir : expérience de la dissolution de l'ego avec la psilocybine[59] » –, des chercheurs ont utilisé la psilocybine pour induire un état de conscience altéré, se traduisant par une distorsion transitoire dans l'expérience subjective de soi. Ce phénomène de dissolution de l'ego se caractérise par l'abolition de la conscience de soi, qui dépend du RMD : il s'agit donc de perturber les frontières entre le monde et la perception de soi pour augmenter le sentiment d'unité avec les autres et son environnement. Des études cliniques récentes suggèrent que les substances psychédéliques peuvent augmenter le bien-être et apporter un soulagement aux personnes souffrant d'anxiété, de dépression et d'addiction. Dans le traitement de la dépression, nous disposons pour l'instant de deux essais thérapeutiques qui montrent une amélioration significative de l'humeur pouvant se prolonger jusqu'à six mois après deux sessions de prise encadrée de psilocybine[60].

Dans le traitement de l'ESPT, six essais cliniques[61] associant de la MDMA (3,4-méthylènedioxy-N-méthylamphétamine, une drogue psychédélique mieux connue sous le nom d'ecstasy) à une psychothérapie ont montré une bonne efficacité et une excellente tolérance, ce qui a conduit la Food and Drug Administration à la qualifier de « *breakthrough therapy* ». La MDMA semble avoir un effet bénéfique sur les patients souffrant d'ESPT en diminuant leur réactivité à des stimuli négatifs tout en renforçant les sentiments d'empathie, d'ouverture et d'euphorie.

Il est trop tôt cependant pour valider ces thérapeutiques psychédéliques dans un cadre plus large que celui de la recherche, d'autant qu'elles nécessitent un encadrement médicalisé strict du fait du risque de *bad trip*. Elles sont d'ailleurs contre-indiquées chez les personnes ayant des antécédents personnels ou familiaux de psychose.

Évoquons maintenant l'intérêt des antidépresseurs classiques (escitalopram, fluoxétine, sertraline, venlafaxine, vortioxetine, etc.), pour lesquels nous disposons de plus de recul. Même s'ils ne bouleversent pas massivement le fonctionnement du RMD, les antidépresseurs présentent des effets bénéfiques indéniables sur les ruminations, même si la réaction est moins prononcée et, surtout, moins rapide (entre trois et six à huit semaines, contre quelques heures seulement pour la kétamine/eskétamine ou la psilocybine). Par ailleurs, ces effets ne sont pas rémanents, c'est-à-dire qu'ils tendent à disparaître rapidement à l'interruption du traitement, en particulier lorsque la personne est encore déprimée et/ou a arrêté le traitement trop tôt.

Bien que le « pharma-bashing » soit à la mode (l'industrie pharmaceutique ayant d'ailleurs largement désinvesti le secteur de la santé mentale pour diverses raisons), et malgré une idée largement répandue selon laquelle les antidépresseurs sont inefficaces et/ou dangereux, les cliniciens expérimentés savent que ces molécules rendent de grands services aux personnes souffrant de dépressions sévères, de troubles anxieux invalidants ou d'ESPT, et n'entraînent pas d'addiction (même si l'arrêt n'est pas toujours aisé dans certains cas). Cependant, pour être tout à fait honnêtes, avouons que leurs limites sont réelles : long délai d'action, nécessité d'une prise quotidienne durant plusieurs mois ou années, effets indésirables relativement fréquents sur le poids et la libido et, surtout, manque d'efficacité chez près de 30-50% des patients déprimés (seul un patient sur trois sera en rémission complète après un premier antidépresseur, ce qui implique souvent de devoir tatonner et de changer plusieurs fois de molécule avant de trouver la bonne). Nous avons donc besoin de nouveaux outils plus efficaces pour les patients les plus en souffrance, pour lesquels la psychothérapie seule ne suffit pas toujours. C'est pourquoi de grands espoirs – au sein desquels les psychédéliques et la neuro-stimulation tiennent une place centrale – sont placés dans la recherche.

LES THÉRAPIES AU SECOURS DU CERVEAU

Dans la seconde partie du livre, nous aborderons en détail les thérapies qui permettent de se libérer des ruminations, notamment les thérapies cognitivo-comportementales (qui incluent la méditation de pleine conscience) et les nouvelles approches de type thérapies métacognitives, qui en ont fait leur principale cible.
Mais nous devons nous rappeler que ruminer fait partie de la vie. Parfois, pour « réinitialiser » notre esprit et calmer le flot du ressassement, il nous suffit de nous promener dans la nature, d'écouter le bruit du vent dans les arbres, d'observer les reflets du soleil, ou de humer l'air frais de la campagne. À d'autres moments, le besoin d'échanger se fait sentir : pouvoir parler à quelqu'un, tenir un journal, pratiquer un sport ou câliner son animal de compagnie. Les thérapies peuvent nous venir en aide quand tous ces gestes naturels et simples ne fonctionnent plus et que nous devons apprendre ou réapprendre à mieux contrôler nos pensées et nos émotions pour vivre pleinement notre vie.

5

Chacun cherche son psy

Imaginez un gamin de 15 ans désœuvré, qui farfouille dans la bibliothèque familiale. Il découvre soudain, serré entre *La Nausée* de Sartre et *La Mort* de Jankélévitch, un livre au titre infiniment plus séduisant : *Trois Essais sur la théorie de la sexualité*. Une véritable promesse pour un ado bourré d'hormones ! J'ai immédiatement subtilisé le sulfureux ouvrage de Freud à la couverture jaunie. Le cœur palpitant, j'ai découvert une pensée qui me parlait infiniment. C'était exaltant, subtil et, surtout, infiniment transgressif.

Un peu plus tard, j'ai rencontré l'une des vestales du dieu Freud, et cela ne s'est pas bien passé… J'ai alors 17 ans. Mon bac en poche, je décide de tenter le concours de première année de médecine. À l'époque, le *numerus clausus* est un terrible goulot d'étranglement ; avec 5 en maths et en physique au bac, j'ai très peu de chances de réussir. De plus, avec la bêtise ou la fougue – au choix – que l'on peut avoir à cet âge, j'ai décidé de m'inscrire rue des Saints-Pères à Paris, c'est à dire une fac où le concours est super scientifique : tant qu'à faire dix années d'études, je préfère choisir un cadre agréable ! Je veux pouvoir longer la Seine et traîner dans les allées du Luxembourg… Peu importe que le concours soit très axé sur les maths et la physique, qui ne sont pas ma tasse de thé ! Je n'ai presque aucune chance de l'avoir, ce concours, et j'en suis conscient, mais j'ai la niaque. Enfin, la niaque… J'ai surtout une trouille d'enfer. Je me revois, buvant des litres d'eau pour calmer mon angoisse, thérapie jamais validée et dont je doute encore des bienfaits autres que sur la diurèse impressionnante qu'elle induisit. J'avais beau pisser des litres, la peur panique du concours était toujours là. Un beau matin, une idée germa : j'irais voir un psy pour m'aider à calmer mon stress. Je crois que j'imaginais une sorte de coach empathique qui allait me prendre en main pour rebooster ma confiance en moi. Ayant lu pas mal de bouquins sur la pensée positive, je m'endors tous les soirs en m'imaginant en samouraï pourfendant les malheureux impétrants qui, comme moi, espèrent devenir étudiants en médecine. N'ayant pas un rond en poche, comme tous les étudiants, je m'adresse au bureau d'aide psychologique pour les étudiants afin de bénéficier d'un soutien bienveillant et, surtout, gratuit. Après quelques semaines d'attente fébrile, je me retrouve dans le cabinet d'une psychanalyste, dont les murs sont parés de lourdes tentures. Très vite, je m'en souviens encore, j'ai l'impression d'être pris au piège, misérable moucheron dans une toile d'araignée. La psychanalyste me considère du reste d'un air fort suspicieux et m'assène la phrase suivante, qui m'a fait immédiatement renoncer à poursuivre quoi que ce soit avec un psy pour des années : « Jeune homme, ce n'est pas en trois séances qu'on va régler les choses. La thérapie est le travail de toute une vie. » Elle avait raison, d'une certaine façon. Je lui avais un peu parlé de mon enfance, de mon père qui était allé en prison quand j'étais encore très jeune, du beau-père qui l'avait remplacé et m'avait maltraité, de mes envies de mourir parfois... Mais elle n'aurait jamais dû me dire cela. En tout cas, pas ainsi. Cela me semblait avoir très peu de rapport avec ma demande du moment, qui était la gestion du stress. Elle était à mille lieues de moi ; je me suis donc senti incompris et même, d'une certaine façon, rejeté. Devant mon air ahuri, elle a cru devoir en rajouter une couche, ce qui fut fatal pour l'avenir de notre relation débutante : « Jeune homme, pour une thérapie, préparez-vous à deux séances par semaine pendant plusieurs années. »

N'écoutant que mon impulsivité et mes mécanismes de défense les plus rigides, j'ai déguerpi sans demander mon reste ! *A posteriori*, je pense que j'ai bien fait : cette thérapie avortée, c'était notre échec, le mien mais aussi le sien. Ma demande « ici et maintenant » était la gestion du stress et la préparation mentale à un concours difficile, dans un contexte où j'allais mal. J'étais dans un tel état de stress que j'avais des idées noires assez intenses. Ici et maintenant : elle aurait dû commencer par là, et me demander de lui parler de ma mère plus tard !

EN THÉRAPIE !

Il y a plusieurs questions que toute personne en quête d'une psychothérapie est en droit de se poser. Qu'est-ce qu'un psy sérieux ? Quelles sont les bonnes thérapies ? Comment choisir la meilleure approche ? Quelle est la limite entre médecine et développement personnel ? Entre approche scientifique et fantaisie pour doux rêveurs à la sauce New Age ? Combien de temps cela durera-t-il, entre le CDD de trois mois et le CDI jusqu'à la retraite ?

Une autre question importante est celle du risque d'entropie lié à la thérapie. Pour citer Julia, une jeune patiente fort avisée qui venait de divorcer à la suite de sa thérapie : « Ce psy, il a foutu un sacré *zbeul** dans ma vie ! » Cela nous mène tout droit à la question ultime : les psys ne sont-ils pas susceptibles de finir par savoir sur nous des choses qu'il serait préférable que nous continuions d'ignorer ? Et à ses petites sœurs : que deviendront les édifices précaires que nous avons patiemment construits à force de contorsions ? Comment justifier les tortures chinoises qu'il a fallu s'imposer durant des années pour supporter de petits chefs stupides et sadiques, maintenir des liens avec des parents

* Bordel.

bilieux et égoïstes, persister dans des relations sentimentales qui semblaient dirigées par le capitaine du *Titanic* ? Parfois on se contentera de subir et de tenter de se consoler, parce qu'on n'a pas le choix. Ou parce que l'on croit que l'on n'a pas le choix. Ou simplement par peur du changement – une thérapie peut aussi servir à en prendre conscience.

TROUVER SON PSY

Cette étape peut relever du parcours du combattant. La plupart du temps, cela se fait sur recommandation du médecin traitant ou par le bouche-à-oreille. À défaut, on peut aussi chercher un psy sur l'annuaire des professionnels : rappelons que le psy est soit médecin psychiatre, soit psychologue, soit titulaire d'une formation *ad hoc* (décret n° 2012-695).

Il arrive aussi qu'on fasse de drôles de rencontres ! Véronique, jeune cadre dynamique et mère de famille, était venue consulter pour des attaques de panique répétitives qui l'épuisaient et finissaient par entraîner des symptômes dépressifs pénibles. Elle ne prenait plus plaisir à grand-chose et avait l'impression de se noyer dans un verre d'eau. Elle m'expliqua qu'elle avait suivi une thérapie durant plusieurs mois avec un jeune homme jusqu'à ce que, au détour d'une balade dans les rues de Paris en famille, elle décide d'offrir une crêpe à ses enfants et découvre que le crêpier du coin de la rue… n'était autre que son psy. Saisie de surprise, elle avait cherché les mots pour exprimer son désarroi, tandis que ce dernier, en continuant d'étaler soigneusement le Nutella®, lui avait rétorqué : « Ben quoi, faut bien vivre… » Cet épisode peut prêter à sourire, mais Véronique avait été bouleversée et très contrariée de découvrir la « double vie » de son psy. Elle n'avait aucun mépris pour les crêpiers, mais était sous le choc d'une dissonance cognitive incompatible avec la poursuite de sa thérapie.

Elle se mit également à éviter le quartier ou son ancien psy vendait des crêpes.
Parfois aussi, on a de la chance. Après ma rencontre ratée avec une première psy au début de mes études, j'ai découvert bien des années plus tard une thérapeute formidable. J'étais alors chef de clinique dans le service hospitalo-universitaire de Sainte-Anne – ce fut l'une des périodes les plus exaltantes de ma vie professionnelle. Il me fallait gérer une unité hospitalière avec des patients dont les souffrances étaient immenses, assurer les consultations externes, encadrer les internes et les étudiants, tout en avançant sur mes travaux de recherche, sans oublier les chroniques au *Magazine de la santé* avec Marina Carrère d'Encausse et Michel Cymes. J'étais débordé, l'émulation alternant avec un niveau de stress élevé, et je décidai donc que je devais faire de la place dans mon agenda surchargé pour une thérapie. Je ne sais plus au juste comment je rencontrai cette psychologue, mais ce ne fut pas par mon réseau professionnel, car je tenais à la discrétion. Elle m'expliqua qu'elle s'était formée à de multiples approches en Californie, où elle avait travaillé. Cette femme, qui devait avoir entre 40 et 50 ans, était calme et posée, mais surtout d'une grande humanité et d'une qualité d'écoute rare. Je lui suis reconnaissant pour son aide, et les outils qu'elle a utilisés m'ont considérablement aidé tout au long de ma vie. Je lui avais demandé quelle était son approche théorique, et elle a arboré un sourire doux, gracieux et énigmatique que je garde en mémoire. J'ai compris au fil des séances qu'elle maîtrisait parfaitement les outils des thérapies comportementales et cognitives auxquels, à la même époque, je me formais avec passion à l'AFTCC*. Mais il me semblait qu'elle utilisait avec aisance d'autres approches que je ne connaissais pas. Elle ne théorisait jamais, mais employait l'air de rien une multitude d'outils hétéroclites issus des thérapies humanistes et existentielles, et il me fallait insister pour qu'elle

* Association française de thérapies comportementales et cognitives.

entre dans les détails du soutien inconditionnel de Carl Rogers, ou qu'elle consente à m'enseigner des rudiments de Gestalt. Lors d'une des séances les plus singulières, elle eut recours à l'approche psychocorporelle, en apposant simplement sa main dans mon dos, comme si elle me soutenait, après m'avoir demandé mon accord. Au moment où elle le fit, j'étais en train d'évoquer l'un des moments les plus traumatisants de mon enfance. L'effet fut proprement saisissant. Cela me permit de me rectifier, littéralement, passant de la posture du petit garçon effrayé et humilié qui courbe l'échine à celui de l'adulte qui se redresse et se tient droit.

L'ART DU « JE-NE-SAIS-QUOI » QUI CHANGE TOUT

Sylvie et son mari sont parmi les amis les plus proches que nous ayons, ma femme et moi. Outre le fait que Sylvie est l'une des meilleures thérapeutes que je connaisse, elle est également une cuisinière hors pair. Nous travaillons régulièrement ensemble, échangeons autour de patients communs et partageons de longs moments de détente en Normandie ou en Italie. Impossible de copier ses merveilleuses recettes d'aubergines grillées et de fleurs de courgettes, car ses talents culinaires sont insurpassables. Celui qui voudrait reproduire l'un de ses succulents plats risque l'échec. Je ne sais pas si c'est son tour de main, l'utilisation de la juste pincée d'épices ou la maîtrise de la cuisson, mais cela relève d'un art secret. Il en va de même en thérapie. Lorsque j'assistais Christophe André dans ses groupes pour anxieux sociaux à Sainte-Anne, j'ai assisté à de nombreux petits miracles. À la force d'un « je-ne-sais-quoi » – l'expérience ? la conviction ? la bienveillance ? –, il incitait des patients extrêmement timides et inhibés à défier leur anxiété et à repousser sans cesse leurs limites.

Je me souviens de la façon dont leur visage s'épanouissait d'un vaste sourire lorsqu'il entrait dans la salle où nous nous retrouvions.

Bruce Wampold, professeur de psychologie à l'université du Wisconsin et directeur d'un institut de recherche psychiatrique en Norvège, fait autorité dans le domaine de l'évaluation des thérapies. Auteur de nombreux articles et du best-seller *The Great Psychotherapy Debate*, il a ainsi résumé dans une interview le fruit de ses recherches : « Le point critique n'est pas le traitement qu'une personne reçoit, mais plutôt le fait que le patient croie que ce traitement particulier est efficace et travaille en collaboration avec le thérapeute. [...] Les données montrent également que les thérapeutes les plus efficaces connaissent la recherche et ont une approche dynamique des différentes options de traitement. Ils forment une alliance thérapeutique solide avec leurs patients[62]. » Autrement dit, l'efficacité d'une thérapie dépend plus de l'art du psy (son humanité, son empathie, son engagement) que de la technique utilisée[63]. Ces petits « plus », qu'il est difficile de théoriser et qui ne sont pas enseignés dans les « manuels », sont les épices indispensables qui font toute la différence, comme en cuisine. Cela signifie que, au-delà de l'approche elle-même, le choix du thérapeute a son importance. Et – tout aussi important – il faut s'engager et s'impliquer réellement, c'est-à-dire « y croire » du fond de ses tripes ! Croire, à première vue, n'a strictement rien à voir avec la science... Pourtant, c'est tout le contraire, en particulier dans le domaine des psychothérapies. La puissance de l'effet placebo est connue depuis longtemps, mais il a également été montré que le fait de croire que « l'on ne mérite pas d'aller mieux » prédit grandement l'échec d'une thérapie[64]: un résultat triste, mais hautement prévisible. Autrement dit, comme dans l'amitié, une thérapie fonctionne « parce que c'était lui, parce que c'était moi » – pour paraphraser notre cher Montaigne.

LA GRANDE COMPÉTITION DES THÉRAPIES : QUAND TOUT LE MONDE GAGNE

Les thérapies sont comme les thérapeutes : certaines sont plus recommandables que d'autres ! Et certaines sont clairement à éviter, voire relèvent de dérives sectaires[65]. Mais sont-elles toutes équivalentes ? Ou bien est-ce qu'il existe des « tops » et des « flops » ? La comparaison des psychothérapies entre elles est un vieux débat (le mot « débat » étant d'ailleurs un euphémisme tant les affrontements furent d'une grande violence). Cette querelle ancienne a débouché, en 1975, sur une étude célèbre de Lester Luborsky, alors professeur en psychologie à l'université de Pennsylvanie, qui décrivit l'« effet dodo[66] ».

Le dodo, c'est cet oiseau-juge qui, dans *Alice au pays des merveilles*, déclare quels participants à la course ont gagné et vont recevoir un prix. L'étude de Luborsky, dont les intuitions ont été en grande partie confirmées par la suite, concluait que toutes les thérapies *bona fide* (de bonne foi), malgré leurs différences, ont une efficacité comparable. L'idée germa que des « facteurs communs » présents dans la majorité des psychothérapies pouvaient être à l'origine de l'effet dodo et que les « facteurs spécifiques » à chacune d'elles étaient relativement secondaires. Le parallèle avec la réussite d'une recette est évident : les « facteurs spécifiques » sont les ingrédients propres à chaque plat ; les « facteurs communs » relèvent du seul talent du cuisinier.

Dans une publication récente, le chercheur américain Bruce Wanpold a compilé les études qui évaluent l'efficacité des thérapies[67]. Un graphique permet de visualiser en un coup d'œil le poids prédominant des facteurs communs (empathie, alliance thérapeutique, accord sur les objectifs de la thérapie, authenticité de la relation, adaptation aux spécificités culturelles du patient, attentes de ce dernier, etc.) et l'importance plus modeste des facteurs spécifiques...

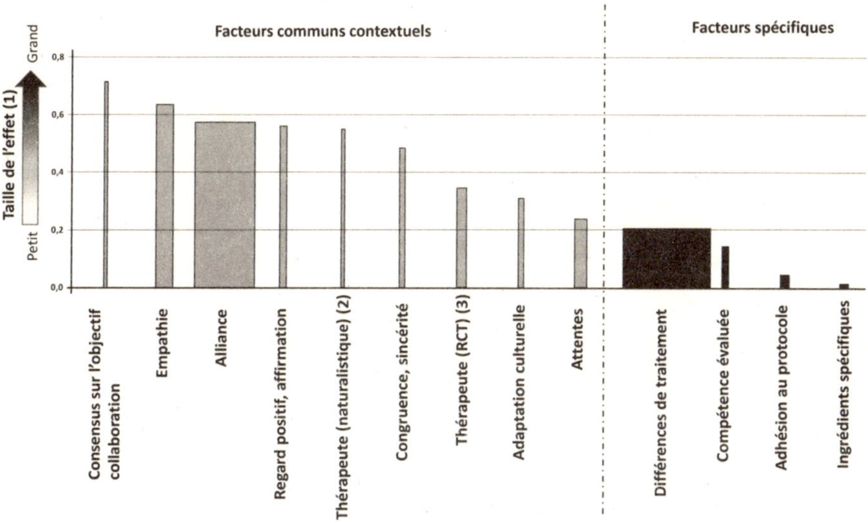

(1) La largeur des barres est proportionnelle au nombre d'études tandis que la hauteur représente la « taille de l'effet » mesurée avec le coefficient « d de Cohen ». Un d de 0,2 est petit : peu de différence entre le groupe qui bénéficie de l'intervention psychothérapique et le groupe « contrôle » de comparaison ; 0,5 : supériorité de taille moyenne ; 0,8 : supériorité de grande taille.

(2) Naturalistique : études proches de la « vraie vie » mais qui ne bénéficient pas des critères scientifiques les plus élevés, c'est-à-dire qui ne sont ni randomisées ni contrôlées.

(3) RCT : essai randomisé (les participants sont répartis aléatoirement entre les groupes de comparaison) et contrôlé (le groupe de patient qui ne profite pas de l'intervention psychothérapeutique est mis sur liste d'attente, ou bénéficie de sessions d'information ou d'une autre approche psychothérapique).

Mais comment définir une thérapie *bona fide*, c'est-à-dire recommandée sur une base scientifique[68] ? En pratique, elle devrait respecter les trois critères suivants :

- elle doit disposer d'une base théorique issue de la psychologie scientifique ;
- le thérapeute doit détenir les compétences et l'expertise requise (un master universitaire mention « psychologie » et une formation validée dans la thérapie utilisée) ;
- le trouble ciblé doit « raisonnablement » pouvoir être traité par cette thérapie (l'hypnose présente un intérêt thérapeutique indéniable[69], mais ne fait par exemple pas partie des thérapeutiques recommandées dans le traitement de la dépression majeure).

La liste des psychothérapies ne répondant pas à ces critères est impressionnante. Par exemple, l'EFT (Emotional Freedom Technique), pratique « psycho-énergétique » très en vogue qui utilise les méridiens chinois et s'appuie sur certains principes issus de l'acupuncture, n'est pas un modèle issu de la psychologie scientifique[70]. Il en va de même pour la sophrologie[71], au même titre que bien d'autres approches : programmation neurolinguistique (PNL), médecine énergétique, psychologie quantique, reiki, ennéagramme, psychogénéalogie, etc. Pour être tout à fait honnête, je suis curieux de nature et rien ne m'empêcherait de tester sur moi-même, si l'envie m'en prenait, l'une de ces approches. Mais quand il s'agit de conseiller des personnes qui sont en détresse, on doit tenir compte des données acquises de la science. Bien entendu, quelques patients semblent très satisfaits de certaines de ces approches et je les crois volontiers quand ils me parlent de leur efficacité. À l'exception de situations d'emprise ou de dérives sectaires, je respecte leur choix et les encourage pragmatiquement à poursuivre une démarche qui les aide, tout en les incitant à exercer leur esprit critique. Je leur explique notamment que la question n'est pas uniquement de savoir si une approche fonctionne sur tel ou tel symptôme : un simple placebo est efficace – tous les parents l'utilisent lorsqu'ils invoquent la puissance du bisou magique pour éteindre la douleur des bobos de leurs enfants. La question est plutôt de savoir si les effets thérapeutiques sont réels, profonds, et se maintiendront sur la durée.

Que retenir de tout cela ? Certainement pas que toutes les thérapies se valent : elles se valent peut-être au niveau du groupe, mais pas de l'individu. Exactement comme pour les médicaments : on peut les comparer globalement et dire qu'ils se valent, mais tout bon praticien sait qu'il y a un art du choix de la bonne molécule pour la bonne personne. Dans ce contexte, il me semble que l'allégeance absolue d'un clinicien à une méthode et une seule, quelles que soient l'indication et la personnalité qu'il a en face de lui, pose question. Que penseriez-vous d'un praticien qui ne prescrirait qu'un seul médicament, par exemple l'aspirine, pour tout soigner ? Et d'ailleurs comme les médicaments, les psychothérapies sont susceptibles de présenter des effets indésirables et des dangers qu'il est temps d'évoquer.

LES DANGERS DE LA THÉRAPIE : PSYS ET RELATIONS D'EMPRISE

Éléonore est une excellente obstétricienne qui a longtemps souffert d'une anorexie mentale très invalidante. Elle passait tous les jours des heures à faire des exercices physiques pour perdre du poids, toute seule chez elle, en imitant les mouvements d'aérobic sur des vidéos YouTube. La maladie l'avait beaucoup isolée et mettait en péril son activité professionnelle : l'épuisement ne lui permettait plus de faire ses gardes et astreintes ni d'assurer les accouchements. Durant sa prise en charge, elle a souhaité rencontrer un autre thérapeute. Elle m'a demandé si je n'étais pas fâché de cette « infidélité ». Je lui ai répondu que je ne vivais pas cela comme une infidélité, que les patients n'appartiennent pas à leur psy, que l'ego de ce dernier n'a aucune importance. Par ailleurs, nombreux sont mes patients qui bénéficient d'une double prise en charge et d'une expertise extérieure, dans le cadre d'une démarche essentiellement pragmatique que l'on peut résumer par cet adage : « Tout ce qui aide est bon à prendre. » Éléonore semblait ravie du travail avec son nouveau psy, conseillé par une amie, et je ne l'ai pas revue pendant plusieurs mois. Je lui avais demandé de me donner des nouvelles, ce qu'elle fit régulièrement : tout semblait aller pour le mieux. Un jour, elle appela mon assistante pour un rendez-vous en urgence. Après quelques minutes, elle fondit en larmes : elle m'expliqua que ce psy était fabuleux, mais que les séances étaient trop dures. Il lui disait

qu'elle « faisait du surplace » et que lui-même « n'avait pas obtenu le niveau d'excellence auquel il était parvenu en regardant passer les trains comme les vaches, mais qu'il s'était botté le cul ! ». Il lui arrivait de lui hurler dessus, « pour la motiver ». Elle me décrivit toutes sortes d'humiliations du même ordre qu'elle avait à subir durant la thérapie. Je lui expliquai que c'était une maltraitance intolérable et qu'il fallait interrompre ce suivi au plus vite. Elle sembla soulagée par mon conseil, mais ne vint pas au rendez-vous suivant et je n'eus plus de nouvelles d'elle pendant plusieurs mois. Elle m'expliqua plus tard qu'elle avait été prise au piège de la toile d'araignée que le thérapeute avait patiemment tissée autour d'elle. Elle était sous sa dépendance et sa domination perverse, et il avait fallu tous les efforts et l'amour de sa sœur pour parvenir à sortir des griffes de ce psy hautement toxique.
Cette situation n'est pas rare, les relations d'emprise et de dépendance comme celle vécue par Éléonore nous sont fréquemment relatées. J'enfonce une porte ouverte, mais il est fondamental de le redire : le psychothérapeute n'est ni un prophète, ni un gourou, ni un amant. Certains s'y essaient, hélas, au risque d'abuser du pouvoir que cela leur confère sur les personnes qui viennent les consulter en situation de fragilité, donc de vulnérabilité. Si vous vous trouvez dans cette situation, quittez la secte, et vite !
Le soutien et l'emprise sont deux choses différentes : comme me le disait très joliment un patient pour lequel j'ai une grande affection, le psy est « un phare dans la nuit »... C'est une image parfaite, car le phare n'indique pas la direction à suivre, mais signale juste les rochers pour éviter que les bateaux ne s'y fracassent. Un psy ne doit pas vous asséner ses convictions sous la forme d'un prêt-à-penser, encore moins prendre à votre place les décisions importantes (en dehors de situations exceptionnelles dans lesquelles vous pourriez vous mettre en danger, notamment lors d'une crise suicidaire). Ses conseils visent à promouvoir votre liberté, votre autonomie et votre sécurité, pas à vous enfermer

dans un schéma de dépendance affective à son endroit. En cas de doute, parlez-en avec lui, exprimez vos interrogations, et si sa réponse ne vous semble pas cohérente ni saine, envisagez de changer de psy.
Le ressenti envers le psy est parfois très fort, car c'est peut-être la première fois qu'une personne vous donne autant d'attention et de bienveillance, dans un cadre relationnel aussi intime. C'est ce que l'on nomme le transfert en psychanalyse, et c'est un signe du fait que vous investissez la thérapie. Mais si vous sentez que cela va au-delà d'un simple transfert, c'est-à-dire que vous êtes véritablement très amoureux de votre thérapeute et que cela dure au-delà de quelques séances, sachez que cela risque d'entraver la thérapie. Dans ce cas, le plus simple est sans doute d'en discuter avec lui et d'envisager l'hypothèse d'un changement de psy. Il doit se montrer compréhensif et vous accompagner avec bienveillance dans ce changement, qu'il peut parfois proposer de lui-même. Par ailleurs, votre psy ne doit pas vous déclarer sa flamme : vous venez pour des soins, pas pour une relation sentimentale, encore moins pour rendre des services sexuels ou subir un viol sous emprise ! Si vous ressentez une certaine ambiguïté, n'ayez pas honte d'en parler autour de vous : demandez conseil à vos proches, à votre médecin traitant ou à un autre psy, car il n'est pas toujours simple de repérer un « dérapeuthe », c'est-à-dire un psy qui dérape.

VERS UNE « PSYCHIATRIE DE PRÉCISION »

Le modèle médical classique de choix d'une thérapie est actuellement le suivant :

Un trouble → Un (ou plusieurs) outil(s) thérapeutique(s)

Il est temps d'aller plus loin, vers une « thérapie de précision » individualisée et qui combine différents outils. L'idée qui sous-tend cette notion de thérapie de précision est la même que celle d'une médecine personnalisée dont le modèle est radicalement différent :

Un individu → Une combinaison personnalisée et synergique de différents outils thérapeutiques

Le fait de pouvoir combiner différents outils choisis en fonction du profil individuel du patient – c'est-à-dire de ses symptômes, mais aussi de sa personnalité, de son histoire, de ses croyances, de ses préférences, de sa motivation et de ses compétences cognitives et affectives – est certainement une avancée décisive. Selon moi, la révolution des thérapies réside dans la combinaison des bons outils pour la bonne personne au bon moment, assortie d'ingrédients non théorisables, que le thérapeute utilise à l'instar du cuisinier ajoutant sa pincée d'épices secrète.

La séquence thérapeutique joue évidemment un rôle majeur : que faut-il traiter en premier ? dans quelle temporalité ? avec quels objectifs précis – en particulier quand il existe plusieurs troubles, ce qui est fréquent (par exemple dépression + addiction) ? Enfin, la combinaison de la psychothérapie avec un psychotrope, quand elle se justifie, peut entraîner un effet de synergie majeur.

L'arrivée des psychédéliques dans le domaine de la recherche est un *game changer* potentiel, car on espère – sous réserve que les données d'efficacité et d'innocuité dont nous disposons actuellement soient confirmées – qu'ils puissent intégrer l'arsenal thérapeutique dans les années qui viennent.

Tout ceci implique des moyens matériels et humains, qui manquent terriblement aujourd'hui : avec un manque de psychothérapeutes bien formés, en particulier dans les régions faiblement dotées, nos responsables politiques ont du pain sur la planche !

6

Psychanalyse ou TCC : quelle est votre tasse de thé ?

Il existe, nous l'avons vu, une multitude d'approches thérapeutiques, dont certaines sont sérieuses et éprouvées, d'autres plus rares ou exotiques, ce qui ne veut pas dire qu'elles sont forcément à bannir, loin de là – mais attention aux dérives sectaires ! Comme il est impossible de les aborder toutes dans les limites de cet ouvrage, je me limiterai aux deux approches les plus répandues en France, à savoir la psychanalyse et les thérapies comportementales ou cognitives (TCC), ainsi que les nombreux enfants de ces dernières.

Leur présentation ne sera ni exhaustive ni détaillée, elle se veut plutôt accessible et pratique, forcément subjective – ayant été formé aux TCC, même si je prescris largement les thérapies psychanalytiques, je subis nécessairement un biais.

Mon objectif est de vous permettre d'en appréhender les grands principes afin de déterminer ce qui correspond le mieux à votre sensibilité. Vous pourrez ainsi choisir en connaissance de cause votre tasse de thé !

IL ÉTAIT UNE FOIS… LA PSYCHANALYSE

Ceux qui ne comprennent pas leur passé sont condamnés à le revivre.

Johann Wolfgang von Goethe

Je suis coincé sous une pieuvre, comme écrasé au fond de l'océan. Impossible de soulever ses tentacules : j'étouffe, je sens que je vais me noyer. Puis je me rends compte qu'un des tentacules est pris dans un filet, qu'il suffit de le dénouer pour que la pieuvre se libère, pour se transformer en un grand dauphin blanc qui s'enfuit rapidement. Immense soulagement, je remonte à la surface éclatante de soleil, je respire enfin.

Pour comprendre ce rêve, j'ai utilisé la libre association : la pieuvre évoque la situation écrasante que vit une patiente qui se noie littéralement dans une histoire de maltraitance familiale. Cette situation génère en moi beaucoup d'empathie, ainsi qu'un grand sentiment d'impuissance. Je mets tout en œuvre pour l'aider, mais son état s'aggrave et je sens ma patiente épuisée, passive : sa situation est la pieuvre qui m'étouffe. Mon rêve m'envoyait-il un signal de danger, un message de culpabilité, ou m'offrait-il une porte de sortie ? Je pense que, d'une certaine façon, il m'a aidé à améliorer cette prise en charge : j'ai compris grâce à lui que je n'avais pas à sauver cette jeune femme, mais juste à lui donner le coup de pouce dont elle avait besoin pour retrouver ses forces et sa liberté. Mais l'interprétation des rêves est à tiroirs : n'y aurait-il pas une possible connotation sexuelle dans cette histoire de pieuvre ? Au fond, ce rêve m'a forcé à me poser les bonnes questions et à ouvrir des perspectives nouvelles dans la prise en charge de cette patiente.

Et si « le rêve est la voie royale vers l'inconscient », comme l'a écrit Freud, le legs de ce dernier continue de fasciner. Confortablement installés derrière un petit écran, nous avons été des dizaines de millions à voyager dans l'univers mystérieux de la

psychanalyse avec *En thérapie* de Nakache et Toledano, déclinaison française particulièrement réussie de la série israélienne *BeTipul*, dont la version américaine *In treatment* avait rencontré un succès planétaire. Étrange engouement pour la psychanalyse à une époque où Freud avait été relégué au rang *d'idole crépusculaire* par Michel Onfray. De fait, quoi qu'en disent ses nombreux contempteurs, Freud a eu des intuitions absolument géniales.
Quand il a l'intuition que « le rêve est la voie royale vers l'inconscient », il a éminemment raison. Sur ce point, nul spécialiste des états de stress post-traumatique ne peut le contredire tant les cauchemars font partie des symptômes cardinaux dont le contenu est terriblement signifiant.
Quand il base sa cure analytique sur la libre association, ce dispositif permettant de produire des liens non censurés entre passé et présent afin de mettre au jour les processus inconscients et de gagner en liberté, il propose une méthode d'exploration du psychisme extrêmement innovante.
Enfin, quand il recommande de prendre en considération le transfert, c'est-à-dire tout ce que l'analysant projette sur l'analyste (en particulier les figures de bon ou de mauvais parent), il a, une fois encore, raison. Cela ne signifie pas qu'il a raison sur absolument tout, mais reconnaissons-lui ses justes mérites.

LE MODÈLE PSYCHANALYTIQUE : LA GUERRE ENTRE LE ÇA ET LE SURMOI

Entre 1895 et 1901, Freud développe la psycho-analyse, au travers de l'interprétation de ses propres rêves, abandonnant rapidement sa pratique initiale de l'hypnose. Il est alors l'un des seuls à proposer une théorie globale du psychisme, une *métapsychologie*, et à construire un outil à visée thérapeutique, la cure analytique. Plus encore que de décrire l'inconscient, il s'agit surtout d'en comprendre la mécanique cachée, les fameux *mécanismes de*

défense qui nous amènent à réfréner ou à transformer nos désirs et nos pulsions cachées soit en symptômes pathologiques, soit en énergie créatrice.
Le noyau du modèle, c'est le conflit inconscient, une sorte de guerre froide entre différentes parties de notre psychisme, entre ce que nous désirons secrètement et ce que la société nous interdit. Ce conflit créerait des dégâts se manifestant sous la forme d'une angoisse. Pour contrôler cette angoisse, notre psychisme utiliserait des boucliers, les fameux *mécanismes de défense*, et notamment le refoulement, sorte de mur de Berlin psychique empêchant l'accès à la conscience de nos désirs inconscients.
L'équation se résume ainsi :

Pulsions + interdits = conflits → angoisse → mécanismes de défense → symptômes

Dans son modèle le plus abouti, la *seconde topique* (du grec *tópos*, « lieu »), Freud propose une carte tout à fait originale du psychisme dans laquelle il distingue trois lieux différents :
- le *Ça*, qui est le lieu où nous désirons sans frein moral, y compris tout ce que la société nous interdit et qui contient en particulier nos désirs sexuels inconscients ;
- le *Surmoi*, qui est le lieu où nous intériorisons les lois morales et les interdits ;
- le *Moi*, qui est le lieu du principe de réalité et doit gérer le réel tout en étant, d'une certaine façon, la ligne de front de la bataille entre le *Ça* et le Surmoi.

Ce modèle est *dynamique* : il serait en mouvement permanent, animé par notre énergie psychique. De *l'économie* de cette dernière, qui circulerait de façon plus ou moins harmonieuse, dépendrait notre équilibre psychique ou la survenue de *symptômes névrotiques* (anxiété, somatisation, répétition de comportements problématiques, etc.).

Résumons : pour Freud, se joue en nous – et à notre insu – une sorte de guerre permanente entre le *principe de plaisir* (nos pulsions, ces désirs cachés, en particulier sexuels, dont nous n'avons pas toujours conscience et qui forment le *Ça*) et le *principe de réalité* (ces contraintes frustrantes que la société nous impose et que nous intégrons dans notre *Surmoi*).

L'OBSERVATION CLINIQUE : BÉBÉ ERNEST ET PAPY SIGMUND

Ce modèle du psychisme est construit, selon Freud, grâce à l'observation clinique, en particulier celle du développement de l'enfant. Je ne prends qu'un exemple célèbre, celui du jeu de répétition de bébé Ernest, ce petit-fils de 18 mois que papy Sigmund observe en train de jouer dans son lit à barreaux avec une bobine en bois qu'il lance et tire aux cris de « *Fort... Da...* » – en allemand : « Parti... Là... » Dans *Au-delà du principe de plaisir* (1920), Freud interprète ce jeu de la bobine comme une répétition du départ de la mère (quand la bobine disparaît sous le drap) que l'enfant peut contrôler en la faisant revenir à sa guise, ce qui expliquerait qu'Ernest semble si joyeux quand il tire sur la bobine au cri victorieux de « Da ! ». Selon Freud, ce serait une façon de transformer en jeu la disparition de l'être aimé, donc une façon ludique et proactive de gérer l'angoisse de l'abandon. Au travers de ce jeu, l'enfant affirmerait son pouvoir de façon toute-puissante : ce n'est plus sa mère qui l'abandonne, mais c'est lui qui la fait disparaître à sa guise.
Certains trouveront cette hypothèse tirée par les cheveux (pour ne pas dire par la bobine), mais elle a permis d'introduire de façon tout à fait originale en psychologie la dimension symbolique du jeu.
Toujours sur la base de l'observation de jeunes enfants, Freud développe l'idée selon laquelle les troubles psychiques seraient

liés à des fixations sur les différents stades de développement. Pour lui, une fixation au stade *oral*, cette période de plaisir brut qui correspond à la tétée du nourrisson, entraînerait plus tard une personnalité caractérisée par l'égocentrisme et la dépendance. Ce stade serait ensuite suivi du stade *sadique-anal* (2-3 ans), qui correspondrait à ce moment où le jeune enfant parvient à contrôler ses sphincters pour retenir ses selles, ce qui le conduirait à affirmer son pouvoir (en « refusant d'offrir ses selles à sa mère », il manifesterait une forme d'agressivité sadique). La fixation à ce stade serait liée plus tard aux symptômes d'obsessionnalité (perfectionnisme anxieux, rigidité, TOC, etc.). Puis viendrait le stade *phallique* (3-7 ans), avec le fameux *complexe d'Œdipe*, qui correspondrait, chez le petit garçon, au fantasme d'inceste avec sa mère, avec la volonté inconsciente de « tuer le père » pour échapper à l'angoisse de castration, et dont la non-résolution entraînerait des troubles de la personnalité.
Ces hypothèses sont originales et intrigantes, mais impossibles à valider d'un point de vue scientifique.

CRITIQUES DU MODÈLE PSYCHANALYTIQUE

Neurologue à l'origine, Freud disposait donc des connaissances de son époque en neurosciences, connaissance dont il faut convenir qu'elles étaient très basiques – on ne peut pas lui reprocher, bien sûr, mais c'est une réalité. Il doit donc faire avec ce qu'il a. Certes, il avait exploré le système nerveux de la lamproie[72], une vilaine bestiole à mi-chemin entre la sangsue et l'anguille, mais comme le scanner ou l'IRM n'existaient pas encore, on ignorait encore tout de la plasticité synaptique et l'on pensait encore que la cocaïne était un stimulant *safe*. Le modèle qu'il crée est donc imprégné des connaissances et des hypothèses de l'époque, notamment en physique quantique et en thermodynamique.

Les critiques, pour ne pas dire les virulentes attaques contre la psychanalyse[73], ont trouvé un écho particulier dans la communauté scientifique pour la non-réfutabilité de ce modèle. La réfutabilité, ou falsibialité[74], est un concept épistémologique développé par Karl Popper. Ce philosophe des sciences né en 1902 à Vienne a montré que s'il est impossible de démontrer qu'une théorie est fausse, alors elle n'appartient pas au champ scientifique mais à celui des croyances. Popper résume ainsi sa pensée : « Une théorie qui n'est réfutable par aucun événement qui se puisse concevoir est dépourvue de caractère scientifique. Pour les théories, l'irréfutabilité n'est pas (comme on l'imagine souvent) vertu mais défaut. » Or, selon ses détracteurs, le modèle psychanalytique ne serait tout simplement pas réfutable, donc il appartiendrait au champ de la philosophie (ce qui n'est pas une insulte, loin de là !), et non à celui de la science.
Selon d'autres critiques, la principale erreur de Freud serait d'être revenu sur sa théorie du lien entre l'inceste et le traumatisme psychique. Après avoir cru aux traumatismes sexuels infantiles que ses patientes lui rapportaient, il aurait fini par conclure qu'il s'agissait de fantasmes propres à l'hystérie[75]. L'un de ses disciples préférés, Sándor Ferenczi, lui-même victime de viol durant l'enfance, tentera de rompre avec cette théorie du fantasme[76], s'éloignera du maître viennois et sombrera dans l'oubli.
Mais les plus virulentes critiques contre la psychanalyse émanent des mouvements féministes, qui lui reprochent une forme de censure phallocratique de la sexualité des femmes[77] et, plus généralement, de décrire les femmes comme des hommes ratés, d'éternelles enfants, des créatures inconstantes et hystériques. Je ne suis pas un spécialiste de Freud, mais pour l'avoir lu et pour avoir découvert son incroyable correspondance avec Marie Bonaparte, récemment publiée[78], dans laquelle cette dernière livre les détails les plus crûs de sa vie sexuelle – y compris les positions qu'elle affectionne, la façon dont elle se masturbe et

même les mensurations de ses organes génitaux, schémas explicites à l'appui ! —, on découvre chez Freud, au-delà de l'empathie et de l'amitié qui lie le thérapeute à sa patiente, une bienveillance, une liberté d'esprit et une délicatesse exceptionnelles que, à mon sens, peu de thérapeutes peuvent revendiquer[79] aujourd'hui.
Plus récemment, on a aussi beaucoup reproché à certains psychanalystes leur approche anachronique et culpabilisante pour les parents d'enfants autistes[80].

EN PRATIQUE

En tant que clinicien pragmatique, je n'appartiens pas au camp des adorateurs de Freud, qui tiennent les saintes écritures du maître pour des évangiles sacrés, pas plus que je n'appartiens à celui de ses détracteurs, qui voient en lui l'antéchrist et dénigrent les psychanalystes et leurs patients. Comme nombre de mes collègues, j'adresse aussi bien, lorsque je le juge utile, mes patients vers des psychanalystes que vers les thérapies comportementales et cognitives. Comme dans les autres disciplines médicales, les patients n'ont pas tous les mêmes besoins, et l'indication varie donc en fonction des situations individuelles – et des préférences du patient.
Question provocatrice : peut-on utiliser l'outil psychanalytique seul, *at home* pour ainsi dire ? Le psychanalyste Didier Anzieu, auteur d'un livre sur l'autoanalyse[81], rappelle que Freud, fondateur de la psychanalyste, a nécessairement conduit sa propre analyse tout seul comme un grand. Mais ne vous attendez pas à une recette miracle pour pratiquer votre autoanalyse dans votre cuisine tout en picorant des cacahuètes au wasabi, cela ne fonctionnera pas. Pour autant, rien ne vous empêche de tester *a minima* les outils de l'analyse comme prémices à ce que pourrait être une vraie analyse, si vous décidiez de vous lancer dans ce grand, beau et long (très long) voyage.

Commençons par une approche toute simple : l'analyse d'un de ces lapsus révélateurs*. Vous savez, ces mots que l'on dit pour d'autres quand notre langue fourche et qui nous font tellement rire quand on les surprend dans la bouche d'un politique qui fait tellemeeeennnt d'efforts pour se donner les apparences de la sincérité.

Pour ce bref florilège, permettez-moi de citer quelques exemples particulièrement « explicites » et croustillants (les enfants, il est l'heure d'aller se coucher).

Le 26 septembre 2010, Rachida Dati, interviewée par Anne-Sophie Lapix sur son analyse économique, utilise le mot « fellation » au lieu de « inflation ». Espérait-elle inconsciemment une vive remontée du PIB ? Quoi qu'il en soit, elle récidive le 1er avril 2011 lors d'une interview donnée sur LCI, où l'ancienne ministre de la Justice emploie le mot « gode » au lieu du « code » des bonnes pratiques.

Quant à Brice Hortefeux, alors ministre de l'Intérieur, il confirme droit dans ses bottes sur RTL, le 17 octobre 2010, que la police dispose de deux fichiers d'empreintes, celui des « empreintes génitales, et le fichier des empreintes génétiques ». Envisageait-il secrètement de castrer les sauvageons ? Nul ne peut l'affirmer.

Le 5 septembre 2015, Nicolas Sarkozy, lors d'un discours à l'université d'été du parti Les Républicains, à La Baule, déclare, un rien autoritaire : « La France, de toute éternité, a toujours été du côté des opprimés et toujours été du côté des dictateurs. » On ne peut, hélas, lui donner complètement tort !

Quant à Édouard Philippe, lors de son discours pour le lancement officiel de la Coupe du monde de rugby, le 10 mars 2018, il déclare que « la France est une nation qui veut continuer à sucer... », avant de se reprendre : « continuer à susciter de grands champions ».

---

* Dans *Psychopathologie de la vie quotidienne*, Freud explique que le lapsus révélateur exprime un désir inconscient.

Et *last but not least*, une vraie perle, un lapsus de compétition : le 26 septembre 2022, la Première ministre Élisabeth Borne déclare sur RMC/BFM TV, à propos de la réforme des retraites : « Le dialogue ne viendra pas de notre côté. » Réalisant qu'elle vient de commettre LE lapsus le plus révélateur du malaise du gouvernement, préfigurant l'utilisation du 49.3 à la sulfateuse quelques mois plus tard, elle corrige bien vite : « Le blocage, pardon. »

Et maintenant que nous nous sommes amusés avec l'univers mental de nos politiciens et que nous savons mieux ce qui occupe leur inconscient, passons au nôtre. La prochaine fois qu'un lapsus révélateur ou qu'un acte manqué se présente, au lieu de l'oublier très vite, notez-le et demandez-vous honnêtement ce qu'il signifie. À propos d'acte manqué, que diriez-vous si vous vous trompiez d'adresse pour un examen important mais obligatoire auquel vous n'avez pas envie de vous soumettre ? C'est précisément ce qui m'est arrivé le jour de la soutenance de mon mémoire de psychiatrie…

Notez aussi très précisément vos rêves, avec leurs moindres détails, y compris les plus incongrus et dénués de sens, puis laissez « décanter » quelques jours avant de vous demander ce qu'ils peuvent signifier, en utilisant le principe de libre association, qui consiste à laisser venir les idées et les images mentales, même les plus bizarres, sans chercher à les trier ni à les réprimer. Essayez de voir alors si le rêve prend un certain sens. Si rien ne vient, demandez-vous ce qui vous préoccupe en ce moment dans votre vie, et recommencez… Ne cherchez pas à bloquer, laissez venir ce qui surgit comme pensée, idée, émotion, souvenir… Parfois, le sens vient, mais on se demande si l'interprétation est juste, ou s'il s'agit simplement d'une lecture tirée par les cheveux. La réponse est forcément subjective et chargée émotionnellement, la vraie question étant : « Qu'avez-vous ressenti au moment où l'interprétation a surgi dans votre esprit ? » S'il y a eu une émotion particulière, profonde, votre interprétation est probablement pertinente ; si vous n'avez strictement rien ressenti, c'est juste un exercice intellectuel sans grand intérêt. À ce titre, personne ne peut savoir mieux que vous ce qui se passe dans votre inconscient et, si on cherche à vous imposer une interprétation qui vous semble totalement étrangère, il s'agit peut-être d'une « analyse sauvage » : interrogez-vous alors sur le sérieux de la démarche, car un bon analyste n'imposera jamais une interprétation toute faite – il suggérera éventuellement, et avec subtilité, des pistes d'interprétation s'il sent que vous êtes en mesure de les recevoir.

LES RÊVES ET L'INCONSCIENT COLLECTIF CHEZ CARL GUSTAV JUNG

Carl Gustav Jung (1875-1961) – l'un des plus éminents élèves de Freud, injustement méconnu en France – a insisté sur l'importance des messages que les rêves nous envoient et a émis l'idée séduisante selon laquelle les archétypes (symboles universels) constellent notre inconscient collectif. Il a insisté sur la dimension spirituelle de la psyché, ce que Freud, dans son orthodoxie, ne lui aura sans doute jamais pardonné. Mais Jung trace son chemin ; en 1925, il se rend au Kenya pour étudier les cultures tribales qui alimentent son intuition d'une parenté de symboles communs à travers les différentes civilisations. Il se passionne également pour la littérature des alchimistes, dans laquelle il repère des thèmes récurrents et universels dans la mythologie, la poésie, la religion, l'art ou encore la folie. Pour prendre un exemple, le roman *Moby Dick*, de Melville, incorpore l'archétype de la baleine que l'on retrouve notamment dans le *Livre de Job*, mais aussi dans l'imaginaire de nombreuses cultures. Chacun pourrait découvrir au détour d'un rêve l'un des mystérieux

archétypes de Jung, comme ces mosaïques du street-artist Invader que les enfants découvrent au coin des rues, telles que *L'Ombre* (la part inconnue de nous-mêmes), *L'Arbre de vie, Le Soleil* ou encore *La Grande Mère*...

UNE PSYCHANALYSE : POUR QUI ET POURQUOI ?

L'analyse, qu'elle soit freudienne, jungienne ou lacanienne, vous permettra de comprendre des choses très profondes sur vous, de donner du sens à certaines expériences et choix que vous avez faits ou vous apprêtez à faire, à relire différemment les relations importantes que vous avez nouées au fil de votre vie, à être plus proche de vous, plus libre, à comprendre ce qui se joue en arrière-plan, dans votre inconscient.

En revanche, n'attendez pas de l'analyse qu'elle guérisse rapidement une dépression, un trouble anxieux ou un trouble du comportement alimentaire, encore moins un trouble bipolaire, autistique ou schizophrénique. Certes, la psychanalyse peut constituer un complément utile à la prise en charge de ces troubles, mais sachez qu'elle n'en soignera pas nécessairement les symptômes, car ce n'est pas son objectif. Son but est plutôt de donner un sens aux symptômes, ce qui est important mais pas toujours suffisant pour les faire disparaître.

FREUDIEN OU LACANIEN : QUEL THÉRAPEUTE CHOISIR ?

Si vous voulez réellement connaître la différence entre les analyses freudienne et lacanienne, sachez à propos de Jacques Lacan (1901-1981), notre grand psychanalyste français, qu'il était avant tout freudien. Sans son immense influence à partir des années 1950, la psychanalyse n'aurait sans doute jamais réussi à s'imposer en France comme elle l'a fait. Lacan, passionné par le structuralisme*, a notamment ajouté à la théorie freudienne l'importance du langage : *l'inconscient est structuré comme un langage*. Toujours dans une perspective structuraliste, il a proposé le nouage du réel, du symbolique et de l'imaginaire représenté sous la forme d'un nœud borroméen, c'est-à-dire de trois cercles entrelacés. L'œuvre de Lacan, à la différence de celle de Freud, est difficile d'accès et son propos est parfois considéré comme hermétique. Pour entrer dans son œuvre, il est plus aisé de commencer par lire de bons livres de vulgarisation, comme les *Cinq Leçons sur la théorie de Jacques Lacan*, un ouvrage éclairant de Juan David Nasio[82].

Préférer un « freudien » ou un « lacanien » est sans doute moins important pour votre cheminement que le choix du thérapeute lui-même, ses qualités humaines et sa finesse ayant beaucoup plus d'importance que le modèle théorique sur lequel il s'appuie.

---

* Courant de pensée des années 1960, visant à privilégier d'une part la totalité par rapport à l'individu, d'autre part la synchronicité des faits plutôt que leur évolution, enfin les relations qui unissent ces faits plutôt que les faits eux-mêmes dans leur caractère hétérogène et anecdotique. Le structuralisme a connu sa forme la plus complète dans l'anthropologie sociale pratiquée par Lévi-Strauss. (Source : *Larousse*.)

En résumé, la psychanalyse est réservée à des personnes qui, comme dans la série *En thérapie*, se posent des questions existentielles et ont de bonnes capacités d'élaboration intellectuelle. Il faut également que ces personnes disposent de moyens financiers, et surtout, soient motivées. Dans une société ultraconnectée, où nous sommes pressés par le temps, la psychanalyse, si elle ne s'adapte pas et ne communique pas auprès du grand public, risque de s'étioler, ce qui serait dommage, car c'est un outil passionnant et utile. L'époque de la Vienne mythique décrite avec tant de raffinements par Stefan Zweig, dans laquelle les membres de la haute bourgeoisie et de l'intelligentsia corsetée venaient s'allonger sur le divan du sulfureux Dr Freud pour de longues séances quotidiennes, est révolue. C'est sans doute un peu triste, mais c'est ainsi.

L'AVÈNEMENT DES THÉRAPIES COMPORTEMENTALES ET COGNITIVES (TCC)

Jérôme n'a plus mangé au restaurant depuis des années. Sa pudeur lui interdit d'affronter le regard scrutateur d'inconnus pendant qu'il ingère une feuille de salade rebelle ou un spaghetti désespérément long. Il aurait trop honte. Hypersensible depuis l'enfance, adolescent susceptible et taciturne, il a développé de nombreux évitements sociaux. Pourtant, il n'est pas ce que l'on pourrait appeler un misanthrope. Loin de là. Extrêmement gentil et généreux, il souffre de cette solitude affective et sentimentale qu'il ressasse au cours de longues heures de regrets. Brillant architecte, il a construit sa carrière à l'abri des regards, travaillant de chez lui et refusant de prestigieuses collaborations par peur du regard d'autrui. Quant à la question des relations avec les femmes, c'est son principal sujet de tourments. Le simple fait de croiser le regard d'une belle suffit à le rendre malade et inopérant : « J'ai le cœur qui palpite follement, les intestins qui gargouillent, je rougis et, en général, je cours me cacher ! » Jérôme souffre d'une anxiété sociale sévère qui, malgré dix années assidues de psychanalyse, demeure tout aussi invalidante. Il a été déprimé à de nombreuses reprises depuis l'adolescence, se trouvant parfois à deux doigts de commettre l'irréparable.

Jérôme est le premier patient que j'ai eu à prendre en charge en TCC lorsque, alors que j'étais jeune interne, Christophe André a décidé de me le confier dans le cadre de la supervision qu'il m'offrait. Jérôme est envahi de croyances négatives sur lui, du style : « J'ai tout du loser absolu, je suis absolument sans intérêt, je n'ai pas d'esprit ni d'humour, mon physique est ingrat… » J'utilise les principes de la restructuration cognitive, qui consiste à modifier en profondeur les pensées négatives, avec un outil majeur : le questionnement socratique, qui consiste à ne rien imposer de façon dogmatique, mais à guider vers la remise en cause progressive, par soi-même, de ses propres convictions. Je me lance :

— Qu'est-ce qui vous fait penser cela ?

— Je le constate depuis l'enfance : dans un groupe, je suis celui qu'on regarde bizarrement, ou pire, celui que l'on ne regarde même pas.

— OK, mais d'après vous, pourquoi ?

— Je ne sais pas… Il faut dire que je me suis habitué à tout faire pour être invisible…

— Donc, si je comprends bien, vous me dites que vous vous excluez vous-même avant même d'avoir une idée de ce que les gens pensent vraiment de vous ?

— Oui… C'est un peu ça.

De fil en aiguille, Jérôme prend conscience que le fait de se juger négativement le conduit à se mettre de lui-même en retrait : au fond, ce ne sont pas les autres qui l'excluent, c'est lui. Petit à petit, je le vois déployer son système de croyances erronées et prendre conscience de leur caractère infondé. Mais ce n'est pas suffisant :

l'étape suivante implique de passer à l'action. Puisque Jérôme évite les situations sociales et que ces évitements le conduisent à pérenniser ses croyances, il faut inventer des défis d'affirmation de soi, la subtilité étant de faire en sorte qu'ils soient finement adaptés, c'est-à-dire faisables et de difficulté croissante. L'un des objectifs que nous choisirons ensemble est de déjeuner dans un restaurant. Je le retrouve dans un bistrot parisien typique, bondé à l'heure du déjeuner. Le garçon, extrêmement bourru, nous place entre deux tables. Nous sommes serrés comme des sardines, et je sens que Jérôme transpire à grosses gouttes... Il affirme qu'il se sent mal, qu'il ne va pas pouvoir rester. Je le rassure en lui disant que je ne me sens pas très bien non plus, que cette situation n'est pas agréable, mais que nous allons essayer de procéder à un exercice de respiration abdominale profonde pour nous apaiser. Il y consent et se calme progressivement. Nos plats arrivent, et avec eux, le prochain défi : rappeler le serveur pour lui dire que la viande n'est pas assez cuite. Jérôme, fidèle à ses stratégies d'évitement, m'oppose le fait que le serveur est très occupé et peu amène et, surtout, que sa viande est cuite à point ! Mais je maintiens que l'objectif n'est pas culinaire : il s'agit de travailler l'affirmation de soi. J'insiste avec douceur mais fermeté, et Jérôme accepte de héler le garçon. Celui-ci tonne : « Qu'est-ce qu'elle a, ma viande ! » Jérôme lui répond avec un timide sourire : « Elle est délicieuse ! » Il est un peu dépité, mais je le félicite chaleureusement : « Vous vous rendez compte que vous venez de manger dans un bistrot parisien, en plein rush à l'heure du déjeuner, serré comme dans une boîte de sardines au milieu d'inconnus devant lesquels vous avez mangé, ce que vous n'aviez pas fait depuis des années... Je vous ai vu sourire, plaisanter, prendre du plaisir, déguster vos frites croustillantes avec délice... Et vous avez réussi à mobiliser ce terrible dragon de café, pardon garçon de café ! » Il esquisse un imperceptible sourire que je ne lui connaissais pas et qui continue de me réchauffer le cœur. Avec lui et d'autres patients, nous affinerons les stratégies d'affirmation de soi, par exemple en chantant la *Marseillaise* dans le métro (exercice difficile mais très efficace pour travailler l'exposition à la honte) ou leur phobie amoureuse en abordant des inconnus ou inconnues dans la rue pour un « sondage sociologique » sur la séduction et l'amour (une façon d'apprendre à échanger calmement avec une personne attirante, en s'exerçant à tenir le regard tout en régulant sa respiration et ses émotions).

UNE PRAGMATIQUE DE L'ICI ET MAINTENANT

Comme on le perçoit dans cette histoire clinique, qui n'est qu'un exemple parmi les nombreuses approches que permettent les TCC, la méthode et la pratique, ancrées dans une pragmatique de l'ici et maintenant, sont radicalement différentes de l'approche psychanalytique.

Véritable coup de pied dans la fourmilière, les TCC ont débarqué en France plus tardivement que dans les pays de culture anglo-saxonne. À l'époque, le paysage des thérapies en France était presque exclusivement dominé par la psychanalyse. C'est dans les années 1990, sous l'impulsion de pionniers comme Jean Cottraux, Christophe André et d'autres, que le grand public a commencé à s'y intéresser. C'est précisément durant cette période que je me suis lancé dans mon internat de psychiatrie ; il était alors sinon exigé, du moins de bon ton, d'être soi-même en analyse, et certains chefs de service en faisaient une condition *sine qua non* pour qu'on puisse exercer dans leur service. Quand on évoquait les TCC, certains de nos aînés dans la profession affichaient une moue de désapprobation, disqualifiant ces dernières en les ravalant au rang d'une « rééducation comportementale » aux effets superficiels et temporaires : « Tu verras, les symptômes soignés en TCC se déplacent et réapparaissent ailleurs et autrement. »

Ayant fondé avec quelques amis l'Association française fédérative des internes en psychiatrie (AFFEP), je militai activement pour que nous puissions bénéficier de formations aux psychothérapies, en demandant que toutes les psychothérapies puissent être enseignées : la psychanalyse, mais aussi les TCC, les thérapies familiales, etc. Détestant que l'on me dicte ma conduite et me heurtant à un conformisme dogmatique, j'ai rapidement ressenti un véritable engouement pour l'approche des TCC. Pour un jeune médecin fougueux, la perspective de thérapies brèves aux résultats rapides semblait particulièrement excitante. Or cette pratique basée sur un modèle scientifique me paraissait plus interactive et pragmatique. Le fait qu'elle soit centrée sur l'ici et maintenant et non sur le passé me paraissait également le gage d'un ancrage dans la réalité du quotidien des patients, qui contrastait avec le discours parfois hors sol de certains psychanalystes. Peut-être répondait-elle également à ma propre impatience : je voulais obtenir des résultats rapides pour mes patients. Surtout, le fait que ces thérapies soient centrées sur des objectifs clairs, définis avec le patient, et que leur efficacité soit constatable et mesurable objectivement correspondait davantage au modèle médical dans lequel je baignais. Enfin, leurs liens étroits avec les neurosciences cognitives et la profusion de données scientifiques sur leur efficacité étaient un gage de leur sérieux. En effet, les TCC se prêtent bien à de telles évaluations, base moderne de la médecine fondée sur les faits.

Je m'engageai donc résolument dans cette voiet j'ai eu le grand privilège d'avoir Christophe André comme maître de stage, et j'ai pris un grand plaisir à suivre ses groupes d'exposition et d'affirmation de soi. Surtout, la mise en place des prises en charge thérapeutiques avec mes propres patients s'est révélée extrêmement satisfaisante. On obtenait des résultats rapides et les patients étaient souvent très satisfaits de cette approche, qui impliquait une vraie créativité dans la démarche, puisqu'il s'agissait, pour chacun, de créer un protocole nouveau.

DE LA DÉCOUVERTE DU CONDITIONNEMENT À LA DIVERSITÉ DES OUTILS TCC

Au début du xxe siècle, le physiologiste russe Ivan Pavlov – qui sera nobelisé en 1904 – fait une découverte majeure. Observateur méthodique – il se couche tous les soirs à la même heure, déjeune tous les jours à midi tapant, etc. –, il montre que le son d'un sifflet associé à la présentation de la pâtée durant un certain temps fait saliver les chiens, même lorsque la gamelle est vide : c'est la découverte du *réflexe conditionnel* (ou conditionnement classique[83]), une étape fondamentale en psychologie scientifique, qui a donné naissance au courant du *behaviorisme*, c'est-à-dire du comportementalisme. On en déduit qu'il est possible d'associer un comportement à une situation et de créer un apprentissage au long cours. Ainsi, à partir d'une expérience traumatique combinant un stimulus neutre à un stimulus angoissant, le sujet va associer ce stimulus à la peur et développer une phobie. Par la suite, la phobie va se généraliser à l'ensemble des stimuli qui ressemblent au stimulus d'origine. C'est le modèle de base des troubles anxieux : si j'ai failli avoir un accident de la route, le simple fait de prendre ma voiture suffira – comme la clochette de Pavlov – à déclencher des émotions de peur panique.
Sur la base de ce modèle, l'Américain John Watson, en 1920, montre qu'il est possible d'induire une phobie chez un enfant. L'expérience* – fort éloignée des critères éthiques actuels ! – consistait à présenter au petit Albert une souris. Initialement, l'enfant n'avait pas peur et considérait la bestiole avec curiosité. Hélas, les choses se corsent pour le pauvre Albert quand le cher-

* Dont on peut trouver la vidéo sur YouTube : https://www.youtube.com/watch?v=FMnhyGozLyE&t=167s

cheur associe la souris à un son effrayant, qui provoque évidemment une violente réaction de peur chez l'enfant.
Watson répéta cette opération plusieurs fois, jusqu'à ce que cela entraîne un conditionnement. En d'autres termes, le pauvre petit Albert a fini par associer la souris et le bruit effrayant, et se mettait à pleurer dès qu'il voyait un rongeur, cette peur se généralisant à l'ensemble des animaux. Watson voulut ensuite montrer qu'il était possible de traiter la phobie d'Albert en utilisant le processus inverse, c'est-à-dire la *désensibilisation*. La mère de l'enfant, constatant que son fils était devenu phobique des animaux, refusa que Watson continue ses expériences sur son petit garçon (et on la comprend !).
C'est Mary Cover Jones qui, en 1924, réussit la première thérapie comportementale[84]. À partir du principe de désensibilisation, elle exposa peu à peu des enfants à l'objet de leur peur, tout en les récompensant de cette exposition, et leur montrant d'autres enfants qui eux n'avaient pas peur.
Dans cette lignée comportementale, Burrhus Skinner a décrit en 1953 le *conditionnement opérant*[85] – la sélection des comportements en fonction de la conséquence, récompense ou punition – comme la base de l'apprentissage. Il sera montré ensuite que la récompense, ou *renforcement positif*, est toujours plus puissante – en termes de rapidité et d'efficacité de l'apprentissage – que le *renforcement négatif* (la punition). Ces concepts, qui nous semblent évidents aujourd'hui, étaient alors très novateurs. Indépendamment de leur intérêt thérapeutique, ils ont contribué à améliorer les principes de base de l'éducation : un bon comportement doit être renforcé positivement ; un mauvais comportement, plutôt que d'être puni, doit être ignoré, ce qui entraînera rapidement son extinction.
En 1961, dans ses travaux sur l'apprentissage social[86], ou *apprentissage vicariant*, Albert Bandura, autre pionnier des TCC, a montré que si l'on présente à des enfants de 2 ans des adultes maltrai-

tant une poupée, les enfants reproduisent ensuite ces comportements violents. Les comportements sont d'autant plus imités que le sujet constate que la personne qui les commet éprouve des émotions positives. Ainsi, pour inciter un enfant rétif à sauter du plongeoir, à apprendre la musique, etc., rien ne vaut l'exemple : lui montrer comment le faire, surtout si l'on y prend du plaisir, est nettement plus efficace qu'argumenter et insister. Et cela fonctionnera encore mieux si l'apprentissage vicariant vient de ses pairs, c'est-à-dire de ses petits amis du même âge.

L'essor des TCC survient réellement dans les années 1980, avec la vague des thérapies dites cognitives, notamment la thérapie rationnelle-émotive d'Ellis[87] et, surtout, la thérapie cognitive de Beck[88], dont nous utilisons désormais couramment les outils : les colonnes de Beck, dont on trouve différents modèles sur Internet, sont une approche simple, utile et efficace.

RESTRUCTURATION COGNITIVE AVEC LES COLONNES DE BECK : LES COLÈRES DE MURIEL

Muriel est venue consulter pour d'épouvantables crises de colère menaçant l'intégrité de son couple. Elle affirme ne pas maîtriser ses émotions et « ne rien comprendre » à ses difficultés, concluant de façon lapidaire : « Mon mec me rend folle, voilà tout. » Je lui ai demandé de prendre un carnet et de tracer quatre colonnes : SITUATION / ÉMOTIONS / COMPORTEMENTS / PENSÉES AUTOMATIQUES.

- **Chaque fois qu'une nouvelle crise se produit, elle doit noter dans la colonne SITUATION les faits, rien que les faits. Par exemple : « Dimanche, 18 heures, nous sommes à la salle de sport, mon compagnon discute avec une coach. »**

- Dans la colonne ÉMOTIONS, elle note pour chaque situation ce qu'elle a ressenti, avec un niveau d'intensité noté sur 10. Par exemple : « Colère 8/10, Tristesse 7/10, Angoisse 7/10. »

- Dans la colonne COMPORTEMENTS, elle décrit ce qu'elle a fait dans la situation : « J'ai pleuré, j'ai hurlé, j'ai tenté de le frapper, et je suis partie en courant. »

- Enfin, dans la dernière colonne, PENSÉES AUTOMATIQUES, elle doit noter les pensées non réfléchies qu'elle a eues sur l'instant : « Il est en train de draguer cette fille, il se fiche de moi, c'est extrêmement injuste, encore une fois je vais être abandonnée, de toute façon, je ne vaux rien puisque tous les hommes me quittent. »

L'étape suivante consiste à faire prendre conscience à Muriel que les émotions et les comportements naissent non pas de la situation, mais des pensées automatiques. Il suffit donc de remodeler ces dernières pour obtenir un changement rapide. Cela conduit à ajouter dans le carnet une nouvelle colonne, PENSÉES ALTERNATIVES, qui contient des pensées plus rationnelles et, surtout, plus rassurantes. Muriel a ainsi noté : « Ce n'est pas parce qu'il adresse la parole à une autre femme qu'il la drague, et cela ne signifie pas non plus qu'il ne m'aime plus ou veut m'abandonner. La preuve, c'est moi qu'il a choisie et c'est avec moi qu'il vit et qu'il veut avoir un enfant, etc. »

Cette approche, typique de la TCC, fonctionne à condition d'être maintenue dans le temps, comme pour une kinésithérapie : on ne rééduque pas son dos en trois séances, pas plus que l'on ne modifie durablement un comportement et des croyances ancrées depuis longtemps sans persévérance ni

motivation. Muriel a mis six mois à se libérer de ses épouvantables crises de colère. J'ai également pu rencontrer son conjoint pour lui expliquer les principes du conditionnement, l'importance de renoncer à tout renforcement négatif ; il avait tendance en effet à blâmer Muriel après chacune de ses crises, ce qui nourrissait ses pensées automatiques (« *Il ne m'aime pas* »). Je lui ai aussi exposé l'efficacité du renforcement positif pour qu'il apprenne à développer une attitude plus bienveillante et protectrice, et à complimenter Muriel quand elle parvenait à surmonter ses doutes et ses incertitudes.

Plus récemment, la thérapie métacognitive[89] a été développée par l'équipe d'Adrian Wells (université de Manchester) comme une forme ultime de thérapie cognitive. Le terme « métacognition » désigne les cognitions (pensées) sur les cognitions, c'est-à-dire les processus de régulation des pensées qui agissent tel un chef d'orchestre. J'expliquerai dans la seconde partie la façon dont se déroule concrètement ce nouveau mode de thérapie – pour laquelle j'ai un intérêt particulier, au point de lui avoir consacré mon livre *Anti-stress*[90].

LA MÉDITATION DE PLEINE CONSCIENCE *(MINDFULNESS)*

La troisième vague s'est répandue en France dans les années 2000-2010. Elle intègre plusieurs outils et approches complémentaires qui ciblent directement la régulation des émotions, et viennent renforcer les deux premières vagues – les thérapies comportementales, puis les thérapies cognitives.
La méditation de pleine conscience (*mindfulness*), qui permet d'apprendre à accepter un état pénible (douleur, souffrance,

émotion négative...) en l'observant sans le juger plutôt qu'en le rejetant, a été développée à partir des années 1960 par Jon Kabat-Zin[91], sur la base des enseignements bouddhistes, initialement pour permettre à des patients souffrant de cancer d'apprendre à accepter la douleur et à mieux vivre avec. Au vu de son efficacité[92], cet outil a ensuite été étendu à la gestion de la souffrance psychique[93]. Le cœur de cette approche réside dans une focalisation de l'attention sur la respiration et les sensations : on demeure ancré dans l'instant présent, sans laisser son esprit vagabonder dans les pensées et les jugements. Cette technique nécessite une initiation et un entraînement régulier, car notre esprit est habitué à voyager ici et là, tel un papillon volage. Une adaptation spécifique est proposée dans le cadre de programme ciblant le traitement du stress et de l'anxiété (MBSR, pour *mindfulness based stress reduction*[94]) ou la prévention des rechutes dépressives (MBCT, pour *mindfulness based cognitive therapy*[95]). L'efficacité de ces programmes a été largement démontrée (certaines études montrent des résultats comparables au traitement par antidépresseurs[96]). De surcroît, les bénéfices de la méditation en pleine conscience ont été également mis en évidence dans des domaines aussi divers que l'hypertension artérielle[97], l'obésité[98], l'immunité[99] ou même la longueur des télomères[100], un marqueur cellulaire de vieillissement.

Pour une première sensibilisation à cette approche, sur laquelle nous reviendrons largement dans la seconde partie de cet ouvrage, je vous propose un exercice tout simple.

LE BODY SCAN, OU BALAYAGE CORPOREL

Une séance de Body Scan dure entre 10 et 30 minutes, selon vos besoins. Trouvez un lieu calme et assurez-vous que personne ne vienne vous déranger pendant votre méditation.

Étape 1

Que vous soyez assis ou allongé, le principal est de vous installer dans une position suffisamment (mais pas excessivement) confortable, sans vous affaler pour autant. L'objectif n'est pas de vous endormir ni même de vous relaxer, mais d'apprendre à focaliser votre conscience sur l'instant présent. Vous devez pouvoir respirer librement : allongez-vous sur le dos avec les jambes parallèles et les bras le long du corps, ou asseyez-vous le dos bien droit (en particulier si vous sentez que vous allez vous endormir).

Étape 2

Fermez les yeux et portez votre attention sur votre corps, en commençant par le bas et en remontant très lentement. Commencez par vos orteils : Quelle est leur position ? Quelles sensations éprouvez-vous (chaud, froid, fourmillements, etc.) ? Sentez-vous leur contact contre le tissu ou contre le sol ? Faites-les bouger tout doucement en étant très attentif au mouvement de vos muscles et de vos tendons. Peu importe que ces sensations soient agréables ou non, essayez de ne pas les juger, de ne pas les modifier (le but n'est pas d'être le plus confortable possible), simplement de les observer extrêmement attentivement, avec curiosité, comme si c'était la première fois que vous sentiez vos orteils. Une fois que vous avez épuisé toutes les observations possibles sur vos orteils, remontez lentement votre attention vers l'ensemble de vos pieds, avec la même méthode d'observation curieuse et attentive, puis vers vos chevilles, vos mollets, etc., jusqu'en haut du crâne.

Bien entendu, des pensées diverses vont survenir et vous distraire durant cet exercice : c'est parfaitement normal, ne vous critiquez pas, soyez bienveillant envers vous-même, simplement ramenez doucement mais fermement votre attention vers l'observation de votre corps dans l'instant présent et continuez l'exercice.

Vous constaterez que certaines régions de votre corps sont tendues, ou douloureuses : parfait, cela va nous être très utile. En effet, l'objectif n'est pas de chercher à supprimer ces sensations inconfortables ni même de se relaxer et encore moins de faire une sieste, mais d'apprendre à les observer avec curiosité, sans les juger, comme si vous les ressentiez pour la toute première fois de votre vie. Observez également la façon dont ces sensations se modifient lorsque vous leur prêtez attention, en veillant à ne pas vagabonder dans les pensées. Prenez votre temps et distinguez chaque sensation, afin de prendre conscience de ce que vous éprouvez à cet instant précis, ce moment unique de votre existence qui jamais ne reviendra.

Étape 3

Continuez ensuite l'exercice en observant avec la plus grande attention les mouvements de votre respiration. Sentez-vous le flux d'air qui pénètre dans votre corps ? Quelles sensations éprouvez-vous lors de sa circulation en inspiration, puis en expiration ? Parvenez-vous à réaliser l'incroyable complexité de ce processus dont nous n'avons même pas conscience ? Redécouvrez votre respiration comme si c'était la toute pre-

mière fois et laissez-vous céder à l'émerveillement. Chaque fois que des pensées surgissent, ramenez délicatement votre attention vers ce flux d'air qui circule en vous.

Étape 4

Lentement, ouvrez les yeux pour reprendre progressivement contact avec votre environnement. Levez-vous lentement et n'hésitez pas à vous étirer. Essayez de faire le point sur ce que vous avez vécu durant cet exercice. Qu'avez-vous ressenti ? Avez-vous eu des difficultés à maintenir votre attention sur l'instant présent ? Quelles émotions se sont présentées à vous ? Au fond, qu'avez-vous appris sur vous ?

Pour aller plus loin, d'excellents ouvrages sont disponibles[101], ainsi que des enregistrements audio ou vidéo, voire des applications sur smartphone (Petit Bambou, par exemple). Mais dans le cadre d'une thérapie basée sur la méditation en pleine conscience, il vaut mieux se faire accompagner par un professionnel de santé qui saura adapter la technique à vos besoins et la combiner avec d'autres outils.

IL EST TEMPS DE PASSER À L'ACT !

Véritable révolution dans les TCC, développée par Steven C. Hayes[102], la thérapie d'acceptation et d'engagement (ACT, de l'anglais *acceptation and commitment therapy*) se focalise sur l'amélioration de la flexibilité psychologique (la capacité à « faire avec ») plus que sur l'amélioration des symptômes. L'ACT interroge en permanence la question du sens et des actions engagées, conduisant à mettre en adéquation les efforts réalisés en thérapie avec les valeurs profondes de l'individu. Différents processus permettent d'améliorer la flexibilité cognitive, notamment la pleine

conscience, mais aussi l'acceptation, le soi observateur ou encore la défusion cognitive.
La fusion cognitive est le mécanisme par lequel nous prenons pour vraies nos pensées, en particulier lorsqu'elles sont accompagnées d'émotions intenses. Prenons la pensée : « Je ne suis pas heureux parce que je n'ai pas réussi à réaliser tel ou tel objectif. » La restructuration cognitive consisterait à « déconstruire » cette croyance avec des questions socratiques : « La réussite est-elle une condition nécessaire et suffisante pour être heureux ? », « Faut-il absolument tout réussir tout le temps pour être heureux ? », « Qu'est-ce que réussir ? », « Êtes-vous réellement et durablement heureux lorsque vous réussissez à atteindre un objectif ? » L'ACT propose une approche différente, en suggérant par exemple de prononcer plusieurs fois la pensée initiale, très rapidement et en imaginant que ce n'est que du bruit, une sorte de radio qui joue en arrière-fond mais à laquelle on accorde trop d'importance. On peut aussi imaginer que cette pensée est un nuage que l'on visualise et qui peut s'approcher ou s'éloigner, jusqu'à devenir tout petit.
Ces outils servent à nous faire prendre conscience que certaines de nos pensées ne sont que des pièges du langage qui nous font perdre de vue l'essentiel. Pour aller plus loin, je vous recommande vivement la lecture du livre *Le Piège du bonheur*, de Russ Harris[103].

LES OUTILS CENTRÉS SUR LE TRAUMA

Les TCC intègrent aujourd'hui de puissants outils pour la prise en charge des psychotraumas, sur lesquels je reviendrai dans la seconde partie, en particulier avec la thérapie cognitive centrée sur le trauma (voir page 129), l'EMDR (voir page 138) et l'intégration du cycle de vie (voir page 144). Ces outils ont révolutionné la prise en charge des psychotraumas et sont désormais considérés comme les thérapies de référence dans ce domaine.

LES THÉRAPIES NUMÉRIQUES

Il existe différents outils numériques qui utilisent les outils de la TCC et qui ont montré une efficacité dans le traitement de différents troubles. C'est le cas de The MoodGYM[104] ou de Deprexis[105], ou encore de *serious games* comme Merlynne[106].
Les thérapies de réalité virtuelle se développent également pour le traitement de certains troubles phobiques.

CRITIQUES DU MODÈLE DES TCC

Les critiques à l'encontre des TCC ont été tout aussi violentes que celles qui s'adressaient à la psychanalyse. On leur a ainsi reproché de ne pas être de véritables thérapies, mais de pures techniques de rééducation, à l'image de celles que l'on utilise pour les patients cérébrolésés[107].
Les jugements les plus sévères sont venus de certains milieux de la psychanalyse qui ont dénoncé une action superficielle, les symptômes ne faisant que « se déplacer », puisque les conflits inconscients supposés à leur origine n'auraient pas été réglés. Une autre critique prétend qu'elles sont un outil de contrôle et d'optimisation du comportement de l'individu propice à l'optimisation de la performance en entreprise, dans un modèle capitaliste ultralibéral[108].
Il est difficile de nier que les techniques de TCC reprises dans les milliers de manuels de développement personnel ne servent pas, indirectement, les idéaux du monde de l'entreprise. Personnellement, j'aurais tendance à penser que, comme pour n'importe quel outil, tout dépend de l'arrière-plan éthique de leur usage, c'est-à-dire de leur finalité et de l'utilisation qui en est faite (pourquoi ? par qui ? comment ? jusqu'ou ?). Par le passé, des thérapies aversives issues des modèles comportementaux ont pu être utilisées, génialement illustrées dans le film *Orange*

mécanique de Stanley Kubrick, mais ce n'est pas parce que le nazi Joseph Mengele a commis des horreurs au nom de la science que la médecine doit être universellement méprisée. Pour avoir vu comment les TCC peuvent aider tant de patients en grande souffrance, je ne peux que renvoyer dos à dos les contempteurs des TCC et ceux qui conchient la psychanalyse.

Pour le dire autrement, le mépris d'un outil psychothérapique – quel qu'il soit, à condition qu'il ait montré son efficacité thérapeutique – se porte en réalité sur les patients qui en bénéficient ou pourraient en bénéficier. Ce n'est pas juste une position théorique ou philosophique, c'est une véritable perte de chance. Un peu comme quand on dit à un cancéreux, sur un ton péremptoire et avec un sourire ironique, que les chimiothérapies, c'est vraiment nul !

UNE TCC : POUR QUI ET POURQUOI ?

Les TCC sont utiles pour ceux qui cherchent une action (relativement) rapide et ciblée afin de traiter un problème précis. Les symptômes anxieux (phobie, attaques de panique, anxiété généralisée, etc.) sont une indication de choix pour les TCC. Elles peuvent aussi contribuer à traiter une dépression ou à en prévenir des rechutes, à modifier les comportements alimentaires ou à gérer des problématiques plus générales d'affirmation de soi, de manque d'estime de soi, etc. Enfin, les TCC – et les outils associés, comme l'EMDR – ont montré une efficacité réelle dans la prise en charge des états de stress post-traumatiques.

La démarche consiste donc à définir des objectifs précis et un plan de traitement et à évaluer l'efficacité de ce plan en partenariat étroit avec le thérapeute. La confiance étant un facteur important, il est donc fondamental d'exprimer ses souhaits et ses impressions au thérapeute, avec lequel l'interaction doit être constante. Ce dernier doit se montrer chaleureux, impliqué, empathique et suffisamment souple et créatif pour s'adapter à vos problématiques. Avant d'aborder une TCC, il faut aussi savoir que le thérapeute vous donnera des exercices à réaliser régulièrement (colonnes de Beck, Body Scan, etc.). Cela implique que vous vous sentiez suffisamment motivé pour réaliser ce travail, les progrès étant directement liés aux efforts que vous consentirez.

PARTIE II

GUÉRIR

7

Réparer les âmes brisées : les thérapies du trauma

Qu'est-ce qui explique que, face à un même drame – catastrophe naturelle, guerre, deuil, agression physique ou sexuelle –, certains individus développent un état de stress post-traumatique terriblement invalidant, alors que d'autres sortent apparemment indemnes psychiquement de l'épreuve ? C'est une question que les philosophes ont posée dès l'Antiquité. « Considérez les occasions où votre chagrin et votre colère vous ont causé plus de souffrances que les faits eux-mêmes » : cette incitation à la sagesse du grand Marc Aurèle a traversé les âges et demeure toujours aussi juste.

Prenons l'exemple d'un accident de voiture réel et dramatique dans lequel les enfants sont morts brûlés à l'arrière, tandis que les parents s'en sont sortis. Tous deux ont vécu le supplice de la perte de leurs enfants ; la mère n'a pas présenté de troubles mentaux particuliers, n'a pas eu besoin de prendre d'antidépresseurs ni de tranquillisants, tandis que son mari, qui n'avait pas d'antécédents et était un gaillard vigoureux, a souffert de dépressions graves, avec alcoolisme et multiples tentatives de suicide. Pourquoi cette différence ? Donnons tout d'abord ce premier élément, qui est tout sauf un point de détail : tandis que le père était figé – littéralement – sous le choc, la mère a pu détacher sa ceinture, sortir de l'habitacle, et même si elle n'a pas réussi à sauver ses enfants, elle a pu essayer d'ouvrir les portières bloquées, elle a prévenu les secours et elle a aidé son mari à sortir de la voiture. Elle a pu agir.

LA MÉCANIQUE SECRÈTE DU PSYCHOTRAUMATISME

Depuis plusieurs décennies, de très nombreux travaux portent sur cette question de la résilience face au trauma. Commençons par dire que l'enfer est pavé de bonnes intentions : il a ainsi été montré que le débriefing du traumatisme, qui consiste à demander aux victimes de raconter dans le détail ce qu'elles ont vécu et d'exprimer leurs émotions, aggrave et augmente le risque d'évolution vers un état de stress post-traumatique. Dire à un proche qui vient de vivre un trauma : « Le mieux, c'est que tu me racontes tout en détail, vas-y, pleure, ça va te faire du bien », en lui offrant une tisane et en lui plaçant une couverture sur les épaules, part d'un bon sentiment, mais risque de renforcer la mémoire traumatique et d'amorcer les mécanismes d'évolution vers un état de stress post-traumatique. Avant d'aborder la méthode en elle-même, il faut comprendre ce que la victime vit et savoir que son cerveau a switché sur un mode de fonctionnement très différent, que nous nommerons « mode de fonctionnement dégradé » : la violence du choc, l'intensité des émotions et l'incapacité à donner un sens aux informations submergent les capacités de régulation de l'information. D'une certaine façon, le cerveau a « buggé », la personne se sent confuse, perd le sens du temps, des lieux, et peut se sentir en dehors de la réalité (déréalisation) ou d'elle-même (dépersonnalisation). Elle peut être totalement paralysée, stuporeuse, ou bien déambuler et faire un peu n'importe quoi, comme si elle était sur un mode pilote automatique. Il est fondamental de comprendre que si elle réagit ainsi, ce n'est pas par faiblesse et manque de volonté, c'est tout simplement un mode de réaction normal à une situation anormale.

SEUL CELUI OU CELLE QUI FRÔLE LA MORT PEUT COMPRENDRE

Lorsque nous vivons une expérience traumatique, il y a toujours une forme de rencontre avec la mort. Notre cerveau, logiquement, active le mode « survie » : les amygdales cérébrales s'activent fortement, les glandes surrénales se mettent à décharger des torrents d'hormones du stress (adrénaline, cortisol), qui servaient il y a dix mille ans à nous battre contre nos prédateurs ou à fuir (en activant la pompe cardiaque et en envoyant plein de sang aux muscles), tandis que le cerveau rationnel (le cortex préfrontal), dont les mécanismes de pensée sont plus complexes et donc trop lents pour faire face à une menace immédiate, est automatiquement débranché : la personne est plus que déboussolée, elle est littéralement déconnectée (dans notre jargon, nous disons qu'elle est « dissociée »). Cela peut arriver à tout le monde, je l'ai constaté de nombreuses fois dans ma pratique : c'est la raison pour laquelle il est stupide de demander à une personne qui a subi un braquage ou un viol pourquoi elle ne s'est pas défendue. Elle était déconnectée et n'était donc pas en mesure faire le *Kung Fu Panda* ! Il faut vraiment l'avoir vécu pour comprendre.

LES ÉTAPES DU STRESS POST-TRAUMATIQUE

Pour résumer, la personne qui vient d'être soumise à un facteur traumatique majeur traverse les cinq étapes suivantes :

1. déconnexion (dissociation), c'est-à-dire cet état de choc avec perte des repères spatiotemporels et parfois amnésie traumatique ;

2. détresse impuissante, avec un sentiment d'incompréhension des événements, d'absurdité et de solitude extrême ;
3. culpabilité et reconstruction du récit. Le sentiment de culpabilité s'installe quand la victime se repasse l'histoire des événements en boucle dans sa tête, avec tous les petits détails. Sa mémoire cherche à combler les trous (comment ?) et sa conscience à donner un sens (pourquoi ?) et elle est envahie de « Et si » (« Et si j'étais passée par un autre chemin ce soir-là », ou bien « Et si j'avais dit à mon petit garçon de rester à la maison ce matin-là », etc.). Ce processus est extrêmement finement décrit dans l'ouvrage Vivre vite de Brigitte Giraud, prix Goncourt 2022. Notre cerveau tente de réécrire l'histoire et est victime de ses propres biais. Il tente à toute force de répondre au pourquoi, alors qu'il n'y a strictement aucune réponse. C'est la raison pour laquelle le sentiment de culpabilité est souvent intense et sans rapport avec la responsabilité réelle de la personne dans les événements mais correspond simplement à la version que le psychisme invente pour tenter de résoudre l'énigme. Dans le même registre, la victime peut aussi se sentir coupable d'être en état de choc et de ne pas participer à la résolution de l'événement ;
4. stratégies d'évitement : cet état de dissociation et d'impuissance-culpabilité étant excessivement pénible, la victime va mettre en place des stratégies d'évitement. Elle va chercher à bloquer les souvenirs traumatiques, ce qui ne fonctionne absolument pas (les proches relaient ces tentatives avec des « Essaie de ne plus y penser maintenant », « Pense à autre chose », etc.) ; elle va essayer d'anesthésier les émotions en utilisant l'alcool (le petit verre de rhum ou de whisky après un trauma n'est pas vraiment une bonne idée, l'alcool augmente le processus de reconsolidation de la mémoire traumatique qui conduit aux états de stress post-traumatiques chroniques), les

anxiolytiques* ou en provoquant le sommeil avec des somnifères**, ce qui ne fonctionne hélas pas non plus : la victime, croyant trouver un refuge dans le sommeil, se confronte de nouveau aux souvenirs sous la forme de cauchemars horribles. Durant certaines phases du sommeil, en particulier durant le sommeil paradoxal, c'est-à-dire le sommeil du rêve, le cerveau continue d'essayer de combler les lacunes dans la mémoire et tente de donner un sens à l'expérience, y échoue (le cauchemar est une sorte de bug), recommence, échoue de nouveau, répète le scénario à l'infini avec le sentiment d'être coincé dans un labyrinthe dont on ne peut s'échapper. Au fond, toutes les stratégies d'évitement peuvent se résumer dans la phrase d'une jeune patiente victime de viol : « Plus j'essaie d'oublier et plus j'y pense. »

5. perte de sens, c'est-à-dire que face à la violence du coup de boutoir existentiel lié au trauma se crée une fissuration du sentiment de sécurité intérieure et de justice : d'une certaine façon, on découvre que tout ce que l'on a appris sur le sens de la vie est faux (par exemple, la croyance « Si je donne le meilleur de moi-même, que je suis droit, honnête, bon, aimant et travailleur, alors tout ira bien dans la vie »). Et pendant que se disloque tout l'édifice psychique sur lequel nous avions bâti toute notre existence grandissent les sentiments de danger, de précarité et d'absurdité de l'existence, d'injustice du destin.

Certaines personnes expérimentent ainsi une triple peine. Après la souffrance du traumatisme et le deuil (il y a toujours une perte dans un traumatisme : que ce soit une personne aimée ou bien celle du sentiment d'intégrité personnelle) viennent l'effondrement des valeurs et la perte de sens existentiel puis la

* En particulier les benzodiazépines (Lexomil®, Valium®, Tranxène®, etc.) qui entraîneraient, selon certaines données, le même risque de chronicisation du psychotraumatisme que l'alcool.

** La plupart des somnifères (en particulier les dérivés des benzodiazépines, comme la zopiclone ou le zolpidem) augmentent également la reconsolidation de la mémoire traumatique donc la chronicité des symptômes.

solitude extrême que l'on éprouve (un patient me disait : « Je suis aux confins de l'existence, comme un alpiniste tout seul sur son glacier »).

PIÉGÉ DANS UNE BOUCLE INFERNALE

Ces constatations nourrissent des boucles de ruminations et réactivent les souvenirs traumatiques et la dissociation : la boucle est bouclée, et un véritable cercle vicieux s'installe alors.

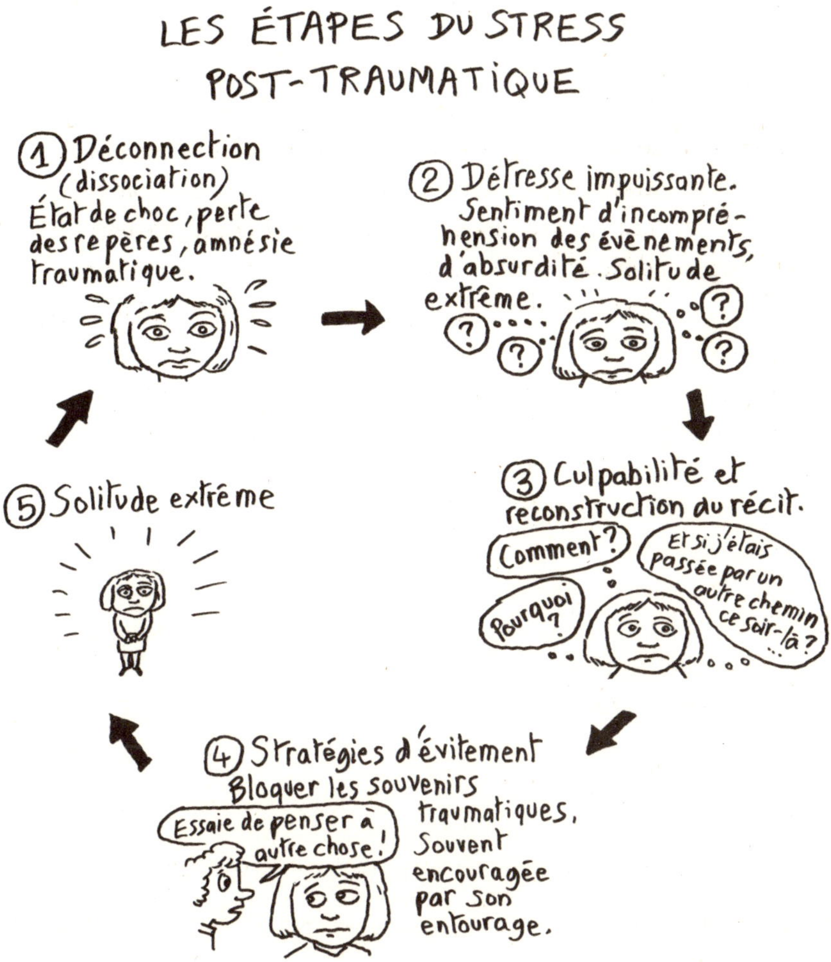

Cette boucle de déconnexion est le point d'entrée de tous les états de stress post-traumatique. Mais à ce stade, la boucle peut s'éteindre. La victime restera bien entendu avec la mémoire de son drame, avec son deuil si elle a perdu un proche, mais elle pourra se reconstruire, se consoler, se réparer, avancer et construire une vie riche et pleine de sens.
En revanche, si la boucle s'installe, se répète et, surtout, si des croyances négatives apparaissent (des « cognitions irrationnelles »), la victime risque d'évoluer vers la version chronique du choc psychotraumatique, c'est-à-dire vers l'état de stress post-traumatique proprement dit.
Ces cognitions qui verrouillent la boucle sont des croyances ancrées selon lesquelles, pour se sentir mieux (mais qui en fait aggravent considérablement les choses), il convient :

1. de surveiller son environnement en permanence, car le danger est omniprésent (avec symptômes d'hypervigilance, sursauts au moindre bruit, etc.) ;
2. d'éviter tout ce qui rappelle le trauma (cf. stratégies d'évitement) ;
3. de se dire que, si l'on y réfléchit bien, on finira par trouver une explication rationnelle à l'événement, un « pourquoi ». Cette dernière croyance sur l'utilité des ruminations est un piège épouvantable, car il n'y a pas d'explication et – toutes les victimes qui ont surmonté leur psychotrauma le confirmeront – il est préférable de se focaliser sur le « comment en sortir » avec des actions concrètes, plutôt que sur le « pourquoi c'est arrivé », qui ne trouve jamais de réponse et entraîne vers les territoires marécageux des « Et si… ».

Cette dernière étape correspond donc au verrouillage de la boucle (on croit en l'utilité du maintien des symptômes pour lutter contre les symptômes, comme un alcoolique qui boit pour oublier qu'il boit), lequel augmente le risque d'une évolution vers un état de stress post-traumatique, l'un des troubles mentaux chroniques les plus fréquents, les plus difficiles à soigner, qui se compliquent souvent de dépression, d'addiction, de trouble de la personnalité limite (borderline*) et peuvent s'accompagner de tentatives de suicide. Pour ne donner qu'un seul exemple illustrant le potentiel de destruction psychique impitoyable des événements traumatiques, sachez que la cause principale de décès dans l'armée américaine est le suicide secondaire à un état de stress post-traumatique.

Il importe donc de ne pas le laisser s'installer. Il existe d'ailleurs des stratégies de prévention que tout soignant (médecin, infirmier), secouriste ou professionnel susceptible d'intervenir auprès de victimes et, plus simplement, tout citoyen devrait connaître, au même titre que le massage cardiaque.

LES NOUVELLES THÉRAPIES DU TRAUMA : LES TCC ENRICHIES (THÉRAPIE MÉTACOGNITIVE ET ACT)

Amélie est une pétillante jeune femme brune d'une trentaine d'années, ancienne responsable des ressources humaines, au chômage depuis quelques mois. Elle vient consulter pour des angoisses qui, entre autres, l'empêchent de sortir à la tombée de la nuit. Dès que le soleil se couche, elle se sent oppressée et retourne vite se calfeutrer chez elle. Elle évite les bouches de métro, dont la présence lui impose de faire de grands détours. Les choses ont pris de telles proportions qu'elle a dû quitter son emploi. En évoquant ses peurs, elle exprime de la honte, très consciente de leur caractère irrationnel. Parmi ses autres phobies, il y a celle qui l'amène à éviter les hommes de haute stature,

---

* Ces troubles caractérisent le mode de fonctionnement habituel de la personne et regroupent les traits suivants : automutilations, difficultés relationnelles majeures avec angoisses d'abandon et crises de colère intenses (en particulier dans les relations sentimentales ou avec les proches) et conduites à risque (sexualité, addictions, tentatives de suicide, etc.).

en particulier s'ils sont chauves ou dégarnis. En m'expliquant cela, elle affiche un sourire tristement ironique : « Vous voyez, je suis quand même un peu foldingue. »
Je lui demande quel lien elle peut établir entre ces différents éléments : tombée de la nuit, métro, homme grand et chauve. Elle réfléchit un long moment, puis répond : « Aucun, je vous dis, je suis totalement perdue... » Je lui propose un autre rendez-vous, auquel elle ne se présente pas, et nous perdons le contact.
Plusieurs mois plus tard, elle se présente de nouveau à ma consultation. « J'ai beaucoup réfléchi à votre question, celle qui concernait le lien entre mes différentes phobies. Vous voyez de quoi je parle ? » Comme je lui dis que je m'en souviens très bien, elle poursuit : « Il y a un fil conducteur. Cela m'est revenu après avoir regardé un documentaire sur France Télévisions concernant un homme politique célèbre qui aurait commis des agressions sexuelles. J'ai été très angoissée toute la soirée, j'ai cru que j'allais faire une nuit blanche, j'avais des sortes de cauchemars éveillés, des flashs. Et un souvenir horrible est brutalement revenu : j'étais étudiante, je faisais un job qui consistait à vendre des tickets de métro dans une station parisienne. Un soir, à la tombée de la nuit, en sortant de la station, j'ai senti que j'étais suivie. C'était dans une ruelle, l'homme était grand et chauve, j'ai accéléré le pas, mais il m'a rattrapée et je crois qu'il s'est jeté sur moi, mais je ne me souviens pas, c'est très confus. Ensuite je crois que j'ai eu comme un black-out. Vous pensez que c'est possible ou que c'est mon subconscient qui invente tout cela ? On peut vraiment oublier un événement comme ça durant des années ? C'est fou, non ? »
En somme, elle avait fait le chemin toute seule, remontant le fil de son amnésie post-traumatique. Je tente de le lui expliquer : « Pas du tout, c'est une réaction normale à une situation anormale. En situation de danger extrême, notre cerveau est susceptible de basculer sur un autre mode, une sorte de mode "survie". Sur ce mode particulier, il stocke les informations dans une autre forme

de mémoire, pour faire simple, nommons-la “mémoire traumatique”. Or cette mémoire traumatique n’entretient pas du tout les mêmes relations avec la conscience que la mémoire habituelle : elle peut refuser l’accès à des pans entiers d’informations ou faire jaillir des souvenirs sous forme de flash-back et de cauchemars à la suite de déclencheurs, en général à un moment où l’on ne s’y attend pas… »

Le soulagement se lit sur le visage d’Amélie : « Ça me permet de comprendre bien des choses… Merci de m’avoir fait comprendre que je ne suis pas folle ! »

Amélie n’était pas tirée d’affaire pour autant. Les flash-back et les cauchemars se multiplièrent, et elle continuait d’être sur le qui-vive, sursautant au moindre bruit, évitant de sortir en fin d’après-midi, se plaignant d’angoisses, de fatigue, de tristesse, de ruminations sur son traumatisme, d’insomnies et de troubles de la concentration. Impossible pour elle de reprendre une activité professionnelle, ou même d’entretenir une relation sentimentale – elle était envahie par un sentiment de dégoût intense pour le sexe et par une peur panique des hommes.

Comprendre ne suffit pas, il faut aller plus loin, et c’est tout l’enjeu des thérapies des troubles de stress post-traumatiques (TSPT). Avec Amélie, nous avons utilisé plusieurs outils thérapeutiques, notamment la thérapie métacognitive et le rescripting (voir page 147) des cauchemars, complétés par l’EMDR (voir page 138) et l’ICV (voir page 144), en partenariat avec une psychologue.

Depuis mes débuts en psychiatrie, j’ai toujours trouvé l’approche cognitive incroyablement interactive, créative et féconde. La perspective de cheminer pas à pas avec le patient, d’entrer en profondeur dans son système de croyances, de mettre à plat chacune des convictions négatives qui le font souffrir, de l’accompagner dans leur déconstruction puis dans la reconstruction de structures cognitives plus rationnelles est un processus extrêmement satisfaisant. La simple question « Qu'est-ce qui vous fait penser que... » est un outil d'une puissance thérapeutique indéniable. Et pour moi qui suis passionné de philosophie depuis l'adolescence, qui ai lu et relu les stoïciens et dont les ouvrages de Nietzsche trônent sur ma table de chevet, ce travail est une mise en pratique des enseignements de ces penseurs. Mais le processus de déconstruction/reconstruction cognitive est lent, tortueux et semé d'embûches. Il se heurte au caractère parfois très ancré, voire carrément « têtu », de certaines constructions mentales très anciennes et trop rigides.

Lorsque j'ai découvert, il y a quelques années, le modèle ACT (voir page 115), axé sur la flexibilité cognitive, puis, tout récemment, la thérapie métacognitive mise au point par l'équipe d'Adrian Wells, professeur à l'université de Manchester[109], j'ai compris qu'elles permettaient un grand bond en avant dans le domaine des TCC.

LA THÉRAPIE MÉTACOGNITIVE

Encore peu connue en France, la thérapie métacognitive est le développement ultime des thérapies cognitives, en quelque sorte leur quintessence. Au lieu de se focaliser sur le contenu des pensées irrationnelles qui maintiennent le trouble, comme dans l'approche cognitive classique, elle ambitionne de cibler l'étage du dessus, c'est-à-dire le processus de contrôle des pensées. Une cognition est une pensée, une croyance (par exemple : « Je suis nul »). Une métacognition est une pensée sur une pensée (par exemple : « Je pense trop et c'est mauvais pour moi »). La métacognition, c'est donc le processus psychique par lequel nous pensons notre pensée ; c'est la tour de contrôle de la cognition. La thérapie métacognitive cible directement cette tour de contrôle. Explorons ce modèle dans les détails pour voir comment il peut s'appliquer en particulier au TSPT dont souffre Amélie. D'une certaine façon, l'amnésie traumatique de la jeune femme la protégeait de l'angoisse du souvenir traumatique, mais à un prix extrêmement coûteux pour elle. Quand le souvenir est revenu – ce qui finit presque toujours par se produire, parfois des décennies plus tard –, la remémoration est à la fois un soulagement (« J'ai enfin compris pourquoi j'avais tant de souffrance, de détresse et d'autodétestation en moi »), mais aussi une catastrophe et une nouvelle source de souffrance. Amélie l'explique clairement :

> « Je me suis mise à tourner en boucle autour de ce souvenir, comme si j'étais coincée à l'intérieur pour toujours. Exactement comme si je roulais sur un périphérique sans sortie, à l'infini. Aucune possibilité d'y échapper, ça revient encore et encore, le jour, la nuit dans mes rêves, tout le temps. Et il y a toutes ces émotions horribles de honte, de terreur et d'humiliation, toujours aussi fortes qu'au premier jour de mon agression. Plus j'essaie d'oublier, plus ça revient fort. »

Ce mécanisme est le noyau du TSPT, avec un mouvement de balancier entre l'évitement (« Je fais tout pour ne plus y penser ») et les ruminations en boucle (« J'y pense tout le temps pour essayer de comprendre »).

Pour Amélie, comme pour toutes les victimes qui souffrent de TSPT, la remémoration répétitive des événements est à la fois un symptôme mais aussi une stratégie non consciente, une tentative – vouée à l'échec – dont l'objectif est double :

1. faire face, pouvoir se protéger à l'avenir (avec la métacognition : « Si j'explore ma pensée et que je me souviens de tous les détails, je saurai faire face la prochaine fois ») et surveiller les nouvelles menaces potentielles (« Si je reste sur mes gardes en permanence et suis attentive à tous les détails de l'environnement autour de moi, alors je serai en sécurité ») ;
2. tenter de comprendre, donner un sens et alléger le poids écrasant de la culpabilité (« Si j'avais pris une rue différente, rien de

tout cela ne serait arrivé »), avec de nombreuses ruminations sur les ruminations (métacognition : « Je dois comprendre pourquoi la vie me fait ça à moi »).

Durant ces boucles infinies de remémorations et de ruminations, le cerveau cherche désespérément à combler les lacunes de la mémoire, sans parvenir à sortir du labyrinthe infernal. Ces stratégies échouent à calmer l'angoisse, l'augmentent, entraînant de nouvelles boucles de ruminations, assorties d'un sentiment d'absurdité de l'existence, de terreur, de dégoût, de précarité et de danger imminent. Ainsi nourri, le processus ne fait qu'empirer, avec l'apparition de cauchemars et de flash-back répétitifs. Ces reviviscences quotidiennes insupportables et épuisantes sont un véritable supplice de Tantale. Pour éviter cette souffrance se développent des évitements de pensées, d'émotions, de souvenirs, de lieux et de personnes, en fait de tout ce qui confronte au souvenir traumatique (métacognition : « Si j'évite d'y penser et que je contrôle ma pensée, je ne souffrirai plus »), avec un effet boomerang terrible. En effet, il est impossible de contrôler ses pensées (si vous en doutez, essayez donc à l'instant même de ne surtout pas penser à un ours blanc !).

Cet état mental extrêmement particulier du TSPT est le *traumalock*[110] : le cerveau est comme verrouillé sur le traumatisme passé et les menaces futures, et il interprète tout (y compris les symptômes et angoisses du TSPT lui-même) comme un signal de danger, avec une tentative de surcontrôle permanent. Amélie le décrit ainsi : « À un moment donné, mon cerveau était devenu un véritable détecteur de danger, j'en repérais partout, l'alarme sonnait tout le temps et mes crises d'angoisses étaient devenues permanentes. »

Amélie, comme la plupart des personnes qui souffrent de TSPT, s'est trouvée coincée dans un grand écart mental qui consistait à surveiller le panoptique comprenant à la fois son environnement et son espace mental (« je dois combler les lacunes de ma

mémoire »), tout en étant persuadée que la meilleure chose à faire était… d'éviter d'y penser.
Voici les trois étapes de la séquence de thérapie métacognitive que nous avons abordées avec Amélie.

• **Première étape** : identifier les différents symptômes et comprendre qu'ils fonctionnent comme une alarme physiologique, qui sonne habituellement pour signaler un danger imminent (par exemple, si un camion nous fonce dessus) et nous permettre de fuir ou de faire face. L'amygdale cérébrale s'active, envoie un signal à nos surrénales, qui déchargent massivement les hormones du stress (adrénaline, noradrénaline, corticostéroïdes), entraînant une accélération du rythme cardiaque (avec palpitations) et respiratoire (sensation d'étouffement), et d'autres signes liés à l'activation de notre système neurovégétatif (sueur, maux de ventre, vertiges, nausées, etc.). En clair, notre cerveau cherche tout simplement à nous sauver la vie… Cette alarme peut se déclencher face à un danger objectif (un gros camion), ou face à un déclencheur qui nous évoque un danger (souvenez-vous des travaux de Pavlov et de ses chiens conditionnés). Ainsi, une sensation corporelle qui rappelle une blessure, une réaction (par exemple un sursaut), une émotion, une odeur, un objet, une couleur ou un son qui seraient survenus au moment du traumatisme sont suffisants pour déclencher l'alarme physiologique.

• **Deuxième étape** : comprendre comment le déclencheur active les schémas métacognitifs, lesquels guident la façon dont Amélie va tenter de se prémunir face à l'alarme qui vient de se déclencher.
Nous avons listé d'un côté les métacognitions qui la conduisent à se concentrer sur le danger :
— « Si je reste sur mes gardes en permanence et suis attentive à tous les détails de ce que je vis, alors je serai en sécurité. »

— « Si je me souviens de tous les détails du traumatisme, je saurai faire face la prochaine fois. »
Puis nous avons listé celles qui conduisent à les éviter :
— « Pour ne plus souffrir, il ne faut plus y penser. »
— « Je dois supprimer tout ce qui me rappelle le traumatisme. »
Amélie a compris comment ces métacognitions la conduisent à ruminer encore plus, à s'inquiéter de tout, à culpabiliser, à se focaliser sur tous les signaux de danger, même les plus discrets, et à tenter inefficacement d'éviter ou de supprimer les pensées et émotions liées au traumatisme. Ces processus maintiennent les symptômes sur la durée et perpétuent le TSPT, comme une blessure que nous essaierions de cicatriser en la nettoyant et en la grattant en permanence : croyant bien faire, nous interférons avec le processus naturel de guérison. Il est donc fondamental d'identifier ces croyances.
Nous avons évalué également avec Amélie le temps qu'elle consacre chaque jour à ces métacognitions et la façon dont elle se sent quand elle s'y consacre.

• **Troisième étape** : prendre conscience du fait que les métacognitions créent et maintiennent l'état de *traumalock*, avec une surinterprétation de toute « micro-menace » et comprendre comment cela nourrit les déclencheurs identifiés à la première étape. Cette fois, la boucle est bouclée.

Amélie a bien intégré le fait que les stratégies d'évitement et de suppression du souvenir sont à la fois la conséquence, le symptôme et le facteur de chronicité du TSPT. Elle a compris qu'il ne faut pas tenter de chasser le souvenir traumatique, mais qu'il lui appartient de décider quand et comment elle lui consacre de l'attention et du temps. Toute la journée et toute la nuit, c'est trop : c'est comme la métaphore de la blessure qu'on empêche de guérir en la désinfectant et en la gratouillant en permanence. L'esprit

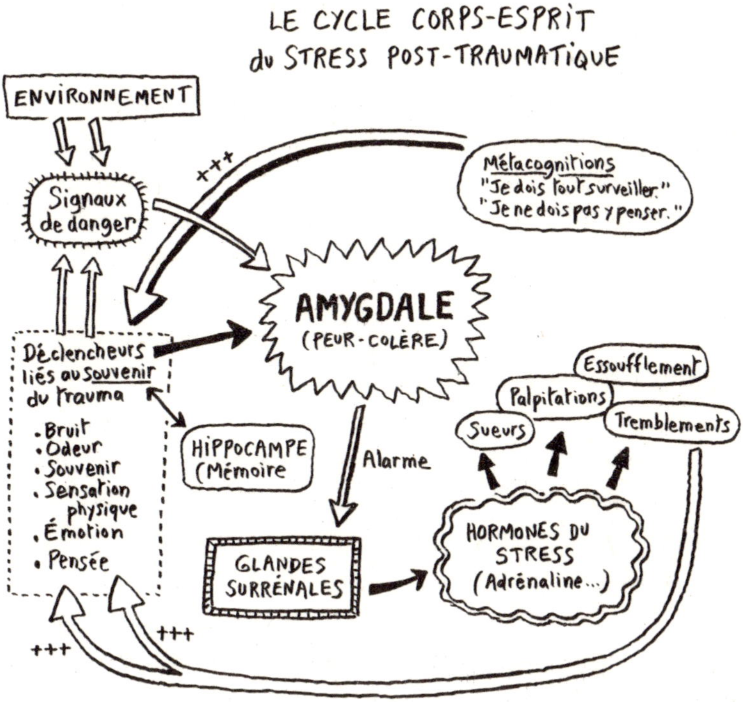

humain est résilient, il a la capacité de guérir du traumatisme pour peu que l'on n'interfère pas en permanence avec ce processus. Nous avons fixé un cadre : quand Amélie sentait le besoin de penser au souvenir traumatique, elle acceptait de n'y consacrer que quinze à trente minutes, au cours d'un moment spécifiquement dédié.

Durant cette séquence de remémoration, nous avons travaillé sur la façon d'accepter de laisser venir les souvenirs, émotions, pensées sans les contrôler, sans les juger, comme on regarde des nuages qui passent dans le ciel, sans chercher à les chasser ou à les modifier, simplement en les observant avec curiosité et bienveillance. La consigne était la suivante : « Même si c'est douloureux, faites-leur de la place, laissez-les venir, ne les fuyez pas, regardez-les, laissez-les défiler, aller, venir, se rapprocher

et s'éloigner, comme un simple spectacle mental, accueillez-les sans les juger. » Nous avons utilisé des techniques de méditation en pleine conscience (*mindfulness*) pour aider Amélie à mettre en place cette approche, en utilisant notamment le Body Scan (voir page 113).
Amélie a utilisé cette technique, d'abord en séance, puis seule chez elle. Elle décrit l'effet ainsi :

> « Au bout d'un moment, les images horribles semblent flotter de plus en plus loin puis passer et être remplacées par la succession, comme dans le ciel, d'autres images et d'autres nuages de pensées et d'émotions. C'est toujours là, mais c'est moins figé, ça circule… Je suis moins bloquée dans la boucle et je fais moins de crises d'angoisses ; c'est le début d'un soulagement, et rien que cela, c'est déjà énorme. »

Cette approche s'est faite sous traitement antidépresseur sérotoninergique, ce qui a permis de diminuer l'intensité des crises d'angoisses, et même si l'amélioration liée à la thérapie métacognitive a été importante, il persistait des flash-back intempestifs et dévastateurs qui ont nécessité une approche complémentaire. Pour cette raison, la thérapie d'Amélie a été complétée par cinq séances d'EMDR réalisées par une psychologue spécialiste du psychotrauma qui ont permis l'extinction complète des symptômes du TSPT.

RETRAITER LES SOUVENIRS TRAUMATIQUES AVEC L'EMDR

L'EMDR (*Eye Movement Desensitization and Reprocessing**) est aujourd'hui une technique reconnue pour son efficacité dans le traitement du TSPT et bien validée sur le plan scientifique. J'en ai

* Désensibilisation et reprogrammation par mouvements oculaires.

entendu parler la première fois, après une conférence que donnait David Servan-Schreiber à Sainte-Anne, dans le service dans lequel j'étais chef de clinique. Étant de garde, je n'avais pu assister à sa conférence, mais j'étais curieux de savoir ce qui s'était dit. J'avais interrogé mes collègues, qui semblaient méfiants face à ce personnage qui n'était pas du sérail (il revenait des États-Unis) et qu'on ne savait pas situer, entre le spécialiste des neurosciences aux publications scientifiques brillantes et le promoteur de médecines douces (oméga, etc.), vis-à-vis desquelles nous avions une grande défiance en l'absence de données scientifiques validées. Je me souviens qu'on me rapporta ceci : « Il nous a décrit une drôle de technique avec une espèce de baguette que le patient doit suivre des yeux, c'est sans doute une sorte d'hypnose. » Mais c'est lorsque les publications scientifiques validant l'EMDR ont commencé à paraître dans les grandes revues scientifiques, et que les résultats ont été présentés dans les grands congrès internationaux que nous avons véritablement commencé à nous y intéresser. Ses principes ont été découverts par hasard en 1987, par Francine Shapiro, qui a expliqué dans une interview :

> « L'expérience qui a conduit à cette découverte a en réalité commencé des années auparavant, quand j'avais développé un cancer. Je terminais un doctorat en littérature anglaise, mais la maladie a porté mon attention sur le domaine alors nouveau de la psycho-neuro-immunologie, soit l'effet du stress sur le système immunitaire [...]. Un jour, alors que je me promenais, j'ai remarqué que certaines pensées désagréables que j'avais en tête venaient de disparaître tout à coup, puis ne revenaient qu'avec une charge émotionnelle plus supportable. Je ne comprenais pas ce qui venait de se passer, car de telles pensées ne se modifient généralement pas sans un effort de volonté délibéré. Or je n'avais rien fait. Au prix d'une grande attention, j'ai remarqué que quand ce genre de pen-

sées me venaient à l'esprit, mes yeux se mettaient à bouger très rapidement et d'une certaine manière, ce qui chassait les pensées de ma conscience. Quand je les faisais revenir, elles étaient moins perturbantes. Si je générais volontairement le mouvement des yeux, le résultat était identique. Tout cela n'était qu'une extension de ce que je faisais depuis des années : utiliser mon esprit et mon corps comme un laboratoire. Ensuite, j'ai voulu m'assurer que le procédé fonctionnait chez autrui. J'ai réuni tous les gens que j'ai pu trouver, pour leur demander : "Est-ce que quelque chose vous soucie ?" Ils disaient tous que oui ! Je leur faisais suivre mon doigt du regard, et les problèmes leur paraissaient plus supportables. Sauf pour certains : j'ai alors développé des procédures basées sur certains mouvements oculaires pour augmenter les effets. Après avoir travaillé avec environ soixante-dix ou quatre-vingt bénévoles, j'ai utilisé mes procédures avec un groupe de victimes de traumatismes dans un essai contrôlé randomisé, et j'ai publié mes résultats dans le *Journal of Traumatic Stress* en 1989. Ce fut la première publication concernant ce qui est maintenant l'EMDR. C'était en effet très controversé. Il fallut de nombreuses études pour convaincre les sceptiques. Mais à présent, les faits sont établis : l'Organisation mondiale de la santé, par exemple, a déclaré que les thérapies comportementales et cognitives (TCC) et l'EMDR sont les deux seules formes de psychothérapie recommandées pour l'état de stress post-traumatique (ESPT) pour les enfants, les adolescents et les adultes[111]. »

L'EMDR est basée sur l'utilisation des mouvements oculaires de droite à gauche, à une certaine fréquence, en même temps que le souvenir traumatique est évoqué. Elle doit être appliquée par un thérapeute à l'issue d'une formation sérieuse (notamment par l'association EMDR France).

Personne ne sait exactement comment fonctionne l'EMDR, mais selon le modèle sous-jacent actuel, l'événement traumatique a court-circuité le traitement naturel de l'information par le cerveau. Au lieu d'être stockée dans les réseaux de mémoire habituels (la mémoire autobiographique), l'expérience est stockée dans d'autres réseaux (une sorte de mémoire traumatique) avec les émotions, les sensations et les croyances négatives qui l'ont

accompagnée. L'objectif est de retraiter ces informations pour les réintégrer dans la mémoire autobiographique afin qu'elles ne soient plus associées à des émotions pénibles. Il ne s'agit donc pas d'un processus d'extinction, mais de reconsolidation, c'est-à-dire une modification de la façon dont le souvenir du traumatisme est stocké dans le cerveau. Globalement, les études montrent que l'EMDR et les TCC centrées sur le trauma ont une efficacité importante et relativement comparable dans le traitement du TSPT. Plus important encore, leurs effets se maintiennent à long terme[112].

Différents protocoles ont été développés et remplacent les mouvements oculaires par des tapotements sur les épaules et les genoux, sur le même principe de retraitement du souvenir traumatique. Basée sur l'EMDR, l'Étreinte du papillon a été développée par Lucina Artigas pour aider les survivants de la tornade Paulina à Acapulco (1997) à s'apaiser et elle a ensuite été utilisée avec succès pour traiter des groupes d'enfants traumatisés au Mexique, au Nicaragua et dans les camps de réfugiés du Kosovo[113]. Cette technique ne remplace pas une thérapie EMDR réalisée par un professionnel, mais elle peut vous servir à vous apaiser lorsque vous ressentez fortement une émotion négative ou un stress trop pénible.

L'ÉTREINTE DU PAPILLON

1. Respirez : asseyez-vous confortablement, le dos bien droit, et adoptez une respiration abdominale lente et régulière. Comptez lentement jusqu'à cinq en inspirant par le ventre, gardez l'air en comptant jusqu'à cinq de nouveau, puis expirez lentement en comptant jusqu'à cinq, et ainsi de suite.

2. Observez : observez simplement vos pensées, vos émotions et vos sensations physiques qui défilent, comme si vous observiez des nuages dans le ciel, sans chercher à les contrôler. Pendant ce temps, vous continuez de respirer profondément et lentement.

3. Réfugiez-vous dans un lieu sûr : visualisez un endroit (réel ou imaginaire) dans lequel vous vous sentez profondément en sécurité. Examinez les formes, les couleurs, écoutez les sons, essayez de vous représenter les odeurs et les textures de ce que vous pourriez toucher (par exemple, si vous êtes sur une plage, le contact du sable sous vos doigts).

4. L'événement stressant : concentrez-vous maintenant sur l'événement responsable de votre stress actuel et évaluez votre niveau de tension interne sur une échelle de 0 à 10.

5. L'Étreinte du papillon : entrelacez vos pouces de façon à former un papillon avec vos mains, que vous poserez sur votre poitrine, la main droite dirigée vers l'épaule gauche et la main gauche vers l'épaule droite. Les yeux sont fermés, le regard tourné vers le sol, et vous continuez de respirer lentement par le ventre. Commencez à alterner doucement les tapotements sur votre poitrine, tranquillement, comme le battement des ailes d'un papillon. Respirez lentement par le ventre, et observez sans juger ce qui se produit dans votre esprit et dans votre corps, comme vous regarderiez des nuages passer dans le ciel. Réévaluez de nouveau le niveau de votre stress de 0 à 10 et continuez les battements jusqu'à atteindre un niveau acceptable et confortable sur l'échelle de 0 à 10.

6. Fin de la séquence : revenez dans votre lieu sûr durant quelques secondes, respirez tranquillement, puis ouvrez lentement les yeux.

Cependant, les choses sont plus compliquées dans les situations de stress post-traumatique complexe (TSPT-C), lorsque le traumatisme n'est pas, comme dans la situation d'Amélie, circonscrit à un épisode unique, mais s'étend sur une longue période de vie, comme c'est par exemple le cas dans les situations de maltraitances intrafamiliales et d'inceste. Chaque souvenir traumatique nécessitant plusieurs séances d'EMDR, leur grand nombre peut s'avérer une limite à cette approche thérapeutique. Ce fut ainsi le cas pour Hélène qui vécut durant vingt ans avec un mari tyrannique et violent et qui consultait après l'échec d'une thérapie en EMDR.

RETISSER LES FILS DE SON IDENTITÉ APRÈS DES TRAUMATISMES MULTIPLES : L'ICV

Tout commence comme dans un conte de fées. Elle le rencontre durant son premier stage d'infirmière à l'hôpital, il est interne en chirurgie dans le service, elle le trouve particulièrement brillant, charmant et attentionné. Il lui apprend plein de choses, passe du temps avec elle, lui fait découvrir – bien mieux que ses professeurs – l'univers passionnant de la médecine. Très vite, Hélène tombe sous le charme et s'installe chez lui. Hélas, la lune de miel de leur relation ne dure que quelques mois et le piège se referme peu à peu sur elle, dans un schéma bien connu et impeccablement mis en scène dans le film *Mon roi,* de Maïwenn : séduction flamboyante, emprise affective, mise à distance des proches, manipulation perverse, punition et humiliation. À l'extérieur, tout le monde le trouve formidable, charmant, tellement humain avec ses patients, extraordinairement empathique… À la maison, c'est une tout autre histoire qui s'écrit. En quelques mois, on passe du compliment au dénigrement, du mot doux à l'insulte. Hélène est sous la coupe d'un tyran qui régente tout, contrôle ses

moindres faits et gestes, scrute méthodiquement chaque soir le contenu de son téléphone portable et de sa boîte e-mail, lui interdit les réseaux sociaux, les sorties et même les voyages en famille. De fait, elle est recluse dans la relation, véritable prison qu'un mariage obtenu sous pression vient verrouiller un an après leur rencontre, alors qu'elle est déjà dissociée, c'est-à-dire, pour la citer « en mode pilote automatique ». La première agression sexuelle très brutale a lieu lors de la nuit de noces, inaugurant une longue série de viols conjugaux qu'Hélène vit comme autant d'horribles séances de torture et d'humiliation. L'emprise est alors totale et va durer longtemps, trop longtemps. Presque une vingtaine d'années avant qu'il ne décide de la quitter brutalement pour une femme plus jeune, ne lui laissant rien pour subsister.
Hélène consulte après une trentaine de séances d'EMDR qui ont apporté un certain soulagement mais n'ont pas permis d'éteindre les principaux symptômes de son TSPT. Elle est perclue d'angoisses, en insécurité permanente, insomniaque, rongée par la honte, et son état s'est aggravé depuis qu'elle est enceinte avec une charge massive de culpabilité et l'apparition d'idées noires inquiétantes. Après qu'elle a bénéficié d'une série de séances de kétamine en milieu hospitalier pour traiter la dépression, je l'ai orientée vers une psychologue pour un protocole d'intégration du cycle de vie (ICV), ou *Lifespan Integration*.
La première fois que j'ai entendu parler de l'ICV, il y a quelques années, une patiente m'en vantant les mérites, j'avoue à ma grande honte avoir été perplexe sur l'intitulé de cette thérapie, me faisant la réflexion qu'elle avait sans doute affaire à une nouvelle « gogo-thérapie ». Je lui ai dit que j'allais me renseigner et, ayant trouvé l'information, je suis très vite revenu sur ma première impression : l'ICV est une approche novatrice incroyablement pertinente dans la prise en charge des stress post-traumatiques, en particulier lorsqu'ils sont multiples et complexes, ce qui est hélas souvent le cas. Créée par Peggy Pace aux débuts des années

2000[114], cette technique est basée sur la visualisation en imagerie mentale d'une ligne du temps composée des souvenirs chronologiques. Peggy Pace, psychologue et thérapeute familiale exerçant dans l'État de Washington, explique qu'elle s'est trouvée un jour face une pédiatre expérimentée qui, en évoquant un traumatisme passé, s'est dissociée au point de parler avec une voix différente, plus fluette. Elle lui aurait alors demandé son âge, et la femme aurait répondu, sur le ton d'une enfant terrorisée : « J'ai huit ans. » La patiente était véritablement plongée et bloquée dans son souvenir traumatique. Peggy Pace a réalisé qu'il serait sans doute trop brutal de la ramener directement dans le présent. Elle a alors eu l'idée de lui demander de se souvenir de ce qui s'était passé juste après l'événement traumatique, puis à son anniversaire suivant, puis à d'autres souvenirs et, de proche en proche, l'a conduite très progressivement à se reconnecter au présent.
Cette ligne du temps permet d'établir des ponts entre un état émotionnel présent et les traumatismes du passé, puis de tisser un lien entre les différents souvenirs pour revenir peu à peu au présent en utilisant une sorte de boucle temporelle. Cela permet d'introduire une nouvelle perspective dynamique dans la chaîne des souvenirs, de façon à ne plus y demeurer bloqué.
Concrètement, la thérapie est pratiquée par un professionnel dûment formé à l'ICV* et peut durer de trois séances pour un traumatisme simple à plusieurs mois en cas de traumatismes longs et répétés. En pratique, la première étape est d'établir une liste chronologique des souvenirs, en partant des tout premiers qui se situent en général vers l'âge de 3-4 ans et en plaçant au moins un souvenir par an (idéalement deux ou trois) jusqu'à l'âge actuel. Au cours de chaque séance, le thérapeute déploie l'histoire depuis le début, en suivant cette ligne temporelle, pour montrer au patient comment il s'est façonné au fil du temps.

---

* Voir les adresses sur https://lifespanintegration.com

Avec cette technique, Hélène a pu dérouler sa ligne du temps à plusieurs reprises au cours de chaque séance (en général une dizaine de fois). Pendant qu'elle se remémore les souvenirs, un à un, elle a indiqué ce qu'elle ressentait et a ajouté au fur et à mesure de nouveaux souvenirs qui émergeaient spontanément de sa mémoire pour s'interconnecter. Chacune de ces transhumances au travers d'états du moi successifs tout au long de sa vie, répétées à chaque séance, a engendré chez elle un sentiment d'apaisement profond. Chaque aller-retour lui a permis d'utiliser ses ressources actuelles, comme si l'adulte pleinement consciente qu'elle est devenue pouvait se tenir aux côtés de la jeune femme pour l'accompagner et la rassurer, en particulier durant les périodes les plus critiques et traumatiques de sa relation. Cela l'a aidée à ancrer un profond sentiment d'unité, à se sentir « alignée » pour reprendre le terme qu'elle utilise.
Ainsi, en fin de thérapie, elle exprimera le fait que, son passé ne parasitant plus son présent en permanence, elle a gagné en sentiment de liberté et de paix intérieure : « Mon cerveau a intégré que le passé est bien terminé et que je suis maintenant en sécurité. »

SORTIR DU PIÈGE DES CAUCHEMARS AVEC LE RESCRIPTING

Pour certaines personnes, le coucher est le pire moment de la journée. C'était le cas d'Émilie, qui en retardait l'heure au maximum, lisant ou regardant des séries jusqu'à une heure avancée de la nuit. La raison est simple : elle savait qu'elle allait être confrontée encore une fois aux épouvantables fantômes du passé. Un soir, en rentrant de son travail, cette mère de famille a découvert le corps de son mari pendu dans le garage. Elle souffrait depuis d'un TSPT accompagné de cauchemars dans lesquels son mari arborait le visage grimaçant du *Joker* des films de Batman et les poursuivait, elle et leurs trois enfants, pour leur faire du mal.

Les cauchemars sont un symptôme très fréquent de TSPT. La peur qu'ils engendrent conduit à un évitement du sommeil, lequel génère au fil du temps une dette de sommeil importante. Ces insomnies contribuent à l'apparition de troubles de la concentration et de la mémoire, de l'irritabilité et des symptômes dépressifs caractéristiques du TSPT.

Les cauchemars n'ont pas encore livré tous leurs secrets sur le plan scientifique mais, dès 1900, dans *L'Interprétation des rêves*, Freud prédisait qu'« une recherche plus approfondie tracera un jour le chemin et découvrira une base organique pour l'événement mental ». Il y fait la belle hypothèse que le rêve est le gardien du sommeil. Bien que la recherche n'aie pas encore conduit à percer tout le mystère des rêves, elle permet néanmoins, notamment grâce aux progrès de l'imagerie cérébrale, de mieux comprendre leur fonction, en particulier la reconsolidation de la mémoire (pour un souvenir durable de ce qui a été dangereux pour nous), l'intégration de l'expérience, mais aussi la simulation de menaces et de défis sociaux[115]. On peut donc les voir comme une sorte de « coaching » nocturne nous aidant à nous préparer à faire face aux épreuves à venir. Au fond, les rêves pourraient être des messagers internes qui signifient « Souviens-toi », « Apprends de tes expériences, donne-leur un sens » et « Prépare-toi à agir ». Mais que se passe-t-il si l'expérience à intégrer est trop lourde, trop pénible, trop chargée d'angoisse, comme c'est le cas lorsque l'on vit un traumatisme ? Le cauchemar pourrait être l'échec du travail du rêve, une sorte de bug, une tentative avortée d'intégrer le traumatisme. Cette hypothèse expliquerait le caractère répétitif de certains cauchemars : les réseaux de neurones de la mémoire tenteraient de repasser le film en boucle, sans jamais parvenir à atténuer sa charge émotionnelle négative ni à lui attribuer un sens, c'est-à-dire sans parvenir à « classer » l'événement. Exactement comme un dossier que l'on ne sait pas dans quel tiroir ranger et qui reste en souffrance sur le dessus de la pile. Le psychisme essaiera encore et encore, toutes les nuits, échouant de nouveau chaque fois, répétant toujours les mêmes rêves horribles… C'est exactement comme recevoir un e-mail avec une pièce jointe trop volumineuse qui bloque tout le système.

Parmi les techniques qui permettent de traiter les cauchemars, l'étonnante *Imagery Rescripting* (réécriture de l'imagerie mentale, que je désignerai désormais par la simple dénomination de « rescripting ») peut se révéler d'une grande efficacité[116]. Issue de la méthode de *Nightmare Deconstruction and Reprocessing* (NDR[117]), cette technique a été notamment utilisée avec succès auprès de victimes des attentats du 11 septembre 2002 à New York, et du 13 novembre 2015 à Paris, au Bataclan.

À l'instar des contes de fées (les premières thérapies d'intégration du trauma) qui, depuis le Moyen Âge, aident les jeunes enfants à intégrer leurs traumatismes grâce à une fin heureuse en dépit des terribles péripéties qui jalonnent le récit[118], le rescripting utilise l'imagination comme outil thérapeutique. Mais contrairement au conte, c'est le sujet qui réécrit le script, construisant une fin différente et apaisante à son souvenir traumatique. L'objectif, en ajoutant un happy end au scénario traumatique, est de donner un coup de pouce au psychisme pour faciliter l'intégration du trauma durant le sommeil et lui attribuer un sens avec lequel on peut tenter de vivre en paix. À ce propos, les personnes qui ont vécu un drame insupportable jugent souvent inappropriés, voire offensants, les expressions « faire son deuil », « accepter » et « être en paix », tout particulièrement quand il s'agit de la mort d'un enfant ou quand ces conseils lénifiants proviennent de personnes qui ne partagent pas le même sort et qui, par conséquent, ne savent pas de quoi elles parlent. Au fond, un traumatisme est toujours inacceptable, injuste et absurde.

Mais, à défaut d'« acceptation » ou de « paix », est-il possible de retrouver une vie « normale » après un événement traumatique ? Face à cette question difficile, nous pourrions convoquer les

philosophes de l'absurde, les existentialistes, ou, mieux encore, le grand Nietzsche en personne. Plus simplement, je vous propose la métaphore de la « cohabitation » qu'utilise Russ Harris, un auteur central dans la diffusion des thérapies de type ACT[119]. Imaginons deux ethnies ou deux communautés religieuses d'un même pays qui se détestent et se massacrent depuis des décennies (hélas, de nombreux exemples nous viennent en tête !). Un beau jour, ces deux groupes décident, pour le bien de leurs enfants, des survivants et pour l'avenir du pays, qu'il va falloir cohabiter en paix, ne serait-ce que pour partager les ressources et les infrastructures. Ils vont sans doute continuer de se détester mutuellement, mais ils vont arrêter la guerre, car c'est leur intérêt commun. Être en paix avec son traumatisme, c'est parvenir à ne plus consacrer toute son énergie à être engagé dans une lutte destructrice, épuisante et stérile contre soi-même. Personne ne dit que cela se décide avec un simple « Y a qu'à, faut qu'on », mais cela peut résulter d'un processus interne, voire d'un accompagnement thérapeutique si c'est nécessaire.
C'est ce que souhaitait réellement Émilie et, pour cela, elle a grandement bénéficié d'une intervention de rescripting avec une excellente psychologue formée à cette technique. Dans l'hypothèse où vous souhaiteriez utiliser cette technique pour vous-même, je vous suggère vivement de le faire dans un cadre thérapeutique avec un professionnel de santé formé.

LA TECHNIQUE DU NDR[120]

Il est normal de ressentir un certain niveau de stress lors de l'utilisation de cette technique, mais ce niveau doit être contrôlé, sinon le traitement risque d'être pire que le mal. Tout au long de l'exercice, le niveau de stress est donc surveillé : régulièrement, la personne évalue l'intensité de son stress, de 0 (pas de stress) à 100 (stress insupportable). Dès lors que ce niveau dépasse 60 ou 70, faites une pause et reconnectez-vous à votre environnement : prenez tranquillement conscience que vous êtes au calme et en sécurité, au besoin nommez cinq objets que vous pouvez voir autour de vous, deux bruits que vous pouvez entendre, une texture que vous pouvez toucher, tout en respirant lentement par le ventre. Vous pouvez également utiliser le Body Scan (voir page 113) ou l'Étreinte du papillon (voir page 143). Reprenez l'exercice quand votre niveau de stress est descendu à un niveau acceptable.

1. Décrire le cauchemar (DRAW)

Pour décrire précisément le cauchemar, nous allons dérouler l'acronyme DRAW (Décrire, Réexpérimenter, Associer, *Waking Life Triggers*).

- **Décrire.** Décrivez par écrit le cauchemar le plus récent et effrayant, à la première personne et au présent (« Dans l'image du cauchemar, je suis en train de marcher et soudain... »), en vous focalisant sur l'image ou la scène la plus angoissante. Choisissez cette image et dépeignez-la avec le plus de détails possible, y compris les couleurs, les tailles, les odeurs et les sons, sans oublier les détails les plus insignifiants.
- **Réexpérimenter.** Il s'agit de refaire l'expérience des émotions vécues lorsque cette image ou cette scène particulièrement pénible s'est présentée. Cela implique de noter à la fois les émotions que vous avez ressenties pendant le cauchemar et vos sentiments actuels : comment vous sentez-vous maintenant en y repensant ? Les émotions négatives principales sont la peur, la tristesse, la honte et la colère, mais vous pouvez utiliser tous les mots qui caractérisent l'infinie palette des émotions (terreur, panique, rage, humiliation, solitude, abandon, surprise, angoisse, etc.). Notez tout cela.
- **Associer.** Associez l'image mentale ou la scène que vous venez de décrire aux expériences passées, au traumatisme bien

entendu, mais aussi aux souvenirs (de votre enfance ou de votre vie adulte) ou à d'autres traumatismes qui vous font penser à cette scène du cauchemar. Cette image vous rappelle-t-elle une ou des expériences que vous auriez déjà vécues auparavant ?
- **Waking Life Triggers (déclencheurs durant l'éveil).** Identifiez les facteurs déclenchants durant la journée qui sont susceptibles d'être liés à ce qui se produit dans le cauchemar. Il s'agit de chercher des associations entre des événements de votre vie actuelle et le contenu cauchemardesque.

Vous pouvez maintenant utiliser le même modèle DRAW pour décrire d'autres images du cauchemar (en général, on demande de choisir de trois à cinq images clés). Prenez le temps de les résumer en quelques lignes.
Vous avez alors une compréhension plus précise du contenu de votre cauchemar, mais ce n'est qu'une étape. Le cauchemar persiste, car votre psychisme ne sait pas quel sens lui attribuer, il ne sait pas où le ranger. Pour traiter le cauchemar, il faut commencer par lui attribuer un sens, en particulier si ce dernier ne vous semble pas évident.

2. Créer du sens

Si votre cauchemar vous semble difficile à comprendre, demandez-vous ce qu'il peut signifier pour vous, dans le contexte de ce que vous avez vécu de plus difficile ou de récent dans votre existence. L'important n'est pas de savoir si ce sens est « le bon », mais que vous ressentiez que cette interprétation fait « vibrer » quelque chose de profondément enfoui en vous. Pouvez-vous désigner ce qui était le plus pénible ou le plus déroutant dans ce cauchemar ? Si le cauchemar contient une expérience liée à la perte ou au deuil d'une personne importante, que peut-il signifier pour vous ? Si vous avez pu parler avec cette personne durant

le rêve, qu'avez-vous ressenti ? Y a-t-il quelque chose que vous n'avez pas pu lui dire ?
Si votre cauchemar est particulièrement difficile à décrypter, demandez-vous s'il est en lien avec un événement ou une personne de votre enfance. Ou s'il est possible qu'un détail particulier symbolise une partie de vous et de votre personnalité ? Par exemple, Émilie disait rêver de façon récurrente d'un personnage horrible la poursuivant et qui ressemblait au Joker du film de Todd Phillips. À cette question, elle a répondu qu'il symbolisait peut-être sa propre colère et sa culpabilité face à son traumatisme. Cette interprétation l'a beaucoup soulagée et le Joker a disparu de ses nuits.
Enfin, quels sens moral, existentiel et spirituel pouvez-vous donner à ce rêve ? La réponse à cette question est majeure, elle recèle un vaste potentiel de création de sens, car les grands traumatismes finissent toujours par interroger le sens de la vie.

3. Le rescripting proprement dit

Cette phase est la plus libératrice d'un point de vue thérapeutique. Il s'agit de réécrire le cauchemar en créant de nouvelles images mentales que le cerveau retraitera durant la nuit et qui pourront l'aider à remodeler les réseaux de la mémoire traumatique. Vous pourrez ainsi vous libérer des émotions de terreur, de chagrin, de culpabilité et de colère.
D'après la façon dont vous comprenez désormais le cauchemar et son sens profond, comment aimeriez-vous pouvoir le changer dans un sens qui vous apaiserait ? Ce nouveau scénario doit inclure une description très détaillée (similaire au « D » des étapes de DRAW).
Par exemple, Émilie a pu décrire comment elle aimerait que son mari apparaisse dans le rêve reconstruit, jusqu'aux habits qu'il porterait, à ses expressions faciales, à sa façon de parler et à ses réponses, avec l'intonation de la voix. Elle a noté par écrit ce

qu'elle dirait, les questions qu'elle poserait, les émotions qu'elle ressentirait. Voici son nouveau script :

« Je rentre chez moi, exactement comme dans le cauchemar, je vois les arbres de l'allée, il y a du vent, j'ouvre la porte de la maison, je me souviens très bien du grincement de la porte ce jour-là, le bois était un peu gonflé, on était en automne. Je le trouve assis dans le fauteuil qu'il préférait dans le salon. Il est en train de m'attendre, il a l'air soucieux. Je le regarde droit dans les yeux, je suis triste et furieuse, je lui hurle : "Pourquoi tu nous as fait ça ?" Je suis en larmes et très en colère : "C'est monstrueux ! Tu te rends compte de l'enfer que c'est pour les enfants et pour moi ? J'ai fait tellement d'efforts pour que tu ailles mieux ! Mais qu'est-ce qu'on a fait pour mériter que tu nous fasses ça ?" Il répond que ce n'est pas à cause de moi ni des enfants, mais qu'il souffrait trop, qu'il se sent très coupable d'avoir dû le faire, mais que la souffrance psychique était insupportable et qu'il a aussi voulu nous soulager car il se sentait comme un fardeau pour nous. Je vois son visage, son regard, ses lèvres, je suis extrêmement triste et en colère, je lui dis que ma vie depuis son geste est horrible, gâchée, finie, que toute la famille a été brisée et traumatisée à vie, que ce qu'il a fait est profondément injuste, infiniment violent et totalement irréparable. Il baisse les yeux, se met à pleurer lui aussi. Il dit que s'il avait su tout ça, il aurait fait différemment, qu'il comprend maintenant qu'il a commis l'énorme erreur de ne pas avoir cherché à mieux traiter sa dépression et son alcoolisme, qu'il est profondément bouleversé de me voir si malheureuse et infiniment désolé d'avoir pris tant de mauvaises décisions. Je suis touchée par ses mots, car je le sens sincère. Je lui dis que je sais qu'il souffrait beaucoup, que vivre avec un tel poids sur les épaules était très difficile, que je sais qu'il a eu une enfance très malheureuse (son père le battait). Il relève la tête, me regarde avec son gentil sourire. Je me sens touchée par sa souffrance et ses remords. Je lui souhaite sincèrement d'être en paix maintenant, où qu'il soit. Il me dit qu'il me souhaite le meilleur du fond du cœur, que j'ai toujours été une épouse aimante et dévouée, qu'il m'a profondément aimée ainsi que les enfants et que notre amour a été son seul réconfort et lui a permis de tenir les dernières années, sans quoi il serait parti bien avant. Je peux sentir son odeur, le parfum qu'il aimait. Il me donne un petit bisou sur le front, comme il faisait parfois, et me dit : "Vis la vie, ma chérie, s'il te plaît. Pour toi, pour les enfants." Il me dit qu'il doit partir maintenant. Je lui caresse la joue, il a une barbe de trois jours, c'est râpeux. Il ajoute : "Je ne viendrai plus te voir pendant tes rêves. N'aie plus peur de moi, s'il te plaît." Je lui réponds : « D'accord. Va où tu dois aller, je te laisse partir." On pleure encore un long moment tous les deux en se regardant. Ensuite, il me fait un petit geste d'adieu de la main, ouvre la porte, puis la referme doucement derrière lui et quitte la maison. Je sais au fond de moi que c'est la dernière fois que je le vois et je me sens triste, mais quand même soulagée d'un énorme poids. Je ne me sens plus du tout coupable, et c'est une sensation tout à fait nouvelle de liberté. Je monte à l'étage et je vais dire aux enfants que leur père est en paix, qu'il les aime et qu'ils ont le droit d'être heureux. Et qu'à partir de maintenant je ferai le maximum pour être bien avec eux. »

Ensuite, pour permettre au cerveau d'« incuber » ce nouveau scénario durant le sommeil, il faut relire ce rescripting (ou le dérouler en pensée) avant de se coucher, plusieurs soirs d'affilée. Le plus souvent, le cauchemar ne disparaît pas immédiatement, mais il change au bout de quelques nuits. Dans ce cas, on réutilise les trois étapes du rescripting (DRAW, création de sens et rescripting) sur la nouvelle version du cauchemar, jusqu'à l'éteindre complètement. Il faut le pratiquer tous les soirs, si possible sans avoir consommé d'alcool et si possible en limitant au maximum les tranquillisants et somnifères de type benzodiazépines, qui risquent d'interférer avec la reconsolidation de la mémoire traumatique et de limiter l'efficacité du rescripting (cependant aucun problème avec les antidépresseurs). Au fil du temps, de nouvelles significations concernant le contenu de vos rêves vont apparaître, qui deviendront plus apaisés, et vous allez expérimenter un profond soulagement durant vos nuits mais aussi durant vos journées. Observez comment les déclencheurs (le W de DRAW) évoluent au fil du temps et comment vous parvenez à vous sentir plus actif et moins anxieux durant la journée.

LES ANTIDÉPRESSEURS PEUVENT-ILS AIDER ?

Dans le TSPT, les antidépresseurs ne participent pas directement au retraitement de la mémoire traumatique, et donc ne guérissent pas le trouble. Cependant, ils peuvent atténuer certains symptômes, en particulier les manifestations d'anxiété et de dépression. En pratique, les molécules ayant fait la preuve de leur efficacité dans cette indication sont la paroxétine, la sertraline et la venlafaxine, mais l'effet des antidépresseurs est statistiquement modéré comparé à celui du placebo dans le traitement du TSPT[121], et en définitive inférieur à celui des psychothérapies spécifiques du trauma (notamment l'EMDR et la TCC[122]). Autrement dit, si les antidépresseurs ne sont pas à proprement parler des traitements synergiques de la psychothérapie, ils sont susceptibles, en réduisant la charge anxieuse et la détresse globale, d'en favoriser la mise en place. Il n'est pas rare en effet que les personnes souffrant de TSPT expérimentent un niveau de souffrance tel qu'il est difficile de mettre en place une psychothérapie. Dans ce cas, l'antidépresseur pourra jouer le même rôle que

celui de l'anti-inflammatoire qui précède et facilite la kinésithérapie lors d'une crise de sciatique très douloureuse.
Malheureusement, une importante proportion de patients souffrant de TSPT ne répond pas aux antidépresseurs[123], ce qui implique de rechercher des traitements plus efficaces, notamment du côté des psychédéliques dont l'effet, en particulier dans les études préliminaires portant sur l'ecstasy[124], semble plus important. De surcroît, les antidépresseurs ne sont pas dénués d'effets secondaires, en particulier la prise de poids et la baisse de la libido. Leur délai d'action est long, s'étalant sur plusieurs semaines (en pratique, de trois semaines à trois mois selon les molécules et les patients), et leur action bénéfique sur la réduction de l'anxiété et des symptômes dépressifs cesse souvent assez vite à l'arrêt du traitement, nécessitant parfois son maintien sur de longues périodes, tant que le noyau du TSPT n'a pas été traité en psychothérapie.
En dépit de leurs limites, les antidépresseurs sont utiles dans certaines situations, en particulier lorsque les composantes anxieuses et dépressives du TSPT sont importantes, et ils sont de très loin préférables aux tranquillisants de type benzodiazépines, pour lesquels on a observé une possible aggravation du TSPT[125], ainsi qu'un risque de dépendance. Pour ces raisons, ces derniers doivent être évités. Signalons encore une fois que la prise régulière d'alcool aggrave le trouble.

LES BÊTABLOQUANTS : FAIRE DU NEUF AVEC DU VIEUX

Les bêtabloquants sont utilisés en cardiologie depuis des lustres pour l'hypertension artérielle. En bloquant les récepteurs sur lesquels agissent les hormones du stress (adrénaline, noradrénaline), ils empêchent que la réaction de stress physiologique ne se développe et limitent donc l'apparition des symptômes neurovégétatifs (palpitations, essoufflements, sueurs, tremblements, etc.) qui contribuent à la pénibilité du trouble et au maintien d'un sentiment permanent de danger. Surtout, ils agissent au niveau de l'hippocampe et modifient les mécanismes de reconsolidation mnésique, ce qui est particulièrement intéressant dans le cadre du TSPT.

La compréhension actuelle des mécanismes sous-jacents au TSPT s'appuie sur la théorie de la reconsolidation de la mémoire. Cette dernière est fondée sur la découverte d'un processus de neuroplasticité grâce auquel la réactivation de souvenirs consolidés induit un état temporaire de labilité (c'est-à-dire d'instabilité), qui constitue une « fenêtre d'opportunité thérapeutique » : durant cette phase, ces souvenirs traumatiques peuvent être altérés avant de se stabiliser, en interférant avec leur restabilisation vers le stockage à long terme (c'est-à-dire la reconsolidation[126]). Comme pour la consolidation initiale (c'est-à-dire l'encodage du souvenir traumatique), la reconsolidation dépend de l'activation du système noradrénergique dans l'amygdale. Le bêtabloquant propranolol, du fait de sa capacité à pénétrer le cerveau et à bloquer les récepteurs bêta-noradrénergiques, est susceptible d'interférer avec la synthèse des protéines nécessaires à la reconsolidation de la mémoire[127]. Dans le domaine du TSPT, ils provoquent donc un très grand intérêt chez les chercheurs, car ils pourraient représenter des outils thérapeutiques innovants. Leur utilisation pour potentialiser la thérapie du TSPT a fait l'objet de publications scientifiques convaincantes[128]. Le protocole d'Alain Brunet, professeur à l'université McGill, Montréal, consiste à réactiver le souvenir en écrivant le récit traumatique, puis en le lisant à haute voix comme on le fait en TCC, mais après l'administration de propranolol. Ce protocole a montré, en seulement six séances hebdomadaires, l'amélioration des symptômes liés aux traumatismes chez soixante sujets souffrant de TSPT au long cours[129], là où les thérapies demandent habituellement un nombre plus important de séances. Il y aurait donc un véritable effet synergique de ce médicament avec la thérapie du TSPT. Contre-indiqués notamment en cas d'insuffisance cardiaque ou d'asthme sévère, les bêtabloquants ne sont toutefois pas dénués d'effets secondaires (baisse de la tension artérielle et de la fréquence cardiaque, fatigue, etc.) et nécessitent une surveillance médicale. Autorisés dans le cadre de l'anxiété sociale, ils ne disposent pas, pour l'instant, d'autorisation de mise sur le marché dans le cadre du TSPT. Des études plus approfondies confirmant ces résultats prometteurs sont nécessaires.

LA RECHERCHE SUR LES PSYCHÉDÉLIQUES

Une autre approche qui pourrait permettre de potentialiser la psychothérapie du TSPT suscite aujourd'hui beaucoup d'intérêt dans le domaine de la recherche. Il s'agit de l'administration de MDMA (3,4-méthylènedioxy-méthamphétamine), molécule mieux connue sous le nom d'ecstasy, un dérivé amphétaminique qui induit une libération transitoire massive de sérotonine et de norépinéphrine[130]. L'administration de la MDMA dans le TSPT, qui dispose à ce jour d'au moins six essais cliniques[131], est en phase 3 de son développement* et a reçu de la Food and Drug Administration la désignation « *breakthrough therapy* » (traitement innovant), ce qui pourrait faciliter l'approbation rapide de cette drogue si les résultats sont confirmés. Les effets synergiques de la MDMA sur la psychothérapie pourraient être liés à l'augmentation de la flexibilité cognitive, au sentiment d'euphorie et d'énergie que cette molécule induit, à la diminution du sen-

* Les **essais de phase trois, ou essais comparatifs**, sont destinés à comparer le nouveau médicament par rapport à un traitement standard pour évaluer son efficacité. C'est la dernière étape avant la demande d'autorisation de mise sur le marché (AMM).

timent de menace et au renforcement des sentiments d'empathie et d'ouverture aux autres.

Compte tenu d'une possible dépendance[132], qui doit inciter à la plus grande prudence, en particulier chez des personnes ayant des antécédents d'addiction, des modalités spécifiques de dispensation, d'accompagnement thérapeutique et de sécurité d'emploi sont requises dans un cadre médical.

Par ailleurs, un essai contrôlé randomisé avec la kétamine, un psychédélique proche de la MDMA, a montré une réduction significative des symptômes du TSPT après l'administration d'une perfusion unique, par rapport à un placebo actif[133]. Ces résultats préliminaires exigent d'être confirmés. En outre, la kétamine présente un potentiel addictif et est utilisée comme drogue récréative, ce qui doit inciter à la prudence.

Par ailleurs, le LSD et la psilocybine ont été utilisés, notamment aux Pays-Bas, comme outil thérapeutique dans le traitement de ce qu'on appelait alors le « syndrome des camps de concentration* ». Le cœur de cette thérapie consistait à permettre aux patients de réexpérimenter l'événement traumatique en provoquant une « réouverture émotionnelle » sous assistance psychothérapeutique. La figure principale de cette approche était le psychiatre néerlandais Jan Bastiaans[134], qui a traité des centaines de patients. Dans une étude de suivi à long terme portant sur douze patients, tous sauf un ont signalé des améliorations modérées à fortes après le traitement avec cette méthode[135]. Malheureusement, nous ne disposons pas, à ma connaissance, de publications cliniques récentes et de qualité avec ces molécules.

À titre anecdotique, citons également l'ayahuasca, une décoction végétale contenant du diméthyltryptamine (DMT), un inhibiteur de la monoamine oxydase qui augmente la transmission de séro-

* C'est au début des années 1980 que le syndrome des camps de concentration a changé de nom, quand il a été utilisé pour décrire les souffrances des vétérans du Viêtnam. Il a alors été rebaptisé « syndrome de stress post-traumatique ».

tonine, de dopamine et de noradrénaline. Cette bière fortement psychoactive, utilisée pendant des siècles par les peuples autochtones de l'Amazonie à des fins médicinales et chamaniques, a été proposée récemment comme traitement candidat pour le TSPT[136]. Les thérapeutiques psychédéliques appartiennent encore au champ de la recherche, leur utilisation nécessitant un encadrement médicalisé et beaucoup de prudence du fait du risque de *bad trip*. Rappelons qu'elles sont contre-indiquées chez les personnes ayant des antécédents personnels ou familiaux de psychose. Donc, s'il vous plaît, n'utilisez pas les psychédéliques pour vous soigner – *a fortiori* tout seul chez vous ! D'une part, ces substances sont légalement interdites en France. D'autre part, leur utilisation dans les troubles psychiques est préliminaire : elle nécessite un cadre médical, une surveillance appropriée (les hallucinations peuvent conduire à des attaques de panique ou à des mises en danger) et un accompagnement thérapeutique particulier.

8

Guérir de la dépression : les nouvelles thérapies

Jacques était un beau et solide gaillard au regard bleu acier, chef d'entreprise, marié et père de trois jeunes enfants. Son épouse avait pris rendez-vous pour lui, m'expliquant qu'il risquait de ne pas vouloir venir. J'avais compris au ton de sa voix qu'elle était inquiète et je l'avais donc ajouté en surplus à la fin d'une déjà longue journée de consultation. J'avais conduit son mari vers mon bureau. Tandis que je raccompagnais sa femme vers la salle d'attente, elle murmura, le regard chargé de larmes : « Docteur, il va très mal, mais il fera tout pour vous le cacher… » Lorsque je suis revenu dans mon bureau, Jacques semblait trop à son aise pour que cela soit crédible : arborant un vaste sourire de façade, il était en train de faire l'inventaire de mes livres tout en chantonnant. Avant que je n'ai eu le temps de lui poser la moindre question, il m'a lancé : « Docteur, dans ma famille, on ne fréquente pas les psys. Alors c'est étrange pour moi d'être ici. Ce n'est pas contre vous, mais je n'ai rien à faire là… C'est ma femme qui m'a traîné ici, et vous connaissez l'adage : "Ce que femme veut, Dieu le veut…" » J'avais beau tenter d'établir un canal de communication authentique, tout dans son attitude montrait qu'il était fermé comme une huître. À chacune de mes questions, il répondait par des banalités. Derrière sa fausse jovialité, je sentais son irritation monter, et nous allions bientôt atteindre le point de fission nucléaire ; j'imaginais tout à fait comment, d'ici à quelques minutes, il se lèverait pour disparaître à tout jamais de mes radars. Sa femme se retrouverait désespérément seule. J'ai alors tenté le tout pour le tout : « J'ai l'impression d'avoir en face de moi un homme très en colère et très malheureux, mais qui ne sait pas comment le dire et qui, par pudeur ou par fierté, se dissimule derrière un masque... Dans mon jargon, on nomme cela une mélancolie souriante. » Il m'a regardé longuement, et j'ai eu l'impression qu'il allait effectivement quitter le bureau en claquant la porte. Et en effet, il s'est levé... Mais au lieu de se diriger vers la porte, il a contourné le bureau, s'est approché de moi au point que je pouvais sentir son souffle et, à mon grand étonnement, il s'est mis à genoux, littéralement, puis m'a pris les mains pour m'implorer d'une voix rauque : « Docteur, aidez-moi, je veux mourir... Je vous en supplie, je veux l'euthanasie. S'il vous plaît, est-ce que vous pouvez vous en charger ? » Réalisant que je n'allais pas réussir à le convaincre de se relever, je me suis levé à mon tour pour m'asseoir par terre, juste à côté de lui. C'était une position insolite, hors cadre, mais cela m'a permis d'être à son niveau, c'est-à-dire littéralement à terre. Après un long moment de silence qu'il m'a semblé essentiel de respecter, un contact a commencé à s'établir : il m'a enfin regardé « pour de vrai », droit dans les yeux. Je lui ai alors demandé très doucement : « Essayez de m'expliquer, racontez-moi, qu'est-ce qui se passe ? »

Jacques s'est lancé dans une explication assez confuse, dans laquelle il prétendait être responsable de la ruine de l'entreprise familiale. D'après ce que j'ai compris, il avait commis de nombreuses et graves erreurs de gestion qui allaient le conduire en prison. Ce n'était qu'une question de jours avant que la police ne vienne l'arrêter et l'inculper. Par sa faute, tous ses employés allaient se retrouver au chômage, et sa femme et ses enfants iraient bientôt faire la queue aux Restos du cœur : il n'était qu'un raté, un fardeau pour ses proches, un monstre. Chacune de ses phrases était emplie d'une douleur incommensurable et d'une charge de culpabilité lourde comme du plomb. Peu après, mes échanges avec son épouse m'ont appris qu'il n'avait absolument pas ruiné l'entreprise ni le foyer, et que les associés et la banque confirmaient qu'il n'y avait aucun problème financier. Mais il était impossible de le raisonner, son délire mélancolique de culpabilité, de ruine et d'indignité était trop ancré dans son esprit. Sa femme décrivait un homme qui avait jusque-là toujours été solide, confiant et sûr de lui. Tout avait commencé très brutalement quelques semaines plus tôt. Sa mère, qui n'appelait jamais, car leur relation était très dégradée et distante depuis plusieurs années, lui avait proposé un déjeuner, qu'il avait refusé, prétextant une énorme charge de travail. En réalité, c'était surtout pour éviter une énième dispute : tous deux avaient de forts caractères et ne s'entendaient sur rien ; chacune de leurs rencontres se terminait par des cris et des reproches. Il ne savait ni qu'elle était atteinte d'un cancer en phase terminale ni qu'elle allait mourir une dizaine de jours plus tard. Jacques n'avait appris son décès qu'après les obsèques, son père ayant refusé qu'il y assiste. Pendant plusieurs jours, il avait erré dans la maison comme une âme en peine, sans pouvoir aller travailler ni faire quoi que ce soit. Il ne faisait que répéter en boucle : « Je suis un fils indigne, un fils indigne, une merde… » Lorsque sa femme avait trouvé une longue et fine corde repliée dans un recoin du garage, elle avait paniqué. Le ticket de caisse témoignait qu'il l'avait achetée une semaine plus tôt. Il fallait agir vite. C'est là qu'elle avait cherché un psychiatre et m'avait trouvé.

Deux semaines plus tard, j'ai frappé à la porte de la chambre de Jacques, dans le service où il avait été pris en charge. « Entrez, docteur, prenez donc un siège. » Il était souriant, mais cette fois son sourire était sincère. J'avais un autre homme en face de moi : le vrai Jacques était revenu. Au moment de son admission dans l'établissement, après réflexion collégiale, il avait été décidé, parmi différentes alternatives thérapeutiques, que la prise en charge de cette mélancolie pourrait justifier l'utilisation d'un nouveau traitement, l'eskétamine, un dérivé de la kétamine* délivré en spray nasal. En une dizaine de jours, ce traitement révolutionnaire associé à des entretiens quotidiens avait manifestement fait le plus grand bien à Jacques. Il m'a serré la main avec vigueur et s'est exclamé :

> « Me voilà reboosté ! Vous comprenez, docteur, je n'étais plus moi-même. J'étais rongé par la culpabilité. Vous savez, je l'aimais, ma petite maman… Je n'ai pas pu le lui dire ni même lui dire au revoir. J'avais le souvenir de tous ces noëls de mon enfance qui tournaient en boucle dans ma pauvre caboche, ça me rendait fou. Je crois que j'ai toujours été son préféré, mais voilà, on était comme chien et chat, elle et moi. Et je n'ai pas supporté le rejet violent de mon père. Mon cerveau a buggé ; d'un coup, j'ai eu l'impression d'être un fils indigne, un raté, un échec absolu, et il n'y avait plus qu'une issue, mourir… Je n'en reviens pas d'avoir eu ce genre d'idées… Et là, avec le traitement, c'est comme si on m'avait fait un "reset system" ! C'est quand même incroyable, la chimie du cerveau… »

J'ai expliqué à Jacques qu'il pourrait rentrer chez lui dans quelques jours, mais qu'il fallait prévoir des séances de consolidation avec l'eskétamine et que nous mettrions aussi sur pied un programme de prévention basé sur la TCC et sur la méditation en pleine conscience, ainsi qu'un antidépresseur, indispensable pour empêcher les rechutes.

L'épisode dépressif mélancolique de Jacques peut sembler spectaculaire et très éloigné de la déprime ordinaire, c'est-à-dire de

---

* La kétamine est bien connue des clubbers pour ses propriétés psychédéliques et par ailleurs utilisée depuis fort longtemps en médecine comme anesthésique pédiatrique.

ce que nous vivons lorsque nous souffrons d'un « coup de blues ». Mais il semble que certaines des bases cérébrales de ces états soient relativement communes avec celles qui s'activent dans notre cerveau lorsque nous « conjuguons » nos émotions négatives au passé, c'est-à-dire lorsque notre pensée se bloque sur les regrets, la culpabilité, le ressassement et les ruminations. Nous avons tous expérimenté ces moments où nous nous enfonçons dans cette zone marécageuse et, sans le savoir, nous approchons des berges de l'état dépressif, mais la plupart du temps, heureusement, ces moments ne durent que quelques instants, tout au plus quelques heures. Dans la vraie dépression, au sens clinique, la différence essentielle réside dans la durée et dans l'impact fonctionnel : les ruminations douloureuses vont s'étirer toute la journée pendant des semaines, voire des mois, et l'on ne peut rien faire pour y échapper. Et plus ces ruminations s'ancrent dans le temps, plus les autres symptômes de la dépression apparaissent et s'installent, formant un cercle vicieux : perte de plaisir et d'envies, fatigue, problèmes de concentration, insomnies, idées noires, isolement, etc. Certains patients souffrant de dépression disent qu'ils ont le sentiment de se complaire dans cet état, mais c'est une situation assez proche de celle que vit la personne enlisée jusqu'à mi-corps dans les sables mouvants et qui croit qu'en redoublant d'efforts, elle pourra s'en sortir seule. Il n'y a pas de bouton on/off pour se changer les idées et passer à autre chose, et les encouragements ou reproches de l'entourage (« Fais un effort, prends sur toi ! », ou encore « Tu t'écoutes trop ! bouge-toi ») aggravent le sentiment d'être un fardeau et nourrissent les idées noires. Heureusement, il existe des techniques pour apprendre à laisser passer ces ruminations en leur donnant moins de prise sur nous – j'y reviendrai plus loin.

Revenons à Jacques pour tenter de comprendre ce qui lui est arrivé. Tout a commencé par des ruminations douloureuses dans une situation de deuil complexe. Cela s'est aggravé jusqu'à la mélancolie*. Entre coup de déprime passager et grave dépression mélancolique, il y a tout un spectre qui couvre les nuances que nous pouvons expérimenter dans certaines circonstances, du gris clair au gris foncé. Comment notre cerveau peut-il dériver vers la zone sombre de ce spectre et y rester emprisonné durant des semaines ou des mois ? Que savons-nous du cerveau qui rumine et qui déprime ?

LA TCC : UNE THÉRAPIE DE RÉFÉRENCE DANS LA DÉPRESSION

C'est par un froid matin de fin décembre que Mathilde a choisi de mettre fin à ses jours. Elle écrase les somnifères prescrits par son généraliste et les dissout dans un grand verre de whisky. Quelques heures plus tard, les pompiers, prévenus par sa fille inquiète de son silence, défoncent sa porte. Elle est conduite aux urgences dans un semi-coma, dont elle émergera le lendemain. Quelques jours plus tard, elle accepte de mettre en route une thérapie comportementale et cognitive pour soigner sa dépression. Nous lui proposons deux axes de travail parallèles : l'activation comportementale et la restructuration cognitive.

LA RESTRUCTURATION COGNITIVE

La restructuration cognitive se base sur l'utilisation du modèle de Beck et de ses colonnes (voir page 109), lequel permet d'identifier des croyances fondamentales irrationnelles (« Je suis nulle », « Personne ne m'aime », etc.) qui entretiennent le processus dépressif. Au fil de ce travail, Mathilde parvient à identifier les

* En médecine, la mélancolie (du grec *melankholía*, « bile noire », en référence à la théorie hippocratique des humeurs) désigne une forme particulièrement sévère de dépression, caractérisée notamment par la présence d'idées de ruine, de culpabilité, d'indignité et d'incurabilité.

biais cognitifs typiques de la dépression. Elle explique ainsi que ses idées de suicide sont survenues le 26 décembre. Elle allait mal depuis plusieurs semaines, mais la décision d'avaler les comprimés a été prise ce matin-là. Nous avançons de façon à définir précisément le moment et le contexte de cette décision. Elle se souvient qu'elle revenait d'une course à la boulangerie, et qu'en montant l'escalier elle a commencé à se sentir bouleversée et envahie par la tristesse. Elle réussit à retrouver les pensées fugaces qui l'ont traversée à ce moment précis : « Je suis totalement seule, personne ne pense jamais à moi, c'est désespérant. » Ce qui s'est précisément passé juste avant de monter l'escalier lui revient enfin : elle a ouvert machinalement sa boîte à lettres. Cette dernière était vide. Une pensée automatique a surgi à cet instant précis : « Noël vient de passer, je n'ai pas reçu de carte, personne ne pense à moi. » C'est cela, une cognition irrationnelle. Décomposons la réaction en chaîne qui s'est produite ce matin-là dans l'esprit de Mathilde.

Nous pouvons maintenant travailler sur la croyance « Ma boîte à lettres est vide, donc personne ne m'aime » pour développer des contre-croyances (ou croyances alternatives) plus rationnelles et moins négatives. Je demande à Mathilde d'écrire elle-même de cinq à dix contre-exemples qui viennent contrebalancer chaque croyance irrationnelle. Voici un extrait de ce qu'elle a noté au cours de ce travail de restructuration cognitive :

> « Ce n'est pas parce que ma boîte à lettres est vide ou que je ne reçois pas d'appel durant une période que personne ne pense à moi (d'ailleurs, le lendemain de mon passage à l'acte, j'ai reçu une lettre vraiment très gentille envoyée quelques jours plus tôt par mon frère qui vit en Irlande, ainsi que de nombreux appels de la famille et d'amis).
> Ma fille s'est souciée de moi et m'a sauvé la vie en appelant les pompiers, ce qui montre que je ne suis pas seule.
> J'ai toujours eu tendance à me sentir seule depuis l'enfance, même quand je suis très entourée. C'est un trait de personnalité sur lequel je dois travailler et non pas une réalité de mon existence. »

De proche en proche, ce travail de restructuration cognitive permet de repérer des biais cognitifs – c'est-à-dire des erreurs de pensée qui nourrissent les pensées négatives – et de les déconstruire un à un.

CINQ BIAIS COGNITIFS FRÉQUENTS DANS LA DÉPRESSION

1. Personnaliser les problèmes. On interprète les événements en les ramenant à sa propre personne. Cela revient à penser que les choses surviennent parce que c'est moi. Par exemple :

- « Mon patron ne m'a pas salué ce matin parce qu'il ne m'aime pas » (alors que le patron n'a salué personne parce qu'il est de mauvaise humeur).
- « J'ai encore un souci de santé. Pas étonnant, j'ai un mauvais karma » (alors qu'il s'agit d'une probabilité).
- « J'ai encore une déception sentimentale, pas étonnant, j'attire que les sales types (alors que la même patiente confie par ailleurs qu'elle est attirée par les *bad boys* et qu'elle s'ennuie avec les gentils garçons !).

2. Se centrer sur le négatif (biais de pessimisme). Il y a un effet de zoom sur les événements négatifs (dramatisation) avec tendance à minimiser les événements positifs. Par exemple :

- « J'ai eu une mauvaise note à cet exercice, je suis vraiment nul en maths » (alors qu'une note isolée ne prédit rien).
- « J'ai encore un rhume, mon système immunitaire est totalement déficient » (alors qu'un rhume est une pathologie courante, surtout en hiver !).

3. Tirer de fausses conclusions (inférences arbitraires). On tire des conclusions sans preuves et on y adhère sans s'en rendre compte. Par exemple :

- « Je suis seul et je finirai seul » (alors que ce n'est pas parce que l'on est seul à un instant T qu'on sera seul toute sa vie !).

• « Il ne m'a pas parlé de la journée, donc il se fiche de moi » (en posant la question, on aurait peut-être appris que la personne en question souffre d'une douloureuse laryngite !).

4. Adopter un raisonnement tout blanc/tout noir (pensée dichotomique). C'est la loi du tout ou rien, tout étant toujours sans nuance. Par exemple :

• « Elle n'a pas été sympa avec moi : c'est sûr qu'elle me déteste. »

• « On m'a fait du mal durant mon enfance : les gens sont mauvais et le monde est pourri. »

5. Généraliser de façon abusive. On considère un événement unique comme susceptible d'être permanent. Par exemple :

• « J'ai pris un râteau hier soir, donc je n'arriverai jamais à avoir une petite amie. »

• « Je n'ai pas obtenu cette promotion, ce qui prouve que je suis un nul. »

L'ACTIVATION COMPORTEMENTALE

L'activation comportementale a été l'autre axe de travail engagé avec Mathilde. Cette approche typique des TCC repose sur l'idée que la dépression, avec la fatigue, la perte de plaisir et de motivation et l'envahissement par les ruminations qu'elle engendre, finit par entraîner un évitement des activités et de la vie sociale. Cela conduit à des stratégies de procrastination, de passivité et de retrait social qui aggravent la dépression. Pour sortir de ce cercle vicieux, nous avons mis au point un planning quotidien d'activités défini avec Mathilde, sous la forme d'une ordonnance médicale qui, tout en tenant compte de son état, peut lui permettre de se stimuler et de retrouver un minimum d'activité et de vie sociale. Voici cette ordonnance :

- Réveil à 7 heures tous les matins, y compris le week-end : sortir immédiatement du lit (permet d'éviter les ruminations du matin).
- Luminothérapie (lumière blanche 10 000 lux durant 30 minutes) pendant l'automne et l'hiver en écoutant France Inter (resynchronisation de l'horloge biologique et stimulation intellectuelle).
- Douche bien chaude (l'augmentation du rhéostat améliore l'éveil).
- Activité physique le matin durant au moins quarante-cinq minutes, par exemple marche rapide (de nombreuses études soulignent l'impact bénéfique du sport sur l'humeur).
- Déjeuner : avec quelqu'un au moins trois fois par semaine (activité sociale).
- Écouter de la musique : tous les jours au moins vingt minutes (plaisir, plasticité cérébrale).
- Lecture : tous les jours au moins vingt minutes (plaisir, stimulation cognitive).
- Ménage, rangement, courses, lessives, papiers : trois fois par semaine sans procrastiner (activation comportementale).
- Contacts sociaux : au moins un appel et trois SMS à des personnes différentes (cultiver les liens sociaux est, de loin, le facteur thérapeutique le plus important dans la dépression).

LA MÉDITATION EN PLEINE CONSCIENCE : PRÉVENIR LES RÉCIDIVES

Le trouble dépressif majeur (TDM), outre sa fréquence élevée (taux de prévalence sur la vie entière proche de 20 %) et le fait qu'il représente l'une des principales causes d'invalidité dans le monde[137], présente un risque élevé de récidive : après chaque nouvel épisode, la dépression s'aggrave et le risque de récidive suivante augmente[138]. Les chercheurs ont constaté que le risque de rechute après un TDM était de 50 % et pouvait monter à 80 % après deux épisodes – et jusqu'à 90 % après trois épisodes[139]. Par conséquent, tenter de prévenir la rechute est un objectif thérapeutique fondamental dans la prise en charge de la dépression. Le traitement le plus courant est le maintien de l'antidépresseur au long cours, au moins deux ans, parfois bien plus[140]. Mais l'utilisation à long terme pose la question des effets secondaires tels que la possible prise de poids, la baisse de la libido ou encore, parfois, le sentiment d'anesthésie affective. Par conséquent, la recherche d'une psychothérapie active sur la prévention des rechutes s'est avérée être une véritable priorité de santé publique. La méditation en pleine conscience (*minfulness*) intégrée à un programme de thérapie cognitive basée sur la pleine conscience (MBCT)[141] s'est montrée très efficace dans la prévention des récurrences dépressives[142]. Il s'agit d'un des outils de la TCC dits de « troisième vague » (la première vague étant relative à l'approche comportementale et la deuxième à la restructuration cognitive). La MBCT pourrait non seulement aider les patients à être plus conscients des pensées négatives pendant la période de rechute potentielle, mais aussi leur permettre de se débarrasser des ruminations toujours présentes après la dépression et qui sont un important facteur de rechute[143].

Construit sur huit semaines, le programme MBCT se base sur deux piliers : la pleinc conscience et la thérapie cognitive et comportementale.

La pratique de la pleine conscience est un entraînement de l'esprit qui permet de développer une plus grande qualité d'attention et de présence aux sensations, aux émotions, aux schémas cognitifs, aux réactions émotionnelles et comportementales, mais aussi à l'entourage et à l'environnement. Elle contribue à

développer une certaine paix intérieure pour faire face autrement aux facteurs de stress inhérents à notre vie.
La motivation des participants est essentielle : extrêmement participatif, ce programme se compose de huit séances de deux heures chacune, ainsi que d'une journée de pratiques méditatives. Chaque séance alterne des pratiques méditatives guidées, des exercices expérientiels et des temps dédiés à l'échange à deux ou en groupe. Par ailleurs, elle implique sur la durée une pratique quotidienne de quarante-cinq minutes à une heure.

PSYCHANALYSE ET DÉPRESSION : LES THÉRAPIES PSYCHODYNAMIQUES BRÈVES

La crainte de l'effondrement est la crainte d'un effondrement qui a déjà été éprouvé. [...] Dans mon expérience, il y a des moments où un patient a besoin qu'on lui dise que l'effondrement, dont la crainte détruit sa vie, a déjà eu lieu.

Donald W. Winnicott

Nathalie ne comprend pas pourquoi elle se sent aussi mal. Elle pense qu'elle devrait se sentir très heureuse : elle vient d'obtenir une belle promotion professionnelle, son compagnon est aux petits soins et elle est très heureuse pour son père, qui vient de se remarier avec une femme gentille et généreuse. Tout semble aller pour le mieux dans sa vie. Pourtant, le lendemain du mariage de son père, dans la nuit, elle s'est réveillée en sueur, extrêmement angoissée, saisie par un sentiment de déréliction. Elle s'est levée, a marché comme un automate jusqu'à la salle de bains et a avalé trois boîtes de comprimés, mécaniquement. Ensuite, elle ne se souvient plus très bien. Les pompiers, les urgences, le réveil pâteux le lendemain. Elle raconte, au fil des séances de thérapie, son enfance douloureuse. Sa mère alcoolique, absente, les yeux vides, effondrée sur le divan du salon tout au long d'interminables journées. Son père, lassé, qui quitte le domicile familial à l'aube des 12 ans de Nathalie, ne réapparaissant qu'épisodiquement. Elle raconte également comment elle s'est construite seule, ses études, son courage et, surtout, son infinie patience avec sa mère, la terreur des ivresses à répétition, l'obsession de ne pas l'abandonner quand la vie l'appelait ailleurs, ses vingt ans passés au chevet d'une femme aux yeux jaunes et au caractère résolument infect. L'odeur tenace du vomi, les heures d'attente aux urgences, le désintérêt de médecins qui n'avaient rien d'autre à offrir à cette jeune fille et à sa mère malade que leur implacable froideur. Puis ce jour de ras-le-bol où elle quitte enfin le domicile maternel pour s'installer dans une résidence étudiante, la vie qui continue, plus douce, et qu'elle peut enfin construire à son image. Elle raconte aussi comment elle a découvert *KingKong Théorie* grâce à une amie et comment les livres de Virginie Despentes ont changé sa vie. Soudain, Nathalie se met à prononcer les mots différemment, sa voix change, se fait plus lente, son timbre se voile :

> « Maintenant tout va bien, et je ne peux m'expliquer mon geste suicidaire. Tout devient enfin normal et c'est maintenant que moi aussi je me mets à faire n'importe quoi… Comme ma mère ? Est-ce que je deviens folle, moi aussi ? Là où je me dis que je déraille complètement, c'est que durant les trois jours d'hospitalisation qui ont suivi ma TS, j'ai eu l'impression de vivre ma meilleure vie… Quelqu'un de gentil s'occupait enfin de moi, je n'avais rien d'autre à faire que de me reposer… Je suis vraiment une pauvre fille… »

Elle réfléchit un long moment, tente de faire des liens, comme le thérapeute lui a appris. Son regard s'éclaire, son visage se détend, prenant l'expression de celle qui vient de comprendre quelque chose d'essentiel :

« Je pensais au fait que ma tentative de suicide est survenue le lendemain du mariage de mon père, dont pourtant j'étais authentiquement heureuse. Est-il possible qu'au fond de moi, ce remariage symbolise de nouveau l'abandon ? D'une certaine façon, papa n'a pas fait qu'abandonner maman pour une autre femme, c'est aussi un peu moi qu'il a abandonnée, non ? Mais je n'ai pas envie d'être en colère contre lui, je n'ai pas le droit, il doit être heureux lui aussi… Et sa nouvelle femme, pourquoi je l'adore autant alors qu'elle n'a rien fait pour moi ? J'aurais tourné toute cette rage cachée contre moi ? Au point de vouloir me supprimer ? Je crois que c'est ça… Et ça me fait un bien fou de le comprendre… »

Directement inspirées de la psychanalyse, les thérapies psychodynamiques brèves en appliquent les grands principes mais en adaptent les modalités. Il ne s'agit plus d'allonger le patient deux ou trois fois par semaine durant plusieurs années, mais de lui proposer un cadre allégé, souple et interactif. Patient et thérapeute sont assis face à face et échangent ensemble, une ou deux fois par semaine, durant quelques mois. Le cadre est donc très différent, adapté à la situation d'une personne déprimée, c'est-à-dire épuisée, découragée et nécessitant un soutien affectif actif. Le thérapeute dialogue avec le patient, exprime son empathie et l'aide peu à peu à faire des liens entre le présent et l'histoire infantile pour mettre au jour les conflits cachés dans les sombres replis de l'inconscient. Comme dans une psychanalyse, les rêves, le transfert et les mécanismes de défense sont finement explorés, mais le thérapeute est moins dans la retenue, dialogue plus ouvertement et offre de nombreuses pistes de compréhension. En termes d'évaluation de son efficacité, cette approche a malheureusement fait l'objet de moins d'études de recherche que les TCC, mais certaines données suggèrent que son bénéfice pourrait s'avérer relativement comparable[144].

CINQ MÉCANISMES DE DÉFENSE FONDAMENTAUX

Selon Anna Freud (1936), « les mécanismes de défense représentent la défense du moi contre les pulsions instinctuelles et les affects liés à ces pulsions ». Les mécanismes de défense permettent à l'appareil psychique d'éviter toute source d'angoisse et de déplaisir. Dans ce modèle, c'est lorsque les mécanismes de défense ne sont plus adaptés que l'équilibre psychique s'effondre et que des symptômes surgissent. Cinq mécanismes sont décrits comme étant fréquents et susceptibles de jouer un rôle dans la dépression.

1. La répression. Ce mécanisme permet d'éviter de se confronter à une expérience stressante, en particulier lorsqu'une représentation devient intolérable pour le moi. L'appareil psychique la réprime, la repousse dans l'inconscient comme s'il cherchait à la faire oublier, à la mettre sous le tapis, ce qui bien entendu n'est pas possible indéfiniment. Le sujet continue à vivre comme si l'événement n'était jamais survenu jusqu'à ce que la défaillance de ce mécanisme de défense laisse resurgir la représentation et que l'angoisse explose. C'est exactement ce qui s'est passé dans le cas de Nathalie : la répression de l'abandon paternel l'a protégée durant de nombreuses années, mais l'échec de ce mécanisme de défense l'a finalement mise en grand danger. On peut supposer que Nathalie, ayant un désir inconscient de vengeance envers son père et la nouvelle épouse de ce dernier, a pu commettre une tentative de suicide pour retourner cette agressivité réprimée contre elle-même.

2. La formation réactionnelle. Quand une représentation réprimée échappe à la répression, l'inconscient construit une autre défense, sous la forme d'une stratégie en opposition totale. Par exemple, si Nathalie déteste inconsciemment la nouvelle épouse qui lui « vole » de nouveau son père, elle se met à l'inverse à manifester une intense affection pour cette femme, qui masque la haine qu'elle éprouve en arrière-plan.

3. La régression. Elle survient lorsque l'angoisse déborde le sujet et l'amène à régresser vers des comportements infantiles, à une période durant laquelle tous ses moindres besoins étaient satisfaits et dans laquelle il est demeuré comme bloqué par son histoire. Dans le cas de Nathalie, ce mécanisme explique pourquoi elle s'est sentie si bien durant l'hospitalisation consécutive à sa tentative de suicide: on lui prodiguait enfin les soins et l'attention dont ses parents l'avaient privée durant l'enfance.

4. La rationalisation. C'est la justification des actions dont nous ne voulons pas reconnaître le véritable motif. Le sujet donne des explications variées (souvent en partie vraies) pour expliquer son comportement, dissimulant ainsi les véritables motivations inconscientes et réprimées qui le motivent. Par exemple, une personne ayant un désir inconscient de suicide pourrait commettre des actes dangereux et les justifier ensuite pour ne pas reconnaître le besoin de se détruire, comme s'alcooliser massivement ou conduire trop vite. Elle rationalise ces conduites en expliquant qu'elle aime les sensations fortes et qu'elle déteste la police et l'autorité.

5. La projection. Ce mécanisme de défense permet de projeter à l'extérieur de soi une représentation réprimée intolérable. Le sujet, au lieu de reconnaître que la représentation lui appartient en propre, l'attribue à un autre. Ainsi, « Je le hais » devient « Il me hait et me persécute », ou « Je l'aime » devient « Elle m'aime et me désire éperdument ». On retrouve ce mécanisme de défense à un niveau extrêmement élevé chez les sujets ayant une structure paranoïaque qui se sentent menacés par les autres et inventent des complots, qui ne sont que la projection de leur agressivité ou de leurs désirs secrets.

LA VIE SOCIALE COMME THÉRAPIE : LA THÉRAPIE INTERPERSONNELLE

La thérapie interpersonnelle (IPT) est une psychothérapie brève, généralement de douze à seize séances, développée initialement pour traiter la dépression mais utile dans d'autres troubles — troubles anxieux, troubles de la personnalité, etc. Comme son nom l'indique, l'IPT se concentre sur les interactions sociales, en particulier sur la capacité à mobiliser le soutien que l'on peut obtenir des autres et, plus globalement, sur l'impact des relations interpersonnelles sur les émotions, les croyances, les comportements et la santé mentale. Il s'agit d'une thérapie interactive où le rôle du thérapeute est, comme en TCC, très actif. Différentes études de qualité (dont plusieurs méta-analyses) montrent une efficacité de l'IPT comparable aux TCC dans la prise en charge de la dépression majeure, y compris chez les adolescents[145].

Quand cette thérapie a été développée, dans les années 1970, la dépression était essentiellement conceptualisée comme une pathologie de l'individu, dans une approche essentiellement centrée sur la personne, laissant peu de place au rôle de l'environnement, en particulier à celui des relations affectives et sociales. À l'origine, l'IPT était conçue pour servir de protocole dans les essais cliniques des antidépresseurs, comme une sorte de condition de type thérapie de soutien, jugée à l'époque peu efficace. Contre toute attente, les essais ont montré une réelle efficacité de cette technique, qui a ensuite été utilisée comme thérapie active.

La thérapie interpersonnelle est également parfois utilisée dans une forme adaptée à la thérapie de couple, notamment lorsque les troubles conjugaux contribuent à la dépression.

La démarche de l'IPT débute par un « inventaire interpersonnel », c'est-à-dire par une évaluation précise de vos relations importantes, actuelles et passées, avec un focus sur la situation relationnelle au moment du début de la dépression. On identifie soigneusement, pour chacune des relations importantes, la nature du lien, la fréquence des contacts, les activités faites ensemble, le bilan des aspects positifs et négatifs dans la relation mais aussi les attentes de chacun des protagonistes par rapport à cette relation.

L'INVENTAIRE DES DIFFICULTÉS INTERPERSONNELLES

Les difficultés interpersonnelles ainsi identifiées sont ensuite regroupées au sein de quatre grands domaines.

1. Deuil. La dépression peut survenir à la suite de la perte d'un être cher. S'il est normal de passer par les étapes du deuil dans ce type de situation, une perte majeure peut aussi évoluer vers un deuil pathologique. Il s'agit d'un intense chagrin très prolongé dans le temps, qui va s'accompagner de différents symptômes tels que les idées noires, la fatigue, l'insomnie, des douleurs physiques, une perte d'émotions et de plaisir.

2. Conflits de rôle. Ils surviennent lorsque les personnes importantes de votre vie ont des attentes radicalement différentes des vôtres concernant votre relation. Cela peut se traduire, par exemple, par un sentiment de frustration dans la relation avec le conjoint (manque d'attention, surcontrôle, manque de chaleur émotionnelle, etc.). La déconnexion entre les attentes et le comportement réel peut provoquer des sentiments de dépression.

3. Transition de rôle. La dépression peut émerger lors des transitions de la vie, lorsque votre rôle change et que vous ne savez pas comment faire face à ce changement. Devenir parent, se marier, divorcer, changer de travail, déménager, prendre sa retraite sont autant d'exemples de transition de rôle.

4. Manque de relations. Certaines personnes ont des difficultés à nouer et à maintenir des relations sociales de qualité, et l'IPT peut les aider à identifier les sources de ces manques. Cela peut conduire à travailler sur l'expression des émotions et l'amélioration des comportements pro-sociaux.

Sur cette base, un contrat thérapeutique est défini autour de solutions que le sujet peut mettre en action, et l'accent est mis en particulier sur l'amélioration des stratégies de communication et de renégociation du cadre relationnel dans les situations de conflit. Comme en TCC, le rôle du patient est actif, tant en thérapie (notamment avec des jeux de rôle) que dans sa « vraie vie », et il est encouragé et accompagné de façon tout aussi active par le thérapeute vers la réalisation des objectifs thérapeutiques.

LES ANTIDÉPRESSEURS

Comme souvent en médecine, la découverte des antidépresseurs est le fruit de la sérendipité, c'est-à-dire de la rencontre entre un heureux hasard et une observation clinique avisée. En l'occurrence, on cherchait de nouveaux médicaments contre la tuberculose, à une époque où le bacille de Koch faisait encore des ravages. C'est ainsi qu'on découvre, dans les années 1950, que l'iproniazide – une molécule chimiquement très proche de l'antituberculeux de référence, l'isoniazide – améliore l'humeur des patients souffrant de tuberculose. Quelques années plus tard, le psychiatre suisse Roland Kuhn montre qu'une nouvelle molécule appelée imipramine, synthétisée en vue d'obtenir un neuroleptique proche de la chlorpromazine, induisait également un effet antidépresseur. Ainsi sont nés les deux premiers groupes d'antidépresseurs, les IMAO et les tricycliques. Dans les années 1980-1990, une nouvelle génération est commercialisée : les inhibiteurs spécifiques de la recapture de la sérotonine (ISRS), dont le chef de file est le Prozac®. Ces médicaments sont bien mieux tolérés, car ils agissent spécifiquemcnt sur la voie de la sérotonine, impliquée dans la régulation du stress. Cette bonne tolérance, qui se fait cependant au prix d'une certaine perte d'efficacité comparée aux premières générations, est responsable d'une large diffusion en termes de prescription à travers le monde. De nouvelles classes de molécules découvertes plus récemment, notamment les inhibiteurs de la sérotonine et de la noradrénaline (IRSNA), ont permis d'enrichir l'arsenal thérapeutique.

L'ACTION DES ANTIDÉPRESSEURS SUR LES NEURONES

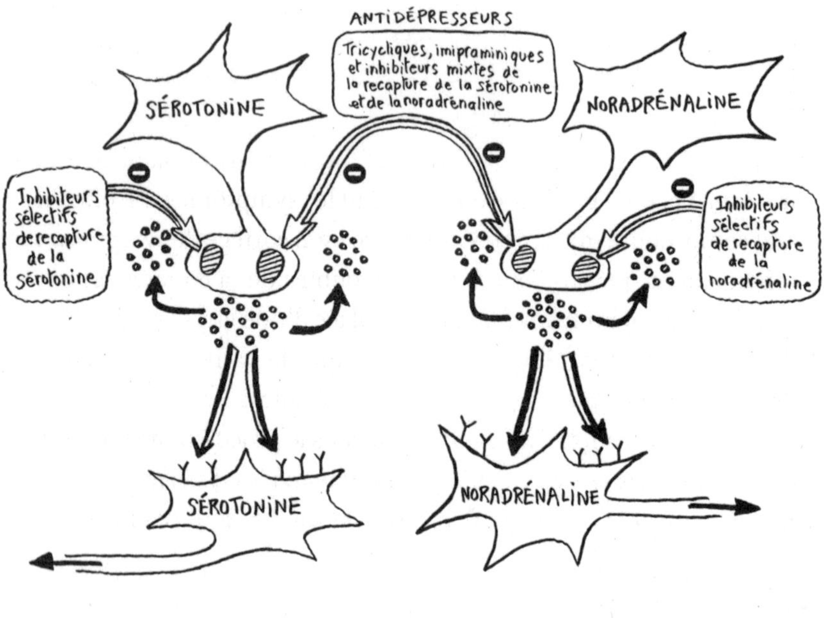

L'effet thérapeutique de ces différentes molécules sur l'épisode dépressif et sur la prévention des rechutes est bien documenté sur le plan scientifique[146], en particulier pour les formes sévères, au même titre que l'intérêt de les coupler de façon séquentielle à la psychothérapie[147], avec une réduction de près de 85 % du taux de rechute.

Mais les antidépresseurs ont plusieurs limites importantes :

- leur effet est symptomatique et non curatif : l'arrêt prématuré du traitement est, hélas, souvent synonyme de rechute ;
- l'état de plus d'un tiers des patients ne s'améliore pas sous traitement, ce qui est considérable et ouvre la voie à la recherche de nouvelles stratégies, en particulier du côté des psychédéliques ;
- leur délai d'action est de trois à six semaines, ce qui est long – vraiment très long – quand on souffre d'une douleur morale insupportable. D'où l'intérêt pour la kétamine et l'eskétamine, qui ont un délai d'action bien plus rapide (voir page 71) ;
- *last but not least*, la plupart des molécules ont des effets secondaires possibles, en particulier une prise de poids et une baisse de libido.

Les antidépresseurs demeurent cependant des outils indispensables dans la prise en charge des dépressions, en particulier dans les formes modérées à sévères. Leur effet n'est pas à proprement parler synergique avec la psychothérapie, dont l'objectif est d'agir sur le noyau psychologique sous-jacent, mais ils en facilitent la mise en place et l'efficacité en atténuant les symptômes. En effet, il faut comprendre que la dépression, avec son cortège de symptômes (épuisement, pessimisme foncier, troubles de la concentration, etc.), est en soi un frein à la mise en place d'une stratégie psychothérapique, qui mobilise une énergie dont le patient est souvent dépourvu. Exiger du patient déprimé de fournir les efforts pour travailler sur lui, s'impliquer pleinement dans le processus de thérapie et accomplir les exercices qui lui sont demandés équivaut approximativement au fait d'exiger d'un paralysé qu'il se lève pour courir.

STIMULER LE CERVEAU DÉPRIMÉ : NEUROSTIMULATION ET NEUROMODULATION

Dans une récente revue systématique de la littérature scientifique (avec méta-analyse portant sur 208 essais contrôlés randomisés de neurostimulation), les auteurs soulignent l'efficacité de ces nouvelles thérapies, notamment pour traiter la dépression[148].
La neurostimulation non invasive comprend notamment la stimulation magnétique transcrânienne (TMS) et la stimulation transcrânienne à courant continu (tDCS).
Pendant la TMS, un courant électrique circule à travers une bobine de fil, créant un champ magnétique qui traverse le crâne et induit un courant à la surface du cortex, modifiant l'activité des neurones que l'on peut ainsi stimuler ou inhiber. Selon les protocoles, on peut utiliser soit la TMS répétée, ou rTMS (deux ou trois séances de 40 minutes par semaine durant plusieurs semaines), soit la théta-burst stimulation, ou TBS (les séances ne durent que trois minutes), une nouvelle forme de TMS probablement plus efficace ayant obtenu, en 2018, l'agrément de la Food and Drug Administration pour le traitement du trouble dépressif majeur.
La stimulation transcrânienne à courant continu utilise pour sa part un courant électrique continu de faible amplitude (de 0,5 à 2 mA) qui module l'excitabilité du cerveau en changeant l'excitabilité de la membrane neuronale (tDCS). La stimulation transcrânienne à courant alternatif (tACS) consiste à appliquer des courants alternatifs sinusoïdaux qui visent à moduler l'activité oscillatoire cérébrale, c'est-à-dire à rétablir les rythmes cérébraux normaux.
Parmi les techniques émergentes de neuromodulation, citons l'échographie transcrânienne focalisée (tFUS), qui emploie les faisceaux d'ultrasons pour moduler l'activité cérébrale, et la photobiomodulation transcrânienne (t-PBM), basée sur l'utilisation

de photons rouges/infrarouges laser ou LED pour booster la neuroplasticité cérébrale.
La neuromodulation a globalement montré une efficacité dans le traitement des symptômes de différents troubles psychiques, dont la dépression, le trouble anxieux généralisé (TAG), le trouble obsessionnel compulsif (TOC), le trouble du stress post-traumatique (TSPT) et les hallucinations auditives dans la schizophrénie. Différentes études montrent également qu'elle est susceptible de potentialiser les effets de la psychothérapie[149].
Ces nouvelles thérapeutiques ne sont pas toujours efficaces, notamment dans le cas des dépressions résistantes, qui peuvent nécessiter l'utilisation de techniques plus invasives lorsque l'intensité de la douleur psychique le justifie. La thérapie de stimulation du nerf vagal (VNS) est un traitement chirurgical qui implique l'implantation d'un dispositif pour stimuler électriquement le nerf vague, comme on le fait pour le cœur avec un pacemaker.
Enfin, le traitement par électro-convulsivothérapie (ECT), anciennement connu sous le nom effrayant d'« électrochocs », est une modalité de traitement réservée aux patients atteints de dépression résistante aux traitements ou présentant un risque

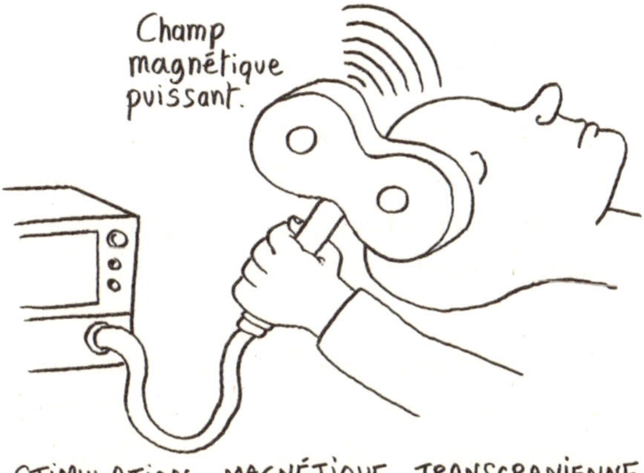

STIMULATION MAGNÉTIQUE TRANSCRANIENNE

suicidaire élevé, mais aussi certaines formes de dépression sévère chez les personnes âgées, pendant la grossesse ou après l'accouchement (dépression du post-partum) ou encore dans les formes résistantes de dépression bipolaire ou psychotique[150]. Les mécanismes d'action potentiels de l'ECT impliquent la sérotonine, la dopamine, l'acide gamma-aminobutyrique (GABA), mais ils améliorent aussi la plasticité neuronale et diminuent la neuro-inflammation observée dans le cerveau des patients déprimés[151].
Pâtissant de sa très mauvaise image auprès du grand public (on pense immédiatement au film *Vol au-dessus d'un nid de coucou*), cette thérapeutique est malheureusement abandonnée dans de nombreux centres, l'ECT ayant pourtant énormément évolué au cours des dernières décennies, notamment vers la réduction des effets secondaires sur la mémoire. Son efficacité thérapeutique dans les formes les plus sévères et résistantes de dépression n'est plus à démontrer et permet réellement de sauver des vies dans les formes les plus critiques de la maladie.

LE GRAND RETOUR DE LA KÉTAMINE POUR SOIGNER LES DÉPRESSIONS SÉVÈRES

Plus d'un tiers des patients déprimés ne parviennent malheureusement pas à obtenir un rétablissement avec les traitements habituels[152].
La kétamine, anesthésiant synthétisé dans les années 1960 et détourné à des fins d'usage récréatif par certains clubbers, ce qui lui a valu d'être inscrite sur la liste des stupéfiants interdits, a été introduite pour la première fois dans la pratique clinique dans les années 1960 en tant qu'anesthésique, mais c'est seulement à partir des années 2000 que des études démontrent une réduction rapide et puissante des symptômes dépressifs, y compris dans les formes sévères ou résistantes, quelques heures seulement

après l'administration d'une très faible dose de kétamine intraveineuse[153]. Cet effet dure plusieurs jours et les doses répétées à intervalles réguliers de kétamine aident à maintenir les effets antidépresseurs à plus long terme[154]. Le mode d'action supposé serait principalement lié à l'action sur les voies glutamatergiques, mais aussi à l'action sur les voies GABA et opioïdes endogènes, ainsi que sur la plasticité neuronale[155]. De passionnants résultats ont par ailleurs été publiés tout récemment dans la très prestigieuse revue *Jama Psychiatry*, montrant que la kétamine augmente le biais d'optimisme[156]. Or ce biais cognitif est garant d'une bonne santé mentale. Sa restauration est susceptible de permettre au patient dépressif de mettre au jour ses croyances négatives et donc de retrouver un niveau de motivation compatible avec la reprise d'une vie active.

En plus des propriétés antidépressives, la kétamine peut rapidement réduire les pensées suicidaires – en une journée et jusqu'à une semaine chez les patients déprimés avec des idées suicidaires, indépendamment de ses effets sur l'humeur[157]. Compte tenu de l'importance du risque de suicide chez les patients souffrant d'une dépression majeure, en particulier dans les formes sévères, cette propriété de la kétamine peut être particulièrement utile dans la prise en charge urgente des patients en crise.

Les deux principales problématiques liées à l'utilisation de la kétamine sont la dissociation durant l'utilisation et le risque de propension à l'utilisation abusive ou au détournement du fait des propriétés psychédéliques et du potentiel addictif de la molécule. Du fait du caractère contraignant de l'administration de la kétamine (par intraveineuse), les chercheurs ont cherché des formulations et des modes d'administration alternatifs, en particulier par voie intranasale, avec l'isolement de son énantiomère actif, l'eskétamine, dont l'action sur le récepteur glutamatergique NMDA est quatre fois plus puissante. Il s'agissait aussi de fournir des doses plus faibles afin de réduire les propriétés dissociatives

de la kétamine. L'eskétamine intranasale a été approuvée aux États-Unis par la Food and Drug Administration en 2019[158], et l'Europe a emboîté le pas à la fin de la même année[159]. L'indication officielle préconise sont utilisation « chez l'adulte, pour le traitement des épisodes dépressifs caractérisés résistants n'ayant pas répondu à au moins deux antidépresseurs différents au cours de l'épisode dépressif actuel modéré à sévère, en association à un antidépresseur ISRS ou un IRSNA[160] ».
Malgré son immense potentiel thérapeutique, il y a plusieurs limites à l'utilisation du spray nasal à l'eskétamine. Des symptômes dissociatifs comparables à ceux de la kétamine intraveineuse sont parfois observés dans les études utilisant 86 mg d'eskétamine intranasale[161]. Ces thérapeutiques sont globalement très bien tolérées, mais présentent des contre-indications, notamment chez les personnes souffrant de pathologie cardiovasculaire, d'addiction ou d'antécédent de psychose.
En France, la kétamine et l'eskétamine ne sont accessibles que dans le cadre d'un circuit fléché hospitalier pour les patients souffrant de dépression sévère multirésistante, ce qui, compte tenu de l'état de délabrement de l'hôpital public, en particulier de l'hôpital psychiatrique, est aujourd'hui extrêmement compliqué. En pratique, on s'arrache les cheveux pour trouver une place en hôpital de jour, dans l'un des très rares services qui proposent ce traitement, tout en imposant une contrainte majeure au patient que l'on pourrait soigner en cabinet avec ce même traitement, comme c'est le cas dans d'autres pays européens. Le fameux « grand virage ambulatoire de la médecine » prôné par nos autorités de tutelle est tout aussi inexistant en psychiatrie que le « choc de simplification administrative ». C'est tout à fait désolant, en particulier si l'on songe à l'intensité de la douleur morale des patients déprimés suicidaires que l'on pourrait soulager plus rapidement et facilement. Quant au coût de ces thérapeutiques, il est minime comparé au coût majeur pour la société des troubles dépressifs, encore trop

souvent relégués au rang de pathologies subalternes par nos décideurs alors même que l'OMS les classe aux premiers rangs des maladies les plus invalidantes pour nos sociétés occidentales. Finalement, cette thérapeutique absolument révolutionnaire de la dépression est largement sous-utilisée, ce dont personne ne s'alarme. Si nous transposions les choses dans un autre domaine de la médecine, par exemple l'accès à un nouvel anticancéreux aux résultats spectaculaires, ce serait un scandale national. Encore une fois, la santé mentale demeure la tache aveugle de nos politiques de santé, les patients déprimés sévères n'ayant qu'à se tenir sagement dans la « *no zone* » de relégation d'une médecine à plusieurs vitesses où la psychiatrie – et donc ses patients – fait office de parent pauvre.

LA RECHERCHE SUR LA PSILOCYBINE

La psilocybine est une substance à l'origine extraite des « champignons magiques ». Deux essais thérapeutiques ont montré une amélioration spectaculaire de l'humeur pouvant durer jusqu'à six mois après seulement deux sessions de prise de psilocybine espacées de quelques semaines et encadrées par une thérapie[162]. Cet effet est comparable à celui de l'antidépresseur sérotoninergique de référence, l'escitalopram (en France, c'est le Seroplex®). Ces données extrêmement prometteuses nécessitent d'être confirmées par d'autres études bien conduites. En tant que clinicien recevant très fréquemment des personnes souffrant de dépressions chroniques ou récurrentes parfois peu améliorées par les antidépresseurs classiques, j'attends avec une vraie impatience que la recherche avance plus vite dans ce domaine et nous permette – dans un avenir proche, je l'espère – de faire profiter à nos patients de cette stratégie thérapeutique qui pourrait s'avérer révolutionnaire, sous réserve expresse que les données de la recherche viennent confirmer son efficacité et son innocuité.

En attendant, au risque de me répéter, n'utilisez pas les psychédéliques pour vous soigner en dehors d'un protocole thérapeutique : leur utilisation dans les troubles psychiques nécessite un cadre médical, une surveillance appropriée (les hallucinations peuvent conduire à des attaques de panique ou à des mises en danger) et un accompagnement thérapeutique spécifique. En dehors de ce cadre précis, leur consommation est interdite par la loi.

9

Mieux gérer son stress : les thérapies de l'anxiété

Lucie est une femme talentueuse et gâtée par la vie. Une enfance heureuse, des études brillantes, un super job dans une grosse boîte dans laquelle on l'adore, un mari aimant et dévoué, deux magnifiques chérubins en pleine santé. Mais son regard bleu et son sourire éclatant peinent à contenir une souffrance éreintante :

> « Docteur, je m'excuse, mais dès que j'en parle, je ne parviens pas à retenir mes larmes… J'aimerais ne pas être si émotive… Voilà, très souvent, tous les jours en fait, j'ai peur. C'est ridicule d'être aussi peureuse. En plus je ne sais même pas de quoi j'ai peur… En fait, de quelque chose qui n'arrive jamais… Quand j'étais petite, j'avais l'impression d'avoir une sorte de Jiminy Cricket sur l'épaule qui me susurrait que quelque chose de grave allait advenir. J'avais tout le temps la trouille qu'une catastrophe survienne, que mes parents divorcent ou meurent, que la maison soit cambriolée ou brûle, qu'on me découvre une maladie grave et incurable, allez savoir pourquoi. Maintenant, la menace est toujours là, mais elle est plus diffuse. J'ai peur tout le temps, mais de quoi au juste ? Impossible de le dire. C'est flou, un mélange d'inquiétude pour moi et pour mes proches. Parfois, c'est juste un léger voile

d'angoisse qui vient tout recouvrir de gris. D'autres fois, c'est une oppression plus forte, une menace invisible mais bien présente. Mais certains jours, c'est comme un grand coup de poing dans le ventre. Ou bien ça m'étrangle, j'ai la gorge nouée, c'est tellement violent que ça me terrasse. À l'adolescence, j'ai cru au miracle quand le généraliste m'a fait découvrir le Lexomil®. Moi qui étais très timide, j'ai réussi à paraître plus à l'aise en société. Mais le miracle a été de courte durée ; bien vite, j'en prenais comme des Smarties et ça ne me faisait presque plus rien. Ensuite mes parents m'ont dit de faire une thérapie, mais ça a été un échec complet. Je voyais un vieux monsieur très gentil, qui m'écoutait, mais ça ne changeait rien à mes angoisses. Pourtant je me suis donné du mal, j'allais à mes trois séances hebdomadaires, je me creusais la cervelle dans tous les sens. Tout ça durant sept ans, docteur. Sept ans ! Rien à faire, l'angoisse était toujours là, implacable, brutale et tyrannique. Plus tard, durant mes études, j'ai découvert que l'alcool et le cannabis pouvaient me soulager, et ça a été la descente aux enfers. J'ai failli planter mes études. Heureusement, j'ai vu la psychologue de mon université, une femme géniale, et je me suis sentie moins seule. Elle m'a aidée à arrêter mes addictions et j'ai cru que j'allais pouvoir sortir du marigot. Mais patatras, l'angoisse est vite revenue et j'ai dû apprendre à faire avec. C'est mon fardeau depuis tant d'années… »

Lucie n'est hélas pas seule, tant s'en faut, à souffrir de troubles anxieux : on considère que près de 20 % des adultes et de 30 % des adolescents sont concernés[163]. Ces troubles anxieux s'expriment sous autant de formes différentes qu'il existe de patients, mais on peut les regrouper en six grands types qui ont tous de nombreux points communs.

1. Le trouble anxieux généralisé (TAG). Comme Lucie l'a si bien décrit, il s'agit d'une anxiété flottante, chronique, déconnectée de la réalité, avec le sentiment oppressant de l'imminence d'une catastrophe sous-tendu par de nombreuses ruminations anxieuses (par exemple, maladie grave pour soi ou pour ses proches, difficultés financières, échec, etc.) accompagné de symptômes physiques (oppression thoracique, boule dans la gorge, etc.).

2. Le trouble panique (TP). Comme l'illustre l'excellente série *Désordres,* de Florence Foresti, le trouble panique se caractérise par la survenue répétée d'attaques de panique, c'est-à-dire de crises d'angoisses paroxystique avec sentiment de détresse intense (peur de mourir, de faire une crise cardiaque ou de devenir fou), accompagnée de symptômes physiques (palpitations, sueurs, essoufflement avec impression d'étouffer, vertiges, etc.) et parfois d'une dissociation psychique (impression que tout est irréel ou d'observer la scène de l'extérieur). Il y a également fréquemment des anticipations anxieuses centrées sur la peur d'une nouvelle attaque de panique (autrement dit, la peur de la peur). Le trouble panique est parfois accompagné d'une agoraphobie, c'est-à-dire de la peur de faire une attaque de panique dans les lieux extérieurs en particulier ceux où il y a de la foule (grands magasins, transports en commun, rue) avec des évitements qui conduisent dans les formes extrêmes à ne plus pouvoir sortir de chez soi.

3. Les phobies simples. Peurs intenses et irraisonnées qui peuvent être centrées sur de nombreux objets ou situations (par exemple, peur panique des hauteurs, de certains animaux, de certains lieux, dcs prises de sang, des ascenseurs, de l'avion, etc.) et entraîner des évitements systématiques.

4. Le trouble obsessionnel compulsif (TOC). Il se caractérise par la survenue d'obsessions (idées fixes qui tournent en boucle et sont centrées notamment sur la peur des microbes, la propreté, l'ordre, la sexualité ou la religion) ou de compulsions, c'est-à-dire de comportements répétitifs ou de rituels ayant pour but de diminuer l'anxiété (par exemple, nombreux lavages de mains, rituels de rangement, de vérification, etc.).

5. **Le trouble d'anxiété sociale (TAS).** L'anxiété sociale n'est pas définie par l'existence d'un simple trac ou d'une timidité excessive, mais par les évitements sociaux nombreux qui entraînent d'importantes difficultés de fonctionnement dans différents domaines (études, travail, vie sentimentale, relations sociales). Comme c'est le cas chez Lucie, qui évite de nombreuses situations sociales du fait de son anxiété, les troubles anxieux se cumulent fréquemment entre eux.

6. **Le trouble de stress post-traumatique (TSPT).** Ce trouble a été traité au chapitre 6.

Ces troubles anxieux ont donc des visages différents mais ont en commun d'être invalidants, dans le sens où ils empêchent de fonctionner normalement (on parle d'« impact fonctionnel » pour désigner les dégâts dans la vie professionnelle, sociale, académique, sentimentale et familiale) et altèrent la qualité de vie au point de la rendre parfois tout bonnement insupportable. En témoigne un risque suicidaire augmenté de 70 %[164], ainsi qu'une très nette augmentation du risque de dépression majeure[165], d'addictions[166] et de maladies cardiovasculaires (50 % d'augmentation du risque[167]).

De surcroît, quel que soit le trouble anxieux, les mécanismes cérébraux qui les sous-tendent suivent un schéma commun. L'imagerie cérébrale retrouve des anomalies des régions clés du réseau du mode par défaut dont nous avons précédemment évoqué l'importance et l'implication dans les ruminations négatives et les difficultés de régulation émotionnelle (en particulier au niveau de l'amygdale, du cortex cingulaire antérieur et du cortex préfrontal[168]).

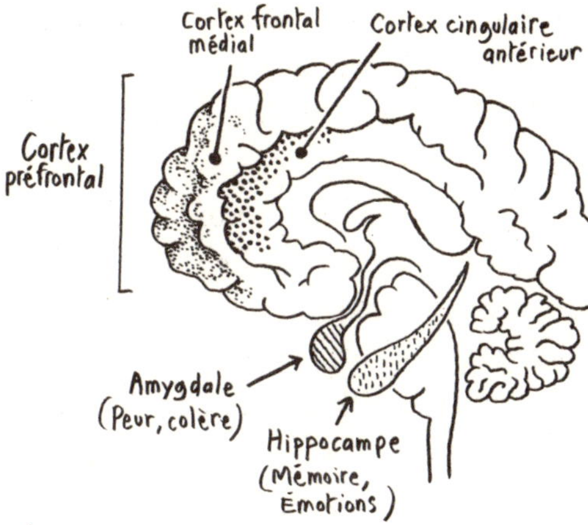

Les personnes anxieuses ont globalement tendance à surréagir face aux situations désagréables, aux pensées et aux émotions et tentent d'éradiquer ces sensations pénibles en évitant les déclencheurs. Malheureusement, ces stratégies d'évitement ne font que renforcer les peurs et les inquiétudes, créant un véritable cercle vicieux :

Globalement, l'objectif des thérapies des troubles anxieux est de vous aider à comprendre pourquoi vous ressentez ce que vous ressentez, quels sont vos déclencheurs et comment vous pourriez modifier votre réaction émotionnelle et votre comportement face à ces derniers. Les thérapies les plus efficaces enseignent des techniques de régulation des émotions pénibles, de recadrage des pensées négatives et de changement de comportement.

La thérapie doit être adaptée à vos symptômes et à vos besoins spécifiques, ici et maintenant. Elle peut se dérouler en suivi individuel ou de groupe et, dans certaines situations, nécessiter un travail en couple ou en famille.

LA TCC, POUR DÉSAMORCER LES BIAIS COGNITIFS ET RÉGULER LES ÉMOTIONS

La thérapie cognitivo-comportementale (TCC) est la thérapie de choix pour les troubles anxieux. Malgré cela, comme de trop nombreux patients souffrant de troubles anxieux en France, Lucie n'a malheureusement jamais bénéficié de cette approche de référence. Pourtant, c'est la plus utilisée dans cette indication à travers le monde, et de nombreux travaux ont confirmé son efficacité, avec – contrairement à certaines idées reçues – un effet maintenu dans le temps et ce, au long cours[169].

La base de la TCC consiste à identifier les schémas de pensés dysfonctionnels et à comprendre que ce sont ces schémas de pensée – et non la situation actuelle – qui déclenchent les émotions négatives et les comportements problématiques. Au cours de ce processus, le thérapeute définit avec vous des objectifs précis à atteindre, en vous enseignant des stratégies utiles. Il est, à l'image d'un « super-coach », proactif, empathique, encourageant et centré sur vos problèmes ici et maintenant. Plusieurs approches complémentaires sont alors proposées.

LA RESTRUCTURATION COGNITIVE

Son objectif est d'identifier les pensées négatives et les stratégies inefficaces ou aggravantes pour les remplacer par des pensées plus réalistes menant à des actions plus adaptées et efficaces. Pour ce faire, on utilise le modèle des colonnes de Beck (page 109). Cela permet d'identifier les différents types de biais cognitifs présentés dans le chapitre dépression (page 162).
Avec cette approche, Lucie a pu observer qu'elle a tendance à voir le monde « en noir et blanc ». Pour elle, les choses sont toujours plus mauvaises ou meilleures qu'elles ne le sont en réalité (par exemple, un simple retard de son mari est vite synonyme d'accident). Un travail patient a permis de lui apprendre à repérer ces pensées négatives et à les remplacer par des pensées plus réalistes et à instaurer de nombreuses nuances de gris entre ses « tout va bien » et ses « tout va mal ».

LA THÉRAPIE D'EXPOSITION

Selon la philosophie de cette approche, la meilleure façon de vaincre une peur est d'affronter l'objet de cette peur. On peut le faire dans la réalité (par exemple, en allant dans les grands magasins en cas d'agoraphobie, à condition d'être encadré par son thérapeute, qui procédera par étapes réalisables) ou en imagination, en utilisant des techniques de visualisation mentale, voire désormais avec l'utilisation de logiciels de réalité virtuelle.
L'objectif est la désensibilisation systématique, qui correspond peu ou prou aux techniques de désensibilisation utilisées en allergologie : s'exposer très progressivement à ce qui crée un désagrément pour s'habituer peu à peu, contrôler ses émotions et reprendre confiance en soi.

Les quatre étapes de la désensibilisation systématique

1. **Apprendre à se détendre.** On utilise différentes techniques, comme la relaxation musculaire progressive, la respiration abdominale profonde ou la méditation guidée. Parmi les différentes techniques de relaxation, citons la fameuse technique du training autogène de Schultz[170], qui consiste à se concentrer sur une sensation de lourdeur au niveau des membres, en commençant par exemple par la main droite, puis en généralisant à la main gauche, aux bras, aux jambes, puis au corps tout entier. On répète la même technique avec, cette fois, une sensation de chaleur (en particulier du plexus solaire), puis on se concentre sur la respiration et les battements du cœur, avant de terminer avec une agréable sensation de fraîcheur du front.

2. **Lister les stimuli anxiogènes.** Il s'agit de faire l'inventaire de vos déclencheurs (situations, lieux, pensées, etc.), en les classant par intensité de l'anxiété et de l'évitement de 0 à 100 %.

3. **S'exposer.** Cette exposition doit être très progressive, en commençant par les déclencheurs de faible intensité, en imagination (par exemple, s'imaginer conduire sur l'autoroute) ou *in vivo*, c'est-à-dire dans la réalité (par exemple, prononcer un discours devant un public), à votre rythme, pour apprendre ou réapprendre à faire face aux situations anxiogènes répertoriées, en utilisant les techniques de relaxation ou de méditation si nécessaire. La thérapie par réalité virtuelle utilise l'outil informatique pour combiner des éléments d'exposition *in vivo* et en imagination.

4. **Répéter l'exposition.** Cette répétition sera suffisamment fréquente et rapprochée pour atteindre l'habituation. Plus on pratique l'exposition, plus l'anxiété décroît : c'est le principe de la désensibilisation systématique. Cela nécessite une forte motivation et un bon accompagnement par le thérapeute, mais cette technique est d'une efficacité incontestable pour combattre une grande variété de troubles anxieux[171].

L'EXPOSITION RÉPÉTÉE DIMINUE L'ANXIÉTÉ

LES PROGRAMMES DE MINDFULNESS

Ils ont tous en commun d'apprendre à observer les pensées et les émotions sans les juger et sans être submergé ou gouverné par elles. La *mindfulness* (« pleine conscience » en anglais) peut être définie comme le fait de porter délibérément son attention sur l'instant présent, avec une attitude d'ouverture et d'acceptation de ce qui est là. Le processus d'apprentissage nécessite une pratique intensive et guidée. La pratique de la pleine conscience est encadrée par un processus thérapeutique interactif qui aide les participants à apprendre à identifier leurs pensées, leurs émotions et leurs sensations, à reconnaître les pensées dysfonctionnelles et à réagir avec plus de conscience et de flexibilité. Les résultats escomptés incluent l'autorégulation attentionnelle, émotionnelle et comportementale ainsi que l'équanimité, la compassion et la sagesse.

Le MBSR (*mindfulness based stress reduction*[172]), un protocole de huit semaines pour les groupes d'adultes souffrant de stress, de douleur et de problèmes de santé, a été le premier programme de *mindfulness* cité dans la littérature scientifique. L'une des intentions de son inventeur, Kabat-Zinn, était d'adapter le principe bouddhiste de la pleine conscience en l'appliquant à la médecine, « afin qu'elle soit utile au maximum aux personnes qui ne peuvent pas l'entendre ou y entrer par les portes plus traditionnelles du dharma[173] ». En reprenant les bases du *mindfulness*, d'autres programmes thérapeutiques se sont développés, comme la MBCT (*mindfulness based cognitive therapy* – voir chapitre 6), mais aussi l'alimentation basée sur la pleine conscience, la thérapie comportementale dialectique (voir chapitre 10) et la thérapie d'acceptation et d'engagement (ACT). Tous incluent une variété d'autres stratégies thérapeutiques.

À ce jour, de nombreuses études attestent les bénéfices sur la santé psychique et physique d'une pratique régulière de la méditation en pleine conscience[174]. Les études en neuro-imagerie témoignent de son impact sur la structure et le fonctionnement du cerveau[175]. Pour autant, au-delà de l'incroyable effet de mode des dernières années, ce n'est pas une technique magique qui fonctionne systématiquement sur tout et chez tout le monde : elle nécessite une grande motivation, elle doit être pratiquée régulièrement (idéalement tous les jours), et toutes les personnes n'y sont pas réceptives. Dans mon expérience clinique, je dirais qu'un patient sur trois n'en tire pas de véritable bénéfice ou ne parvient pas à être suffisamment assidu dans la pratique et sur la durée. Certaines études suggèrent même l'aggravation possible des symptômes de stress et d'anxiété chez un faible pourcentage de patients[176]. Cela prouve que les psychothérapies, comme les médicaments, peuvent induire des effets secondaires indésirables, et qu'aucune n'est universellement efficace. Par chance, dans le cas de Lucie, l'approche en *mindfulness* combinée à un antidépresseur sérotoninergique (escitalopram) a été d'une grande efficacité et lui a permis de se sentir nettement moins anxieuse. Elle pratique tous les jours, sauf exception, environ vingt minutes tous les matins.

LA THÉRAPIE D'ACCEPTATION ET D'ENGAGEMENT (ACT)

Cette forme de thérapie dérivée des TCC dites de la « troisième vague », développée par le psychologue américain Steven C. Hayes et ses collègues[177], a montré son efficacité sur une variété de troubles anxieux[178]. La démarche de fond des thérapies ACT implique d'identifier ses propres valeurs fondamentales dans l'existence, puis d'agir de manière à se sentir en phase avec ces valeurs. Les patients sont encouragés à ne plus chercher à lutter contre les pensées et les émotions pénibles mais plutôt à se concentrer sur le moment présent, à améliorer leur flexibilité psychologique et à agir selon ce qu'ils valorisent le plus.

SIX STRATÉGIES D'AMÉLIORATION DE LA FLEXIBILITÉ PSYCHOLOGIQUE AVEC L'ACT

1. L'acceptation. C'est une alternative à l'évitement des expériences intérieures désagréables ou pénibles. Elle implique une pleine conscience de ces événements conditionnés par sa propre histoire, sans jugement et sans tenter de les modifier ou de les supprimer. Les personnes anxieuses apprennent à ressentir l'anxiété sans tenter de la repousser.

2. La défusion cognitive. Comme leur nom l'indique, ces techniques visent à se distancier des pensées « hameçons » en les laissant passer, sans les accrocher et en les considérant comme de simples processus mentaux sans importance. Par exemple, la pensée « Si ça se trouve, j'ai un cancer » devient « J'ai la pensée que j'ai peut-être un cancer », puis « Je ne suis pas cette pensée, c'est une simple production de mon cerveau et j'observe la façon dont ce processus évolue ». La défusion diminue l'accroche et réduit la crédibilité accordée à la pensée, permettant d'éviter qu'elle ne se transforme en rumination anxieuse.

3. La pleine conscience du moment présent. L'ACT favorise la présence à l'instant, sans jugement et en pleine conscience. Il s'agit d'expérimenter le monde plus attentivement, de façon plus ouverte et plus curieuse, afin que les croyances et les comportements soient plus flexibles et les actions plus convergentes avec les valeurs profondes.

4. Le soi comme contexte. Notre soi s'est développé à travers une histoire et un large répertoire d'expériences et de relations qui le modèlent et grâce auxquelles il adopte une perspective. Il constitue donc un contexte dont il est difficile de prendre pleinement conscience. En considérant le soi comme un contexte, il s'agit de prendre conscience du flux d'expériences en les acceptant plus facilement.

5. Les valeurs. La définition des valeurs profondes implique de différencier les objectifs (c'est-à-dire ce qui peut être atteint, comme décrocher un bon job) des valeurs qui, elles, peuvent être poursuivies toute la vie mais ne sont jamais définitivement atteintes (par exemple : être généreux, sincère, honnête, etc.). L'acceptation, la défusion et la pleine conscience ne sont pas des fins mais visent à faciliter l'accès à une vie plus riche et plus consistante avec les valeurs.

6. L'action engagée. Il s'agit d'encourager et de développer plus d'actions efficaces liées aux valeurs profondes. Cela peut inclure les stratégies d'exposition de la TCC, l'acquisition d'habiletés sociales ou encore la réalisation d'objectifs personnels importants, à condition que ces nouveaux comportements soient en ligne avec les valeurs.

Dans le cas de Lucie, les techniques dites de « défusion cognitive » ont été très efficaces. Ces stratégies, centrales dans la thérapie ACT, aident à prendre de la distance par rapport aux pensées et aux émotions. Lucie a ainsi appris à visualiser ses pensées négatives comme des nuages flottant dans les airs, susceptibles de se rapprocher ou de s'éloigner au gré du vent. Elle a également appris à évaluer l'utilité de ses comportements, en particulier de ses nombreux évitements sociaux. Face à une pensée comme « Ne va pas parler à cette personne parce que cela te stresse trop », Lucie évalue si cette pensée est utile ou non, en fonction du contexte et de ses valeurs profondes. Lorsqu'elle décide de ne pas tenir compte de cette pensée, elle éprouve une certaine fierté :

« C'est une façon de reprendre le contrôle de ma vie : ce n'est plus l'anxiété qui commande, c'est moi. Exactement comme le chauffeur du bus qui ne se laisse pas influencer et ne dévie pas de son trajet au gré des humeurs de chacun de ses passagers. Plus je le fais, plus cela semble devenir facile et évident ; d'ailleurs, j'ai de moins en moins besoin d'utiliser les techniques de gestion du stress pour le faire. »

AUTRES RESSOURCES

L'ART-THÉRAPIE

Cette thérapie centrée sur l'expérience artistique implique d'utiliser les arts visuels (peinture, dessin, sculpture) pour exprimer et traiter les émotions, ou comme pratique de la pleine conscience et de la relaxation. Si l'art-thérapie peut être utilisée comme thérapie autonome, elle est souvent combinée avec d'autres méthodes telles que la TCC. Un certain nombre d'études montrent l'intérêt de cette approche dans la prise en charge des troubles anxieux[179].

LE SPORT

L'aérobic[180] et, plus globalement, tous les sports aérobies (c'est-à-dire en endurance) pratiqués régulièrement, au moins deux ou trois fois par semaine, ont montré une efficacité de la réduction du stress et des symptômes d'anxiété[181]. Certains considèrent même que le sport pourrait être considéré comme une thérapie en soi, mais on combine généralement l'activité sportive avec la TCC ou un éventuel traitement médicamenteux[182].

LES AUTOTHÉRAPIES

Il existe de nombreux ouvrages de développement personnel pour apprendre à mieux gérer son anxiété, ainsi qu'un large choix d'applications numériques utilisant les outils de la TCC pour traiter les troubles anxieux. Certains programmes de TCC *on line* ont pu faire la preuve de leur efficacité[183].

LES MÉDICAMENTS

Les seuls médicaments ayant véritablement apporté la preuve scientifique de leur intérêt pour le traitement de fond des troubles anxieux sont essentiellement les antidépresseurs[184], en particulier les sérotoninergiques (escitalopram, sertraline, paroxetine, citalopram, fluoxetine, etc.) ou les bi-aminergiques (venlafaxine, duloxetine). Seule exception, la prégabaline (un antiépileptique) a pu être employée avec succès dans certains troubles anxieux généralisés sévères, mais cette molécule n'est pas toujours bien tolérée et son utilisation dans cette indication est marginale en France.

Par contre, les anxiolytiques de type benzodiazépines (bromazepam, prazepam, alprazolam, etc.) ne doivent pas être utilisés en traitement de fond. Ces molécules ont un intérêt de quelques jours dans les formes aiguës, mais leur prise continue sur plusieurs mois peut conduire à la catastrophe : dépendance avec consommation addictive, tolérance avec nécessité d'augmenter constamment les doses, troubles de la mémoire et de la vigilance, symptômes de sevrage plus ou moins graves lors de l'arrêt brutal… Il est donc fortement recommandé de bien limiter leur durée de prescription dans le temps, ce qui n'est hélas pas toujours le cas.

Malheureusement, 40 % des patients anxieux ne bénéficient pas d'amélioration notable avec les antidépresseurs[185], ce qui implique la recherche de nouvelles molécules plus actives. De surcroît, ces médicaments ne sont pas toujours bien tolérés : certains ouvrent l'appétit et sont susceptibles de faire prendre du poids, l'autre effet secondaire relativement fréquent étant la baisse de la libido, les difficultés à atteindre l'orgasme et les problèmes d'érection. Certains patients décrivent également, en particulier quand ces molécules sont prises à forte dose, une diminution du ressenti émotionnel, qui fait partie de l'effet thérapeutique mais peut devenir problématique quand il affecte également les émotions positives. De surcroît, l'effet des antidépresseurs est purement symptomatique : il cesse quand on les arrête. Les durées de traitement varient donc de quelques mois (de six à huit au minimum) à plusieurs années, voire à la prescription au long cours dans les formes les plus chroniques et invalidantes de troubles anxieux. D'où l'intérêt de combiner médicament et thérapie : la thérapie permet de développer des stratégies de gestion de l'anxiété pour toute la vie, y compris après l'arrêt de l'antidépresseur ; quant à l'antidépresseur, il favorise l'amélioration avant que la thérapie ne produise ses effets (qui peuvent ne survenir qu'après plusieurs mois) et en facilite la mise en place (il est parfois très difficile, voire impossible, pour des patients très anxieux de suivre une thérapie tant leurs symptômes les handicapent).

Compte tenu de l'impact majeur des troubles anxieux sur le fonctionnement et la qualité de vie des personnes souffrant de formes sévères, l'utilisation des antidépresseurs, en dépit de leurs inconvénients, se justifie pleinement. Mais les patients souffrent aussi de la stigmatisation liée à la prise de psychotropes, particulièrement mal perçus en France, et des commentaires négatifs émanant de personnes qui n'ont le plus souvent aucune connaissance dans le domaine et ignorent la grande souffrance que ces troubles entraînent. Il n'est pas rare que nos patients, alors qu'ils bénéficiaient d'un traitement, l'interrompent subrepticement après un commentaire désobligeant d'un proche ou au haussement de sourcils désapprobateur d'un stagiaire en pharmacie, et rechutent alors de façon parfois dévastatrice. Dans les formes plus modérées de troubles anxieux, on étudie soigneusement, et au cas par cas, le ratio bénéfice-risque pour chaque patient.

10

Quand l'enfer, c'est les autres : hypersensible ou borderline ?

Béatrice est une magnifique jeune femme, particulièrement brillante et performante sur le plan professionnel, et très active dans la vie de tous les jours. Ultra-sportive, elle adore l'escalade, la plongée sous-marine et pratique plusieurs séances hebdomadaires de boxe, dont elle dit qu'elles lui procurent « un grand bain d'adrénaline et de plaisir ». Elle consulte pour des difficultés de couple préoccupantes. À certains moments, elle explose littéralement, provoquant de violentes scènes qui ont failli conduire à plusieurs reprises à une rupture. Ainsi, au beau milieu d'un trajet routier, alors qu'une légère dispute débutait sur un détail sans importance (elle avait en l'occurrence oublié de prendre les sandwichs), elle a impulsivement défait sa ceinture et ouvert la portière pour sortir, la voiture roulant à près de 150 km/h sur l'autoroute, si bien que son compagnon a dû freiner violemment pour s'arrêter sur la bande d'arrêt d'urgence, au risque de provoquer un grave accident. Une autre fois, pour une simple broutille (son compagnon venait de lui dire que son maquillage ne lui plaisait pas trop), elle s'est précipitée vers la fenêtre et a commencé à enjamber la balustrade ; son compagnon s'est rué sur elle pour la rattraper *in extremis*.

Elle décrit aussi des crises de colère violentes. La dernière s'est produite dans une boutique de vêtements, alors que son compagnon discutait avec une jeune femme qui était vraisemblablement une vendeuse. Elle eut l'impression qu'ils étaient en train de se séduire mutuellement et, n'écoutant que son impulsivité, elle aspergea violemment le visage de la jeune fille et de son compagnon avec le contenu d'une bouteille d'eau, tout en vitupérant. En entretien, Béatrice exprime avec beaucoup de sensibilité et d'intelligence l'immense sentiment de honte qui l'étreint face à ces situations de perte de contrôle. Elle a conscience de la gravité et du caractère inapproprié de ses crises de colère et affirme avec une grande tristesse ne pas comprendre que son compagnon ne l'ait pas encore quittée. Elle décrit une enfance difficile, en particulier après le divorce de ses parents quand elle avait 3 ans, ballottée une semaine sur deux entre une mère colérique qui la giflait fréquemment et un père très absent, qui la confiait la plupart du temps aux bons soins de nounous peu investies. À partir de 13 ans, elle se souvient d'avoir commencé à se taillader les poignets le soir :

> « J'étais très angoissée, je me sentais hyper-seule, en colère contre le monde entier, tout ça me paraissait tellement injuste… La seule chose qui me calmait, c'était de me couper… Et le plus incroyable, c'est que tout le monde faisait semblant de ne rien voir. »

Vers l'âge de 14-15 ans, elle se met à frayer avec les ados marginalisés de sa classe, qui semblent être les seuls à s'intéresser à elle, et s'alcoolise de façon massive en soirée, avec de fréquents black-out durant lesquel elle subit plusieurs agressions sexuelles dont elle dit avoir des souvenirs très flous :

« De toute façon, je m'en fichais totalement de moi et de mon corps, c'est comme si j'avais été en dehors de moi, détachée, et je n'avais qu'une idée en tête, faire n'importe quoi pour ne pas être seule et pour me sentir vivante ; je me sentais misérable. »

Elle commet une tentative de suicide médicamenteuse à 17 ans avec les somnifères de sa mère, bénéficie d'une hospitalisation courte de quelques jours et voit par la suite de nombreux psys. Elle parvient à poursuivre bon an mal an ses études, et commence à aller mieux, puis surinvestit sa carrière professionnelle, avec plusieurs années de calme relatif. Mais les choses explosent chaque fois qu'elle est dans une relation sentimentale, en particulier lorsqu'elle sent que cette relation est importante pour elle. Ce qui est le cas actuellement.

HYPERSENSIBLE OU BORDERLINE ?

Béatrice souffre d'un trouble de la personnalité limite (TPL), ou trouble borderline pour les Anglo-Saxons. Ce trouble fréquent et invalidant est caractérisé par une peur intense de l'abandon, une hypersensibilité au rejet avec de fortes crises de colère, une instabilité permanente de l'humeur associée à de l'impulsivité avec mises en danger répétées (notamment avec des comportements d'automutilation chez 75 % des patients). Il concerne plus souvent le sexe féminin, débute en général à la puberté et est fréquemment lié à une enfance marquée par d'importants facteurs de stress (instabilité parentale, invalidation, carence affective, voire traumatismes physiques ou sexuels). Le taux de suicide est particulièrement élevé, proche de 10 % (soit cinquante fois plus élevé que dans la population générale).
Plusieurs approches psychothérapiques ont été développées spécifiquement pour le TPL, notamment la thérapie compor-

tementale dialectique (TCD), la thérapie cognitive et comportementale (TCC), la thérapie basée sur la mentalisation (TBM), la thérapie centrée sur les schémas (TCS) et la thérapie centrée sur le transfert (TCT). Les comparaisons respectives entre ces différentes thérapies ont rapporté peu de différences en termes d'efficacité[186].

Parmi ces thérapies du TPL, la TCD, la TBM et la TCT présentent une efficacité supérieure aux approches classiques, en particulier pour réduire le risque suicidaire et les conduites à risque[187].

D'autres thérapies peuvent par ailleurs présenter un réel intérêt thérapeutique dans la prise en charge du TPL, notamment la thérapie interpersonnelle (voir chapitre 8).

Après lui avoir présenté ces différentes approches, j'ai proposé à Béatrice d'entreprendre une thérapie des schémas qui lui permettra, en quelques mois, d'apaiser ses colères, de stabiliser son couple et de se sentir nettement plus épanouie et heureuse.

GUÉRIR DE SES SCHÉMAS D'ABANDON : LA THÉRAPIE CENTRÉE SUR LES SCHÉMAS

C'est Jean Piaget qui, le premier, a introduit le concept de schéma. Il constatait que les enfants s'adaptent constamment à leur environnement à mesure qu'ils absorbent de nouvelles informations et apprennent de nouvelles choses. Selon sa théorie, les enfants passent par une série de stades de développement de l'intelligence : un « schème » est tout à la fois un savoir-faire (par exemple, empiler deux cubes) et le processus d'acquisition de ce savoir-faire qui permet de le généraliser par la suite (faire une construction avec des cubes).

La définition d'un schéma en psychologie s'inspire très largement de cette perspective. Le schéma est un cadre mental qui aide à comprendre, à organiser et à traiter plus rapidement et efficacement les différentes situations malgré leur infinie diversité. Ce sont des raccourcis qui nous aident à simplifier le monde. Ils nous permettent d'interagir de façon réactive et fluide avec l'immense quantité d'informations sensorielles, affectives et sociales disponibles dans notre environnement. Plus que de simples croyances, ils constituent des modèles profondément ancrés qui sont étroitement liés à notre identité, nos valeurs et notre façon d'être au monde.

Ces schémas se développent essentiellement durant l'enfance et grandissent en même temps que la personnalité se développe, au gré des apprentissages et des expériences. La théorie sous-jacente à la thérapie centrée sur les schémas (TCS) suppose que, lorsque nos besoins affectifs fondamentaux de l'enfance (tels que les besoins de sécurité, d'acceptation, d'amour et d'autonomie) ne sont pas satisfaits de manière adéquate, nous développons des stratégies inadaptées dans nos façons d'interpréter et d'interagir, ce que l'on nomme des « schémas précoces inadaptés[188] ».

Besoins fondamentaux de l'enfant	Domaines	Schémas précoces inadaptés
Amour et acceptation	Séparation et rejet	Abandon/instabilité Méfiance/abus Carence affective Imperfection/honte Exclusion/rejet
Confiance et autonomie	Manque d'autonomie	Dépendance/incompétence Vulnérabilité au danger ou à la maladie, Fusion/soi non développé Échec

Cadre et discipline	Manque de limites	Droits personnels exagérés/grandeur Contrôle de soi Autodiscipline insuffisante
Relations à autrui	Tendance à se centrer excessivement sur les besoins d'autrui	Assujettissement Abnégation Recherche d'approbation ou de reconnaissance
Plaisir et spontanéité	Hypervigilance et inhibition	Négativisme/pessimisme Inhibition émotionnelle Exigences élevées/critique Punition

À mesure que nous avançons en âge, ces schémas précoces inadaptés peuvent se rigidifier, nous conduisant à nous concentrer uniquement sur les informations qui confirment nos préjugés (par exemple : « Les hommes sont méchants, le monde est pourri ») ou à développer des stratégies relationnelles stéréotypées (par exemple, en adoptant des attitudes de soumission systématique[189]). Ces mêmes schémas sont activés lorsque des événements se produisant dans notre vie ressemblent à ceux de notre passé qui étaient liés à la formation du schéma. Si nous avons développé des schémas précoces inadaptés à cause d'expériences difficiles ou traumatiques dans notre enfance, nous aurons recours à ces mêmes modes de pensée et de comportement en réponse à toute nouvelle situation relativement similaire. Ce modèle est particulièrement pertinent dans le TPL, car il permet de comprendre les symptômes en les reliant aux expériences douloureuses de l'enfance (telles que la maltraitance ou la perte des figures parentales), qui conduisent à la formation de schémas inadaptés précoces.

LES PRINCIPAUX SCHÉMAS INADAPTÉS PRÉCOCES DANS LE TPL

1. Le schéma d'abandon. Il se manifeste par le sentiment général d'un manque de fiabilité de l'entourage (partenaire, famille, amis, soignants, etc.) ou que les personnes importantes finiront par disparaître ou par se comporter de façon inconséquente ou maltraitante. Les facteurs qui favorisent l'éclosion de ce schéma durant l'enfance sont notamment le décès précoce ou l'abandon d'un parent ou d'une figure importante pour l'enfant (comme après un décès ou un divorce), ou encore le manque chronique de disponibilité d'un parent (en raison, d'une maladie ou d'une implication professionnelle dévorante). Ce schéma d'abandon conduit malheureusement à adopter des comportements qui renforcent les croyances existantes. Par exemple, si elle est intimement persuadée que son partenaire finira par l'abandonner, une personnalité borderline pourra être en demande de réassurance permanente et insatiable, se montrant volontiers tyrannique et colérique, ce qui finira par produire l'effet inverse à celui recherché, c'est-à-dire la rupture ; c'est le fameux : « Fuis-moi, je te suis ; suis-moi, je te fuis ! »

2. Le schéma de méfiance/abus. C'est l'impression que les autres vont lui faire du mal, abuser de sa gentillesse et de sa confiance, l'humilier, le tromper, le manipuler ou profiter d'elle ou de lui. Ce schéma est fréquemment lié à un abus pendant l'enfance (sexuel, physique ou émotionnel) ou à un harcèlement scolaire ou par la fratrie.

3. Le schéma de carence affective. Il est marqué par le sentiment que les besoins affectifs ne seront pas comblés et s'accompagne bien souvent d'un sentiment de vide chronique. On retrouve fréquemment une histoire de parents froids, peu empathiques, distants ou absents et plus globalement une enfance dénuée d'affection, de câlins, de compréhension et de chaleur humaine.

4. Le schéma d'imperfection/honte. Il se traduit par l'impression d'être une mauvaise personne, dénuée d'intérêt, inférieure aux autres et non désirable. Il y a également un grand sentiment de honte par rapport à de supposés défauts physiques ou intellectuels. Cela se traduit souvent par une hypersensibilité à la critique, au rejet et au blâme, et par une grande insécurité dans les relations sociales. On observe fréquemment la présence, durant l'enfance, d'une dévalorisation systématique ou de situations d'humiliations douloureuses subies au sein de la famille ou à l'école.

5. Le schéma d'exclusion/rejet. Impression d'être radicalement différent des autres, seul au monde, de ne faire partie d'aucun groupe ou d'aucune communauté. De ce fait, l'individu développe une tendance à éviter les contacts sociaux, qui peut conduire à un grand isolement social, ou à l'inverse à adopter des stratégies de surcompensation à un degré extrême (par exemple, en acceptant des relations sexuelles avec des inconnus). On retrouve fréquemment dans l'enfance une histoire de discrimination ou de différence, qu'elle soit liée au physique (surpoids, taille, etc.), à l'environnement social ou familial (décalage important entre celui des parents et celui des autres enfants), à la religion, à l'appartenance ethnique, à l'orientation sexuelle ou à l'identité de genre.

Les objectifs de la thérapie centrée sur les schémas visent à identifier les schémas précoces inadaptés et à les relier aux événements passés et aux symptômes actuels. Pour chaque schéma identifié, on procède ensuite au « test historique », en demandant à la personne de dresser la liste des preuves qui renforcent et justifient la croyance liée au schéma inadapté (par exemple : « Les hommes sont méchants, car tous mes ex ont abusé de ma gentillesse »), puis la liste des preuves qui permettent de réfuter le schéma. L'objectif est d'induire un doute, une dissonance cognitive, en montrant que les croyances découlant du schéma sont biaisées, déformées, exagérées, irrationnelles ou fausses. L'analyse du ratio coût-bénéfice de chaque schéma dans la vie du sujet permet également une prise de conscience.

Après ce travail initial, le thérapeute et le patient travaillent sur les moyens d'apaiser les émotions liées aux schémas et de modifier les styles comportementaux qui sont le résultat de schémas inadaptés. Par exemple, ils peuvent effectuer des exercices axés sur la gestion de la colère, la modification des modes de pensée douloureux et le remplacement des comportements inadaptés par des stratégies plus appropriées. En pratique, il a été demandé à Béatrice de tenir régulièrement un journal des schémas, sur le modèle suivant :

Situation	Schéma et émotions	Pensées automatiques
Décrire la situation	Identifier le schéma et l'émotion (évaluer son intensité de 0 à 100 %)	Décrire les pensées survenues sur le moment
Samedi matin : mon conjoint discute avec une jeune femme à la salle de sport.	Abandon et abus/ méfiance Tristesse 70 % Colère 90 %	Il va me quitter, tout le monde m'abandonne, c'est injuste, il est malhonnête et méchant, je vais lui faire payer.

Pensées adaptées	Résultat	Action
Écrire pensées adaptées	Réévaluer l'intensité de l'émotion (0-100 %)	Écrire la conduite (ou les comportements) découlant des pensées adaptées
Il s'agissait probablement d'une vendeuse qui lui donnait des conseils et il n'avait pas de mauvaises intentions.	Tristesse 30 % Colère 40 %	Demander à mon conjoint ce qui s'est passé, sans tirer de conclusions hâtives.

Différentes techniques expérientielles sont utilisées pour compléter la modification des schémas, avec la pleine conscience, l'imagerie mentale (par exemple, image d'un lieu sûr ou d'un événement passé), le dialogue entre les chaises (une chaise symbolise, par exemple, l'enfant abandonné et en colère, et une autre, un parent sain et protecteur) ou la lettre aux parents toxiques[190].

UN PROGRAMME COMPLET ET EFFICACE : LA THÉRAPIE COMPORTEMENTALE DIALECTIQUE

La thérapie comportementale dialectique (TCD) est un type modifié de thérapie cognitive et comportementale (TCC). Ses principaux objectifs sont d'apprendre à vivre dans l'instant présent, à développer des moyens de faire face au stress, à réguler les émotions et à améliorer les relations avec les autres.

La TCD a été développée à la fin des années 1980 par Marsha Linehan – qui a révélé avoir souffert elle-même d'un TPL – après qu'elle a observé que la TCC seule ne fonctionnait pas aussi bien que prévu chez les patients atteints de TPL. Marsha Linehan et son équipe ont ajouté des outils et différentes techniques, et développé un programme intégré complet pour répondre aux besoins spécifiques de ces personnes[191]. La TCD était destinée, à l'origine, à traiter le trouble de la personnalité limite (TPL), mais elle a été adaptée pour prendre en charge d'autres troubles, notamment les troubles du comportement alimentaire, certaines addictions, ainsi que les troubles de stress post-traumatique (TSPT).

La TCD est particulièrement intéressante en cela qu'elle combine plusieurs approches complémentaires et synergiques : sessions de thérapie de groupe où les patients acquièrent de nouvelles compétences comportementales ensemble, séances individuelles où les objectifs sont adaptés en fonction de chacun, mais également coaching téléphonique durant lequel les patients peuvent joindre le thérapeute entre les séances pour recevoir des conseils sur la façon de faire face à une situation difficile.

LES PRINCIPAUX OUTILS DE LA TCD

1. La pleine conscience : pour apprendre à vivre l'instant présent, être plus attentif aux émotions et aux sensations, et à mieux se connecter à ce qui se passe dans l'environnement, sans porter de jugement. Pratiquée régulièrement, la pleine conscience aide à mobiliser des capacités d'adaptation saines face à la survenue d'une douleur émotionnelle, aide à garder son calme, à éviter les comportements impulsifs ainsi que les ruminations liées à des schémas de pensée négatifs.

2. La tolérance à la détresse : pour apprendre à mieux supporter et accepter une situation de souffrance avec apprentissage de différentes techniques pour gérer une crise et apprendre à vivre des émotions intenses sans « exploser ». Il peut s'agir d'exercices très

simples, comme apaiser sa colère grâce à un exercice physique intense, tel que monter et descendre les escaliers rapidement.
3. **L'efficacité interpersonnelle** : avec des stratégies qui aident à mieux s'affirmer (par exemple, savoir exprimer ses besoins et être capable de dire « non », de façon ferme mais sans agressivité) tout en préservant une relation positive et saine. Cet outil permet d'apprendre à mieux écouter et communiquer plus efficacement, à gérer les personnalités difficiles et à se respecter soi-même ainsi que les autres.

L'OUTIL GIVE

C'est un exemple typique d'outil permettant d'améliorer l'efficacité interpersonnelle en TCD. On utilise cet acronyme pour apprendre à améliorer les relations et la communication positive (en jeu de rôle ou dans les différentes situations de la vraie vie).

G comme Gentillesse : ne pas attaquer, menacer ou juger les autres.

I comme Intérêt : montrer de l'intérêt et une vraie qualité d'écoute (par exemple, n'interrompez pas quelqu'un pour prendre la parole).

V comme Valider : reconnaître les pensées et les sentiments de l'autre comme légitimes.

E comme Easy : s'efforcer d'avoir une attitude agréable (sourire, être léger, utiliser l'humour plutôt que l'agressivité).

4. **La régulation des émotions** : il s'agit d'apprendre à naviguer sur les émotions, en sachant comment les identifier, les nommer et les modifier. L'objectif est de pouvoir reconnaître et gérer des émotions négatives intenses (par exemple, la colère), de réduire la vulnérabilité émotionnelle et de vivre des expériences émotionnelles plus positives. Dans l'exercice dit d'« action opposée », vous êtes invité à identifier l'émotion négative intense que vous ressentez et à faire le contraire de ce qu'elle vous dicte : si vous vous sentez en colère au point de ne plus vouloir voir vos amis ou votre famille, prévoyez au contraire de les retrouver et de dialoguer calmement avec eux.

LES QUATRE ÉTAPES DU PROGRAMME DE TCD

- **Étape 1** : les comportements les plus graves et autodestructeurs (par exemple, les automutilations ou les tentatives de suicide) sont les premiers à être traités.
- **Étape 2** : le traitement aborde les problèmes qui affectent la qualité de vie d'une personne, tels que son efficacité interpersonnelle, ses capacités de régulation émotionnelle et sa capacité à tolérer la détresse.
- **Étape 3** : elle consiste à se concentrer sur l'estime de soi et les relations interpersonnelles.
- **Étape 4** : elle vise à renforcer les acquis et à améliorer la qualité de vie, notamment en fixant des objectifs en phase avec les valeurs et en améliorant la vie relationnelle.

COMPRENDRE CE QUI PASSE DANS LA TÊTE DE L'AUTRE : LA THÉRAPIE BASÉE SUR LA MENTALISATION

La thérapie basée sur la mentalisation (TBM) est un autre type de psychothérapie qui intègre des outils issus de la théorie de l'attachement, de la psychologie développementale et des neurosciences cognitives[192]. Ayant montré son efficacité dans la prise en charge du trouble de la personnalité limite, cette approche novatrice se focalise notamment sur la capacité à mieux comprendre son propre état intérieur tout en apprenant à mieux décoder les sentiments, les désirs et les comportements d'autrui.

La mentalisation désigne justement cette capacité à identifier ses propres pensées, émotions et comportements tout en les mettant en relation avec ceux des autres. Il s'agit donc d'harmoniser ses relations en s'exerçant à mieux penser l'autre et, ce faisant, à mieux le comprendre.

Imaginez que vous rencontrez une amie qui vient d'être quittée par son compagnon. Quand elle arrive, comme vous ne savez pas comment aborder les choses, vous décidez de ne pas poser de questions et de ne pas parler de la situation. De plus, comme vous entretenez également un lien d'amitié avec son ex, cette situation vous met mal à l'aise et vous ne voulez pas avoir à prendre position. Votre conversation se poursuit sur un échange de banalités. Quelques instants plus tard, votre amie interrompt brusquement la conversation, disant qu'elle doit partir ; elle vous quitte, le visage fermé. Par la suite, elle ne répond plus à vos appels, ce qui vous blesse. La mentalisation de cette situation vous conduirait à réfléchir à l'état émotionnel interne de votre amie et à une stratégie de désamorçage. Bien qu'elle n'ait jamais dit qu'elle était blessée, vous mettre à sa place peut vous aider à comprendre que votre comportement l'a affectée.

Prenons un autre exemple : votre partenaire vous fait la tête et ne veut pas vous dire pourquoi. Quelle est votre stratégie de mentalisation ? En réfléchissant bien, vous verrez qu'il n'est pas si simple de répondre... C'est précisément sur ce type de problématique qu'Anthony Bateman et Peter Fonagy, les fondateurs de la thérapie basée sur la mentalisation pour le trouble borderline, ont construit leur approche. De fait, les personnes souffrant de

TPL, en raison des traumatismes qu'elles ont fréquemment subis durant l'enfance, à un âge où se tissent les liens d'attachement les plus fondamentaux, ont plus de difficultés à nouer des liens stables et solides tout au long de leur vie. L'hypothèse de travail de cette thérapie est la suivante : en permettant à ces personnes de mieux mentaliser leurs relations actuelles, il est possible de les aider à diminuer les émotions négatives et les comportements problématiques qui constituent les principaux symptômes du trouble (crises de colère, sentiment de rejet et d'injustice, conflits interminables, autopunitions, etc.).

En pratique, la TBM est une thérapie brève, centrée sur l'ici et maintenant, qui se concentre notamment sur la relation entre le patient et le thérapeute. Le thérapeute est neutre et pose beaucoup de questions, dont l'objectif est d'aider notamment à mieux comprendre et à reconnaître les états émotionnels (les siens comme ceux d'autrui), à améliorer les capacités de connexion émotionnelle et à forger de nouvelles façons de mentaliser. Une grande partie du travail est centrée sur la relation avec le thérapeute, ce qui, en définitive, n'est pas très éloigné de ce que les analystes nomment le transfert.

11

Se libérer des addictions : les thérapies de la dépendance

Bertrand est un jeune musicien très sympathique et plein d'esprit. Il est déprimé et souffre d'addictions diverses depuis l'adolescence : alcool, cannabis, écrans et depuis peu, jeux d'argent. Après avoir gagné une somme rondelette aux paris sportifs, il y a trois ans, il a – comme il le dit lui-même – « chopé le virus ». Les mises d'argent ont progressivement augmenté en même temps que les paris devenaient une véritable obsession :

> « C'était ma seule véritable source de plaisir et d'excitation. J'y pensais du matin au soir, tout le temps. Et plus je perdais, plus je misais, pour me refaire. Je croyais dur comme fer que j'avais la baraka et qu'à la fin, j'allais me refaire. Ça a été le début de ma chute en enfer et maintenant je suis cramé, foutu… Et le pire, dans tout ça, c'est que je ne pense qu'à une chose : jouer encore. C'est totalement débile, mais c'est plus fort que moi ! »

En dépit de son modeste salaire de professeur de conservatoire, il a accumulé une dette considérable en cumulant les crédits à la consommation. Il avoue au bord des larmes qu'il doit rembourser près de cent mille euros. Accablé, il évoque ses idées de suicide inquiétantes, car très planifiées. Bien entendu, sa famille n'est pas au courant de l'étendue de sa dette – « ça tuerait mes parents », affirme-t-il.

En reprenant son histoire, on découvre que son addiction au jeu a commencé sur un terrain propice. Son grand-père, dont il pense qu'il était lui-même alcoolique, l'a initié très tôt, dès l'âge de 13 ans, à « aimer le bon vin ». C'est une véritable découverte pour lui. À l'adolescence, quand ses amis ont tendance à fumer du cannabis et à boire lors de soirées très alcoolisées mais demeurent sobres le reste du temps, il découvre les effets de la consommation solitaire, parfois dès le matin.

> « J'aimais le goût et l'odeur du shit, je fumais et je buvais pour le plaisir, pour calmer le stress, ou par simple ennui ; la nuit, c'était pour m'aider à m'endormir, sinon c'était nuit blanche. »

À cette époque, ses parents, inquiets, se mettent à lui faire la guerre, d'autant qu'il passe aussi beaucoup de temps sur les jeux vidéo, délaissant la pratique de son instrument. L'ambiance à la maison se dégrade, le couple parental battant déjà de l'aile depuis longtemps. Ses parents divorcent l'année de ses 17 ans. Bertrand décide d'aller vivre chez son père et aggrave ses consommations, ce dernier, du fait de ses obligations professionnelles, étant fréquemment en déplacement pendant de plus ou moins longues périodes :

> « C'était une période très noire de ma vie, j'étais super seul. En plus, pour me payer mon shit, je me suis mis à dealer. Chance ou malchance, je me suis fait gauler par les flics... »

Le juge est clément, et Bertrand écope d'une peine légère avec sursis et d'une obligation de soins. Il accepte une brève hospitalisation, se sèvre de l'alcool et du cannabis, et les choses s'améliorent. Mais quelques mois plus tard, après une déception sentimentale, il rechute, se met à consommer de l'alcool de façon intense et découvre l'excitation incroyable que lui procurent les jeux d'argent.

COMPRENDRE LA DÉPENDANCE

Une dépendance est un trouble caractérisé par l'utilisation compulsive d'une substance ou d'une activité gratifiante malgré des conséquences néfastes.

La consommation de substances nocives représente un problème mondial de santé publique, touchant des millions de personnes. Outre les symptômes du trouble lié à la consommation de substances (consommation compulsive et à risque, tentatives infructueuses de contrôler la consommation, envies intempestives et irrépressibles, utilisation persistante malgré la prise de conscience de ses effets nocifs, etc.), les conséquences directes et indirectes sont délétères en termes d'isolement, de désinsertion socioprofessionnelle, de précarisation, de complications médicales psychiques (dépression, anxiété, TSPT, etc.) et physiques (cirrhose, cancers, maladies cardiovasculaires, VIH, etc.).

En France, l'Observatoire français des drogues et des tendances addictives (OFDT) estime le coût annuel cumulé des problèmes liés à l'alcool (valeur des vies humaines perdues, dégradation de la qualité de vie, pertes de production, hospitalisations, soins, etc.) à 120 milliards d'euros. Le coût total cumulé des problèmes liés au tabac est similaire, et celui des autres drogues se situerait autour de 10 milliards d'euros[193].

De son côté, l'OMS estime que 2,3 milliards de personnes âgées de 15 ans et plus dans le monde sont des buveurs d'alcool et que les taux de mortalité associés à la consommation nocive d'alcool sont plus élevés que ceux causés par le diabète, la tuberculose et le VIH, avec 3 millions de décès annuels[194].

La dépendance peut être considérée comme une maladie chronique. Dans cette situation, le circuit de récompense du cerveau ne peut plus répondre correctement à la récompense et à la modulation du stress et de l'autorégulation[195]. Cette condition complexe est influencée autant par les gènes que par l'environnement et elle est aujourd'hui considérée comme une maladie invalidante et chronique d'origine multifactorielle biopsychosociale. La structure génétique représente environ la moitié du risque de développer une dépendance. L'impact des facteurs génétiques est influencé par l'interaction avec l'environnement au sens large, c'est-à-dire biologique, affectif, familial, socioéconomique et culturel.

Dans le passé, on considérait que la dépendance n'englobait que l'alcoolisme et la toxicomanie, mais la définition a été élargie pour inclure des activités comme les jeux d'argent, l'addiction au sexe, ou encore les achats compulsifs, les addictions aux écrans, au sport ou au travail. Certains chercheurs considèrent que les troubles du comportement alimentaire sont également des formes d'addiction.

LE CERVEAU DÉPENDANT

Les circuits cérébraux impliqués dans la dépendance sont nombreux : ce sont principalement ceux de la récompense et de la motivation, mais aussi de la douleur, du stress et de la mémoire[196]. Les substances potentiellement addictives augmentent toutes la libération de dopamine dans le circuit de récompense mésolimbique[197], au même titre que la nourriture, le sexe ou le gain d'argent. Ces substances stimulent puissamment les neurones dopaminergiques qui constituent le circuit de récompense, impliqué dans la motivation, mais aussi l'amygdale et l'hippocampe, liés à la mémoire émotionnelle (comme dans l'épisode de la madeleine de Proust), ainsi que le cortex frontal (cognition, contrôle de soi et des impulsions).

Toutes proportions gardées, je me demande si je ne suis pas victime moi-même de l'emballement complet de mon système de récompense dopaminergique lorsque je me trouve, par un hasard malheureux, à plus ou moins grande proximité d'un sac de M&M's : c'est mécanique, j'ai beau décider de n'en prendre que trois ou quatre, mon cerveau est tout simplement plus fort que moi. Comme par magie, je continue à picorer bêtement, sans tenir compte de mon niveau d'écœurement, jusqu'à ce que le sachet soit vide ou qu'une main charitable l'ait éloigné de moi…

La stimulation répétée du circuit dopaminergique agit comme une récompense (un renforcement positif) de la consommation de drogue et crée rapidement un conditionnement. Au fil du temps, l'utilisation chronique de la drogue atténue la libération de dopamine dans le circuit de récompense, ce qui réduit le sentiment de plaisir et entraîne une tolérance avec la nécessité de doses plus élevées pour atteindre le même niveau de satisfaction[198].

Une fois que les effets de la substance disparaissent, la terrible phase de sevrage commence, dans laquelle apparaissent la détresse intense, l'anhédonie (c'est-à-dire l'incapacité à ressentir du plaisir), l'anxiété et d'autres symptômes physiques, qui fonctionnent exactement comme une punition (un renforcement négatif), contribuant de ce fait à la rechute, car il est logique de chercher à s'éviter cet état désagréable. Les envies irrépressibles de consommer (*craving*) peuvent se produire indépendamment ou être présentes pendant la phase de sevrage. Le *craving* est déclenché par tous les indices liés à la drogue, comme des souvenirs, des lieux, des personnes, des objets, des odeurs ou des sensations (ces souvenirs non conscients sont médiés par l'hippocampe et l'amygdale) déclenchant le conditionnement et donc l'envie de consommer[199]. Dans mon cas, le simple fait d'approcher d'une station d'essence sur une aire d'autoroute réactive cruellement les circuits neuronaux qui mènent vers les voies de la perdition chocolatée (de fait, il y a toujours des M&M's à proximité des caisses, et les petits génies du marketing connaissent parfaitement cet aspect des neurosciences cognitives).

Une fois que le système de récompense du cerveau a été altéré par la consommation répétée d'une substance ou d'une activité addictive, il peut d'une certaine façon « s'emballer », c'est-à-dire déclencher une répétition sans fin du comportement addictif, quelles que soient les conséquences négatives.

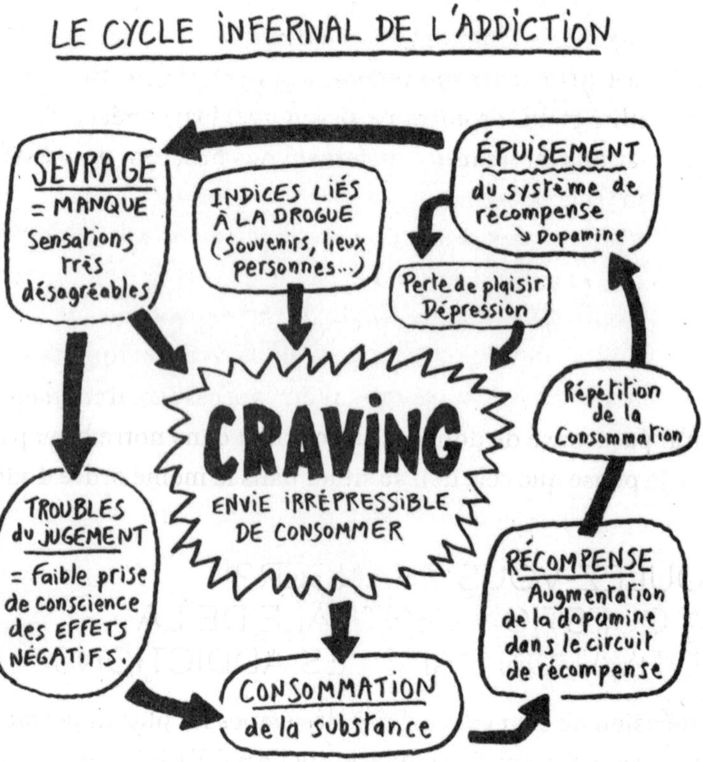

Indépendamment du système de récompense, la dépendance affecte également le cortex frontal (en particulier le cortex préfrontal dorsolatéral), lui-même impliqué dans le contrôle des impulsions et dans le jugement, notamment la capacité à anticiper les conséquences négatives à long terme de ses actes et donc à les inhiber[200]. Cela se traduit par la recherche pathologique de plaisir plus fortement et plus longuement que prévu, quelles que soient les conséquences négatives et en dépit même du fait que la substance ou l'activité finisse par ne plus procurer de réel plaisir. Ainsi, la consommation addictive se poursuit en dépit des dégâts souvent considérables, qu'ils soient physiques ou psychiques, comme si la personne ne parvenait pas à prendre véritablement conscience du problème. La dépendance provoque également des changements émotionnels et relationnels : difficulté à identifier et à exprimer ses sentiments, augmentation de l'anxiété, de l'irritabilité et de la souffrance psychique, hyper-réactivité face aux situations stressantes, évitement des proches, mensonges, isolement social[201].

Bien que les troubles liés à l'utilisation de substances augmentent, représentant un problème majeur de santé publique mondiale, et que leur coût social soit monstrueux, la disponibilité des thérapies des addictions est encore limitée. On estime que, aux États-Unis, seule une personne sur huit à accès à un traitement[202]. Je n'ai pas trouvé de données sur ce sujet dans notre beau pays, mais je pense que cela doit se situer dans le même ordre d'idée.

VOULEZ-VOUS CHANGER ? LA QUESTION CENTRALE DE LA MOTIVATION DANS LES ADDICTIONS

La décision de changer est l'une des étapes les plus importantes pour surmonter une dépendance, quelle qu'elle soit. Reconnaître qu'un changement est nécessaire implique d'avouer qu'il y a un problème et que l'on souhaite y remédier. Cela semble évident, mais c'est un processus psychologique complexe que l'on comprend un peu mieux aujourd'hui. Pendant longtemps, on a considéré avec une sorte de fatalité que la question de la motivation au changement était un processus mystérieux et qui ne dépendait que du bon vouloir de la personne souffrant d'addiction. Il n'y avait donc pas grand-chose d'autre à faire que d'attendre que cette « bonne volonté » se manifeste spontanément, comme par la volonté du Saint-Esprit. William Miller et Stephen Rollnick[203], les fondateurs de l'entretien motivationnel (EM), ont clairement changé la donne en proposant une méthode éprouvée conduisant au changement, qui s'appuie sur le modèle « transthéorique du changement[204] ». L'EM est une technique centrée sur la personne, ce qui implique qu'on ne lui dicte pas ce qu'elle doit faire et ce dont elle a besoin, comme dans un modèle médical traditionnel et paternaliste, mais qu'on s'intéresse avant tout à ses propres besoins en fonction de ses propres valeurs. Il peut être utilisé conjointement à d'autres outils psychothérapiques et vise, à l'aide de subtiles techniques d'entretien, à faire énoncer par la personne elle-même sa motivation au changement. Le principe de base est simple : on n'est jamais mieux convaincu que par soi-même ! L'EM n'est pas en soi une psychothérapie mais plutôt un outil qui peut se combiner à d'autres outils psychothérapiques. De nombreuses études ont confirmé l'intérêt majeur de l'EM pour aider les adultes et les adolescents souffrant d'addictions[205]. Voyons maintenant comment cela fonctionne en pratique, avec les quatre processus clés de l'entretien motivationnel.

LES QUATRE PROCESSUS CLÉS DE L'ENTRETIEN MOTIVATIONNEL (EM)

1. L'engagement

L'établissement d'une relation thérapeutique solide est un élément fondamental de l'entretien motivationnel. Des qualités telles que l'empathie, l'acceptation, l'accent mis sur les points forts du sujet et le respect mutuel constituent la base d'une telle alliance. On utilise notamment l'acronyme OuVER pour fonder cette stratégie.

- **Ou pour poser des questions Ouvertes** : cela permet d'obtenir une véritable élaboration de la part du sujet, plutôt qu'une réponse courte à une question fermée. On demandera : « Pourriez-vous me décrire tout ce que cette substance représente pour vous ? », plutôt que : « Cette substance vous fait-elle du mal ? »
- **V pour Valoriser** : la personne doit se sentir respectée et mise en valeur de façon sincère. Cela renforce la relation thérapeutique et améliore une estime de soi souvent fragile.
- **E pour Écoute réflexive** : c'est l'écoute et le reflet par le thérapeute de ce que la personne cherche à signifier. Par exemple : « J'ai eu l'impression de ressentir beaucoup de souffrance en vous quand vous m'avez décrit ce qui se passe en ce moment avec cette addiction, je me trompe ? »
- **R pour Résumer** : le thérapeute résume de façon régulière ce qui a été dit en mettant l'accent sur ce qui va dans le sens du changement. Par exemple : « Si je comprends bien, pour l'instant, votre addiction vous semble relativement problématique mais vous apporte aussi du plaisir et vous avez du mal à y voir clair et à savoir ce que vous pourriez faire pour avancer sur ce sujet ? »

2. La focalisation

Il s'agit d'aider la personne à déterminer et à cadrer ce qui est vraiment important pour elle (et surtout pas de le décider à sa

place). On fait émerger les objectifs et les valeurs profondes au fil du dialogue et on incite à formuler les différentes étapes à suivre pour les atteindre. Durant ce processus, on identifie les points de blocage ou d'ambivalence et les solutions permettant de les contourner (par exemple : « Je sens que vous hésitez beaucoup sur la question de ce qui vous semble être le mieux pour vous, entre poursuivre comme maintenant ou essayer une autre approche. »)
Les objectifs trop ambitieux ne sont pas toujours les meilleurs : il vaut mieux parfois fixer un objectif modeste que la personne souhaite atteindre réellement et dont elle est capable plutôt que de planifier un arrêt total au risque d'une rechute sévère, ce qui peut être réellement plus dangereux que de simplement modérer sa consommation. C'est ce que l'on appelle la stratégie de réduction des méfaits, qui est une application thérapeutique du dicton populaire : « Un tiens vaut mieux que deux tu l'auras. »

3. L'évocation

Une fois qu'un objectif a été identifié et convenu d'un commun accord, l'évocation consiste à faire grandir le désir de changement. En réalité, on ne se laisse jamais aussi bien convaincre que par soi-même. Il s'agit donc de repérer les éléments laissant penser que la personne est déjà disposée voire prête à évoluer vers le changement, et en quoi ce changement est essentiel et indispensable. Faire émerger le « discours du changement » est un art subtil qui nécessite des ingrédients précis et savamment dosés : formuler des questions ouvertes, souligner les points forts du sujet, reformuler et clarifier ce qui a été dit (toujours selon l'acronyme OuVER).
Pour faciliter ce processus, on utilise différentes techniques. On peut ainsi questionner les conséquences extrêmes (« Que redoutez-vous des conséquences à long terme ? ») ou balayer le temps, du passé vers l'avenir (« Comment était votre vie avant de passer autant de temps à jouer à l'ordinateur ? », puis « Imaginez

votre vie future avec moins de temps d'écran. À quoi est-ce que cela pourrait ressembler ? Pour quels projets auriez-vous plus de temps et d'énergie ? Avec qui ? Comment vous sentiriez-vous ? »). On cherche également à explorer les valeurs et les objectifs de la personne : « Dites-moi ce qui est le plus important à vos yeux dans votre vie ? » Puis : « Et si vous aviez la possibilité de tout recommencer, que changeriez-vous ? »

Au cours de ce processus, on repère finement, dans ce que dit le patient, des indices de discours de préparation. Par exemple, le sujet envisage un changement, mais il est trop tôt pour se projeter dans l'action, et il utilise des phrases du type « Je voudrais », « J'aimerais », « J'espère », « Je pourrais », « Je suis peut-être capable de… ». Ces phrases vont ensuite devenir des indices de discours de mobilisation dans lequel le sujet exprime déjà une robuste volonté de changement qui témoigne du fait qu'il est de plus en plus prêt à agir : « Je me sens prêt à… », « Je suis résolu à… », « Dites-moi comment faire en pratique », etc.

Le thérapeute veille à susciter d'abord le premier type de discours (de préparation), puis, une fois qu'il aura suffisamment d'éléments, tente le discours de mobilisation. Cette étape est particulièrement délicate : il s'agit d'accompagner le patient dans un mouvement de bascule de la phase de précontemplation et de contemplation du problème vers la phase de préparation à l'action.

4. La planification

L'important, dans ce processus de planification, est que le plan de traitement émane du sujet lui-même et repose sur ses valeurs profondes (et non sur celles du thérapeute ou sur celles de la famille ; on ne met pas fin à une addiction bien ancrée tout simplement pour « faire plaisir à maman » ou pour « que papa arrête de s'énerver »). Toute tentative de vouloir « prendre les rênes » ou de « passer en force » peut saper ou inverser le sentiment d'auto-

nomisation du sujet. Cela s'appelle le réflexe correcteur : si l'on cherche à nous imposer un choix, nous avons automatiquement tendance à choisir le choix inverse, par simple revendication de notre liberté – et si vous doutez de la réalité du réflexe correcteur, essayez de forcer le choix d'un enfant dans un magasin parce que tel jouet vous plaît à vous ; nous en reparlerons ensuite !
Durant cette phase, on récapitule un maximum d'éléments de discours de mobilisation et on valorise la personne :

> « Vous me dites que vous en avez ras le bol d'être épuisé à cause du cannabis, de la somme énorme d'argent que ça vous a coûté depuis le début, et vous revenez beaucoup sur les disputes que cela crée avec vos parents et la mauvaise ambiance à la maison. Vous m'expliquez également que cela vous empêche de poursuivre correctement vos études, lesquelles vous permettraient d'accéder plus tard au travail de vos rêves, et aussi que cela vous isole de tous vos amis. Je trouve absolument incroyable le fait que vous ayez eu le courage de venir m'en parler avec tant de sincérité, et je suis profondément touché par l'intensité de votre souffrance. Vous m'avez clairement dit que vous souhaitiez que cela change, et j'ai parfaitement senti que votre volonté de changement et votre motivation sont là et bien là, réelles et concrètes. » Enfin, on pose solennellement LA question clé (une sorte de botte secrète du psy motivationnel) : « Et maintenant, que fait-on ? Que voulez-vous ? » et surtout, on laisse tout le temps qu'il faut à la personne pour réfléchir et répondre (savoir respecter les silences, en thérapie, c'est fondamental).

L'écoute réflexive est sans doute l'ingrédient essentiel, pour ne pas dire l'épice indispensable, de l'entretien motivationnel. Elle met en jeu tant la communication verbale que la communication non verbale, c'est-à-dire la gestuelle et les expressions du visage. Cela implique naturellement qu'il ne faut dire que des choses que l'on ressent vraiment, il n'y a rien de pire qu'un thérapeute qui débite mécaniquement son texte et n'exprime que des sentiments *fake*. L'authenticité, la sincérité et l'empathie du thérapeute sont le véritable médicament de toute thérapie.
Imaginons, situation courante au cabinet, que le patient me dise ceci : « Quoi qu'en dise ma femme, boire de l'alcool me fait beaucoup de bien. Et puis, franchement, j'arrête quand je veux ! »
Avouons qu'il n'est pas simple de répondre de façon intelligente, respectueuse (c'est-à-dire sans aucune trace d'ironie, surtout quand ledit patient est un consommateur sévère au bord de la cirrhose, ayant perdu son emploi et à deux doigts du divorce) et, surtout, efficace en termes de conduite du changement... Voyons ce que cela peut donner en entretien motivationnel. Sans aller jusqu'à déployer cinquante nuances de gris, on peut utiliser de subtiles modulations d'écoute réflexive en fonction de l'effet attendu.

- La reformulation simple : « Au fond, vous pensez réellement que vous n'avez absolument pas besoin d'aide ? »
- La reformulation amplifiée : « Vous me dites que boire de l'alcool vous fait du bien. L'alcool est donc de loin ce qu'il y a de meilleur pour vous ? »
- La reformulation émotionnelle : « J'ai l'impression que vous vous sentez triste et en colère quand vous me dites cela, je me trompe ? »
- La reformulation double : « D'un côté, vous pensez que cela ne vaut pas la peine de vous faire aider. De l'autre, vous m'avez dit que vous en aviez assez des commentaires désagréables de votre

épouse et que cela met en danger votre relation. Du coup, que faut-il en penser ? »

- La reformulation nuancée : « Au fond, vous êtes le meilleur expert de vous-même. Peut-être n'a-t-on pas suffisamment pris en compte le fait que le problème concerne également la relation avec votre épouse et, plus globalement, celle de votre autonomie ? »

L'entretien motivationnel est une vraie révolution dans la prise en charge des addictions car elle permet de sortir de l'approche traditionnelle, volontiers verticale, voire moralisatrice et culpabilisante, pour une approche horizontale, ou patient et thérapeute sont au même niveau et collaborent véritablement. Elle est applicable en combinaison avec d'autres approches, comme les TCC ou bien dans le cadre d'un programme spécifique.

LA THÉRAPIE D'AMÉLIORATION DE LA MOTIVATION

La MET (acronyme de l'anglais *Motivation Enhancement Therapy*) est un programme de thérapie brève qui applique les techniques de l'entretien motivationnel et qui dure généralement de quatre à six séances, la première consistant en une évaluation, les deux à cinq séances suivantes utilisant des stratégies d'entretien motivationnel pour aider le patient à acquérir une plus grande prise de conscience, à renforcer sa motivation et à élaborer un plan de changement. Les thérapeutes utilisent cinq concepts motivationnels clés :

1. Exprimer de l'empathie : il s'agit d'aider les patients à développer et à exprimer de l'empathie pour les autres (en particulier leur entourage).

2. Reconnaître l'écart entre la situation souhaitée par la personne et la situation dans laquelle elle se trouve réellement : il s'agit de reconnaître cette disparité entre le désir et la réalité qui incite à prendre de nouvelles mesures pour combler le fossé.

3. Désamorcer les conflits : le thérapeute ne reproche pas au patient sa consommation de substances ou les comportements problématiques qui en résultent. L'argumentation déclenche souvent une attitude défensive et une résistance au changement qui ne font qu'aggraver le problème. La posture thérapeutique empreinte de respect et d'optimisme est infiniment plus efficace que la culpabilisation et le bras de fer pour aider le sujet à devenir plus conscient de lui-même et le motiver au changement.

4. Accepter la résistance : la résistance au changement est une variable courante et habituelle. Au lieu de la combattre, le thérapeute cherche un moyen de désamorcer la lutte en se centrant sur le sujet avec bienveillance ; c'est une parfaite illustration de la fable du chêne et du roseau.

5. Favoriser l'autoefficacité : afin de pouvoir changer son comportement, la personne doit être en mesure de croire qu'elle peut réellement atteindre des objectifs. Améliorer le sentiment d'autoefficacité est donc un puissant moteur permettant d'acquérir une plus grande confiance en ses propres capacités.

Ce programme efficace et court dans le temps, sans être magique, montre des résultats vraiment intéressants, avec un bon niveau de preuve scientifique de son efficacité dans le traitement des troubles liés à l'alcool et à la toxicomanie[206, 207, 208]. Il implique aussi l'idée que la rechute fasse par-

tie du processus thérapeutique, dans un domaine où, pour paraphraser notre très sage La Fontaine: « Patience et longueur de temps font plus que force ni que rage... »

LES TCC PEUVENT-ELLES VAINCRE LES ADDICTIONS ?

La TCC tient aujourd'hui une place absolument centrale dans la thérapie des addictions. Comme toujours en TCC, l'approche se concentre essentiellement sur l'identification et la modification des croyances et des comportements qui jouent un rôle dans le maintien du comportement problématique, en l'occurrence la dépendance. La relation thérapeutique doit être empathique et positive, à la recherche d'une forte alliance avec le patient. Patient et thérapeute travaillent main dans la main à partir de situations concrètes (ici et maintenant), en se projetant dans le futur comme objectif et sans omettre l'histoire et les blessures du passé comme éclairage. Le patient travaille pour lui, pendant et entre les séances avec des exercices, ce qui implique une forte motivation.

LES PRINCIPAUX BIAIS COGNITIFS ET LES CROYANCES IRRATIONNELLES

- **Des anticipations positives sur l'effet du produit très déconnectées de la réalité de la souffrance du sujet.** Par exemple : « Après ma consommation, je me sentirai tellement bien. » Je pense à tous ces patients qui magnifient les effets bénéfiques de la substance, comme s'ils parvenaient à totalement oblitérer de leur mémoire leur terrible parcours émaillé de situations ultra-glauques, de traumatismes (ces patients sont souvent très vulnérables et subissent fréquemment des violences physiques ou sexuelles) et la somme de toutes les souffrances et les pertes incommensurables (à commencer par l'estime de soi, quand ce n'est la famille, le travail, la santé, l'argent, etc.) liées à leur addiction.

- **L'amplification de l'inconfort et du manque.** Par exemple : « Je vais être en manque si je n'ai pas ma dose et je n'y survivrai pas. » Sans nier l'intensité de la souffrance extrêmement pénible liée au sevrage, les patients ont souvent tendance à imaginer qu'ils sont incapables de l'affronter, sans avoir conscience qu'il existe des traitements efficaces permettant de le soulager (parfois en passant par une hospitalisation de support) et que les sensations de manque ne dureront pas longtemps (exception faite de la codéine, dont le sevrage peut durer de longues semaines) alors que les bénéfices globaux, sur la santé et la qualité de vie, se feront très vite sentir.
- **L'autopermission de récompense via le produit.** Par exemple : « Il n'y a pas de mal à se faire du bien. » C'est une façon de lever les verrous moraux qui nous interdisent de nous faire du mal, en prenant des prétextes tels que l'influence des pairs (l'addiction est parfois un facteur d'intégration sociale quand on se sent marginalisé), les difficultés présentes (comme si la consommation de drogue allait résoudre tous les problèmes…), le sentiment de solitude, la faible estime de soi (je suis nul, donc à quoi bon me protéger ? J'ai même envie de me punir…), les émotions négatives (tristesse, colère, honte) ou pour lutter contre l'ennui.
- **La faible efficacité personnelle perçue ou une efficacité illusoire.** Par exemple : « Le produit est plus fort que moi. » Ou : « La volonté suffit. »
- **La délégation de tous les pouvoirs à des objets externes.** Drogues, alcool, psychotropes, nourriture, argent, sexe et comportements addictifs sont envisagés comme autant de tentatives de solution, d'automédication pour compenser un manque de

sécurité intérieure ou une difficulté de régulation des émotions négatives.

- **L'identification à la drogue et à la marginalisation.** Par exemple : « Si je fume du cannabis ou du tabac, je suis quelqu'un de cool, c'est ma façon d'être rebelle et de manifester mon opposition au système qui est pourri », etc.

En règle générale, après plusieurs mois ou années d'addiction, on retrouve peu ou prou une combinaison de ces différentes croyances irrationnelles, qui se combinent et s'intriquent pour créer un redoutable entonnoir qui conduit irrémédiablement à la consommation. Plus ces croyances sont rigides, chroniques et ancrées, plus elles sont difficiles à assouplir. C'est tout l'art du thérapeute que de garder patience, bienveillance et persévérance au long des mois ou des années de thérapie, parsemées de rechutes, en ayant conscience de la puissance de l'ennemi (non pas le patient, mais la souffrance qu'il porte) à combattre. Même chez les meilleurs thérapeutes, il y a souvent, certains jours, une vraie fatigue, notamment après une énième rechute chez un patient qu'ils croyaient tiré d'affaire et pour qui ils ressentaient une profonde compassion, avec la déception sous-tendue par la croyance que « Cette fois, c'est la bonne », « la der des ders ». Le risque est grand que s'installe alors une sorte de découragement, d'usure d'empathie, voire un épuisement professionnel (la toute première description du fameux phénomène de burn-out a été faite chez les soignants de toxicomanes). Ces thérapeutes doivent donc impérativement bénéficier eux-mêmes d'un soutien psychothérapique individuel, prendre soin d'eux, prendre des temps de repos fréquents et, surtout, se soutenir mutuellement avec un bon esprit d'équipe. On le répète souvent aux jeunes médecins en formation : la rechute fait partie du processus thérapeutique ! Parfois c'est au troisième, cinquième, septième ou même quinzième sevrage que la rémission va s'installer durablement ; chacun des épisodes préalables de sevrage aura été un pas important, une marche vers le succès thérapeutique, qui doit être conçue comme un long chemin. Cela implique une grande modestie : la médecine d'aujourd'hui est bien mieux équipée que la médecine d'hier face aux addictions, mais il reste du chemin à parcourir. D'où l'importance de la recherche et de nouvelles stratégies thérapeutiques plus efficaces.

Pour soutenir le travail de restructuration cognitive (c'est-à-dire de modification des croyances irrationnelles), on utilise en TCC de nombreux outils centrés sur les comportements (exposition, désensibilisation systématique, entraînement aux habiletés sociales, etc.), sur les croyances irrationnelles (restructuration cognitive, stratégies de résolution de problèmes) et sur les émotions (relaxation, méditation en pleine conscience). La TCC est par ailleurs compatible avec l'approche de type motivationnelle. Du côté des TCC dites de la troisième vague, seule la méditation en pleine conscience (*mindfulness*) n'a pas fait la preuve de son efficacité pour traiter les dépendances aux substances[209], même si elle aide de nombreux patients et doit vraisemblablement être associée à une démarche de TCC plus globale. L'approche de type ACT (voir page 115) pourrait se montrer efficace, mais d'autres études sont nécessaires pour le confirmer[210].

Globalement, de très nombreuses données scientifiques soutiennent l'efficacité des TCC pour aider de nombreux patients à surmonter différentes sortes de dépendances[211], seules ou en combinaison avec différents traitements médicamenteux[212]. Plus généralement, les approches de type TCC permettent de soulager également les troubles psychiques sous-jacents très fréquents dans le cadre des addictions, tels que l'anxiété, le TSPT, la personnalité borderline ou la dépression.

LES GROUPES DE PAROLE ET DE SOUTIEN

La solitude est une conséquence constante des addictions. Rejoindre un groupe d'entraide comme les Alcooliques anonymes (AA) ou les Narcotiques anonymes (NA) est souvent très utile, voire indispensable. C'est la seule façon de rencontrer d'autres personnes qui vivent les mêmes difficultés, les comprennent mieux que quiconque et sont disposées à se soutenir mutuellement vers le même objectif de rétablissement.

La plupart des patients sont réticents quand on les oriente vers ces groupes, mais je leur conseille d'essayer au moins une fois et il n'est pas rare qu'ils soient agréablement surpris.

D'après mon expérience, c'est un ingrédient essentiel du succès de la prise en charge, et de nombreuses études scientifiques en soutiennent l'intérêt[213].

Je dois dire que j'ai été profondément satisfait de découvrir en littérature (enfin !), une excellente description des effets bénéfiques des groupes de parole dans le dernier ouvrage de Virginie Despentes, *Cher connard*[*], comme toujours extrêmement juste, honnête et pertinent. À lire absolument !

ET LA FAMILLE DANS TOUT ÇA ?

La thérapie familiale dans la prise en charge des addictions est essentielle. Et ce n'est pas moi qui l'affirme : ses bénéfices ont été scientifiquement prouvés, en particulier avec les adolescents et les jeunes adultes[214]. La méta-analyse de Tanner Smith[215] a même montré que les programmes de thérapie familiale pourraient être plus efficaces que plusieurs autres approches auxquelles ils ont été comparés (TCC, entretien motivationnel et thérapie d'amélioration de la motivation, groupes de support, etc.), avec une

* Grasset, 2022.

réduction de la consommation de drogues de 40 % supérieure à celle des traitements comparatifs. En pratique clinique de terrain, les meilleurs résultats me semblent être obtenus avec les programmes sur mesure qui combinent l'approche individuelle (TCC ou approche motivationnelle) ET thérapie familiale ET groupe de parole. Certes, cela peut sembler faire appel à beaucoup d'intervenants (une jeune patiente polytoxicomane très intelligente me faisait remarquer, vaguement inquiète : « Docteur, je suis cernée par les psys ! »), mais cette mobilisation intensive du système de soins est indéniablement gage d'une meilleure chance d'efficacité ; n'oublions pas que la principale conséquence de toutes les addictions est l'isolement social. Comme le soulignait Bertrand, mon jeune patient surendetté du fait d'une grave addiction aux jeux d'argent : « Il y a pire que souffrir, il y a souffrir et se sentir seul… »

L'idée, avec la thérapie familiale, est de raisonner au niveau non plus de l'individu mais du système, ou plutôt des systèmes auxquels il appartient. Force est de constater que les addictions commencent souvent tôt dans la vie, et les adolescents et les jeunes adultes se trouvent à la confluence de plusieurs systèmes sociaux (le milieu socioéconomique, l'institution scolaire et universitaire, les pairs, les communautés sportives, culturelles ou religieuses, etc.), dont la famille est l'exact épicentre. Ces différents systèmes imbriqués interagissent et exercent une forte influence sur le risque de consommation de substances chez les jeunes, comme l'ont montré de nombreuses études scientifiques[216]. Alors que les facteurs individuels (génétique, personnalité et facteurs cognitifs) sont importants pour comprendre les conduites addictives des adolescents, l'approche systémique met l'accent sur les facteurs familiaux et sociaux.

De très nombreux travaux ont montré en effet que la consommation de substances et les comportements problématiques connexes sont prédits par un grand nombre de facteurs de risque et de protection basés sur la famille, parmi lesquels on distingue des facteurs de risque (abus et maltraitances durant l'enfance[217], conflits familiaux[218], abus de substances par les parents[219]), mais aussi, heureusement, des facteurs très protecteurs tels que les attitudes parentales positives[220], l'existence d'une relation affective parent-adolescent de bonne qualité (et, surtout, chaleureuse[221] !), une communication intrafamiliale harmonieuse[222], l'attachement à la famille[223], ainsi que l'édiction de règles claires antidrogue à la maison[224], un bon niveau de connaissance des drogues chez les parents et une surveillance des consommations[225]. Les conduites addictives chez les adolescents et les jeunes adultes sont donc intimement et inextricablement liées au fonctionnement du système familial. C'est ainsi. Mais la recherche a montré que l'implication de la famille dans le traitement de l'adolescent souffrant d'addiction est un facteur clé pour la réussite de ce traitement[226]. C'est le point positif à retenir : la famille est une partie du problème, mais c'est en son sein que réside l'une des clés de la guérison. De surcroît, les familles ont besoin d'être aidées, car le fait d'avoir un enfant, un frère, une sœur, un conjoint ou un parent atteint d'addiction est une souffrance globale qui peut être très destructrice et créer des dommages collatéraux, en particulier quand il y a de la violence physique ou morale, de la manipulation, de la culpabilisation ou des dégâts financiers qui impactent tout un chacun. La famille est en effet un système qui doit s'adapter à la nouvelle donne de la maladie et va irrémédiablement se remanier, parfois de façon délétère, certaines familles explosant face à l'addiction d'un de leurs membres, le malheur s'ajoutant au chagrin de voir son proche s'enfoncer, tout en se sentant impuissant à l'aider. Le soutien familial est donc absolument crucial dans ce contexte.

Les thérapies familiales ciblent directement ou indirectement chacun des facteurs de risque et de protection précédemment énumérés et se concentrent sur les interactions relationnelles entre les membres de la famille. Elles aident les familles à mieux soutenir le rétablissement de leur enfant et permettent en retour d'améliorer le fonctionnement global de la famille. Elles permettent de comprendre que les comportements addictifs sont enracinés dans des interactions familiales inadaptées telles que des alliances familiales implicites et inappropriées, des limites trop rigides ou, à l'inverse, trop perméables, et dans la tendance des parents à croire que leur ado est responsable de tous les malheurs de la famille. Il ne s'agit donc plus de pointer du doigt et de stigmatiser un seul et unique « responsable », « coupable », « malade », mais d'analyser un système dysfonctionnel global et de soigner l'ensemble de la famille.

LES DIFFÉRENTES APPROCHES EN THÉRAPIE FAMILIALE

Voici quelques-unes des approches qui ont montré leur efficacité.

La thérapie multisystémique (TMS)

Cette intervention tente de résoudre les problèmes au sein des différents systèmes (conflit familial, groupes de pairs négatifs, harcèlement scolaire, etc.) mais aussi entre les systèmes (implication des parents dans le travail scolaire, fréquentation des groupes de pairs) en utilisant une variété d'approches et d'outils complémentaires[227]. On recueille, au début de la thérapie, un maximum d'informations sur les différents systèmes, en commençant par réaliser un génogramme. Ce génogramme est une représentation graphique de la structure familiale, souvent répartie sur trois générations et qui identifie les filiations et les ruptures de liens, les répétitions transgénérationnelles de comportements de dépendance ou les vulnérabilités individuelles.

On peut y ajouter un « cercle d'ajustement » qui montre quels facteurs de risque entretiennent la consommation de drogues de l'adolescent.
Le thérapeute et la famille collaborent pour prioriser les objectifs du changement les plus importants et les interventions les plus efficaces, avec l'utilisation d'un formulaire de supervision hebdomadaire qui contient les objectifs passés et à venir, les obstacles, les bénéfices du traitement et le cercle d'ajustement mis au jour. Les interventions du thérapeute peuvent inclure le fait d'aider la famille à mieux communiquer, de guider les parents sur la mise en œuvre de récompenses et de punitions, mais aussi par exemple d'aborder d'éventuels conflits conjugaux.

La thérapie familiale fonctionnelle (TFF[228])

Elle cible également l'amélioration de la communication entre les membres de la famille, en augmentant le soutien, en diminuant la négativité et en modifiant les schémas familiaux dysfonctionnels[229]. Le traitement se déroule en trois phases :
- **phase 1 :** le thérapeute aide la famille à améliorer sa motivation au changement en réduisant les attitudes négatives et en mettant l'accent sur les comportements problématiques en tant que problème familial global ;
- **phase 2 :** il s'agit de provoquer un changement de comportement afin que la famille puisse mieux communiquer et fonctionner, en évaluant les schémas relationnels, en encourageant l'écoute active, en aidant à mettre en œuvre des règles claires et des conséquences face aux comportements négatifs ;
- **phase 3 :** le thérapeute se concentre sur le maintien dans le temps des changements accomplis pendant la thérapie et sur la généralisation et l'adaptation flexible de ces nouvelles compétences face à la survenue de nouveaux problèmes.

La thérapie familiale multidimensionnelle (TFMD)

Elle utilise conjointement une thérapie individuelle et les approches systémiques pour cibler les facteurs personnels (c'est-à-dire les croyances et les émotions individuelles) et interpersonnels qui conduisent le jeune à agir de manière problématique[230]. Il s'agit d'un programme de thérapie flexible qui peut s'adapter aux circonstances individuelles et est lui aussi construit autour de trois étapes :

- construction des fondations ;
- action rapide et changement en travaillant sur les thèmes ;
- scellement des acquis.

Le thérapeute écoute et fait preuve d'empathie envers l'adolescent pour accroître son espoir, il l'encourage à partager son expérience intérieure et il aide les parents avec des techniques de psychoéducation et de coaching comportemental. De nouvelles compétences et perceptions sont enseignées par le thérapeute pour aider la famille à faire face aux modèles d'interaction problématiques qui se produisent en session.

LES MÉDICAMENTS

Certains médicaments peuvent être utilisés pour traiter les symptômes de sevrage, aider les personnes à poursuivre leur traitement et prévenir les rechutes. Le type de médicament prescrit dépend du type de dépendance à traiter. Il existe différents médicaments disponibles pour traiter la dépendance aux opioïdes, à la nicotine et à l'alcool, comme l'acamprosate, le baclofène et le nalméfène pour traiter les troubles liés à la consommation d'alcool, la méthadone et la buprénorphine pour les troubles liés à la consommation d'opioïdes, ou encore les substituts de la nicotine, le bupropion et la varénicline pour le tabagisme.
Concernant l'aide au maintien de l'abstinence chez les personnes souffrant de dépendance à l'alcool, les résultats d'une vaste méta-

analyse très récente[231] étaient globalement décevants : par rapport au placebo (25 % d'abstinence en moyenne), la seule intervention associée à une probabilité modérément accrue d'abstinence était l'acamprosate (38 % d'abstinence). Ni la naltrexone (une molécule qui agit sur le système cérébral de récompense), ni le baclofène, ni les antidépresseurs et autres psychotropes n'ont présenté un niveau de preuve suffisant. On connaît relativement mal le mécanisme d'action de l'acamprosate, un dérivé de la taurine qui agirait sur les récepteurs NMDA et GABA, mais en pratique clinique de terrain, avouons-le, cette molécule ne fait pas de miracles et la recherche doit être poursuivie pour découvrir de nouvelles stratégies plus efficaces. Comme nous allons le voir par la suite, les psychédéliques sont une piste extrêmement prometteuse dans le domaine du traitement des addictions.

LA NEUROMODULATION

La consommation répétée de drogues est associée à des modifications de neuroplasticité et d'adaptation neuronale dans le circuit de récompense, mais également dans le cortex frontal (en particulier dans le cortex préfrontal dorsolatéral et le cortex orbitofrontal[232]).

Ces troubles du fonctionnement cérébral préfrontal entraînent des troubles cognitifs, des comportements impulsifs, une incapacité à se contrôler et des troubles du jugement, d'où l'idée de stimuler ces régions afin d'aider les personnes souffrant d'addictions en utilisant la rTMS (stimulation magnétique transcrânienne répétée) ou la tDCS (stimulation transcrânienne directe à courant continu), qui sont des techniques de neuromodulation non invasives.

Plusieurs dizaines de petites études sont disponibles, dont les qualités méthodologiques sont diverses et très hétérogènes et dont les résultats ne permettent pas de déterminer à ce stade si ces stratégies sont efficaces pour diminuer le *craving*. De surcroît, bien peu d'études ont fourni un suivi à long terme (de trois à six mois) après le traitement pour déterminer si la neurostimulation offrait ou non un effet soutenu sur l'envie et la consommation de substances, ce qui est une limite majeure quand on connaît les taux de récidive de ces troubles[233]. Par conséquent, la recherche doit encore avancer dans ce domaine.

LA RECHERCHE SUR LES PSYCHÉDÉLIQUES

On peut à juste titre se demander si la question même de l'utilisation des psychédéliques pour traiter les addictions n'est pas en soi un paradoxe. Mais la question n'est pas tant de savoir si c'est une bonne idée de remplacer une drogue par une autre drogue (par exemple, le tabac par les patchs de nicotine, ou l'héroïne par le Subutex) que de savoir s'il est possible de guérir définitivement une personne de son addiction à l'aide d'une prise unique de psychédélique.

Pour comprendre ce problème, il nous faut revenir quelques décennies en arrière. C'est dans les années 1950 que l'alcoolisme fait son entrée dans le champ médical, avec l'émergence de données scientifiques irréfutables selon lesquelles une explication génétique ou biologique devrait être envisagée[234]. L'alcoolisme commence alors à être perçu comme une maladie et non plus comme le fruit d'un vice ou d'une faiblesse de caractère. À cette époque, le psychiatre Humphry Osmond, l'inventeur du terme « psychédélique », dont nous évoquerons les liens avec Aldous Huxley dans le chapitre 12, est attaché au St George's Hospital de Londres, en Angleterre, où il cultive un vif intérêt pour les réactions induites par la mescaline, l'agent actif du cactus peyotl, dont les effets chez des volontaires sains lui semblent tout à fait similaires aux symptômes de la schizophrénie, notamment les hallucinations, le délire, les pensées et les comportements désorganisés[235]. En 1951, après avoir répondu à une annonce dans *The Lancet* pour un poste de directeur adjoint dans un hôpital canadien, à Weyburn, il déménage avec sa famille dans la province des Prairies de la Saskatchewan, une magnifique région de lacs et de rivières, où il décide de lancer un programme de recherche avec Abram Hoffer[236]. La curiosité d'Osmond pour la mescaline le conduit rapidement à s'intéresser également au diéthylamide de l'acide d-lysergique (LSD), qui semble produire des réactions similaires à celles observées avec la mescaline, mais dont le potentiel thérapeutique pourrait s'avérer bien plus puissant[237]. Les expériences révèlent l'incroyable capacité du LSD à induire chez des volontaires sains de nouveaux états altérés de conscience de soi : les personnes disent avoir acquis une perspective différente sur leur rôle dans la famille ou dans la société ou expérimentent un nouveau sens de la spiritualité. Au-delà des quelques heures que durent les effets psychédéliques d'une simple prise de LSD, les sujets affirment que le changement de nature psychologique et philosophique qu'ils ressentent leur semble profond et durable. Hoffer et Osmond brûlent de savoir si ce changement est susceptible d'avoir un impact thérapeutique sur la modification de comportements problématiques. En 1953, ils commencent à tester le LSD chez des patients suivis pour alcoolisme, en partant au tout départ de l'idée qu'il y a des points communs entre l'expérience du LSD et le *delirium tremens*, le délire de sevrage des grands alcooliques, conception qu'ils abandonneront plus tard. Ils traitent d'abord un homme et une femme, chacun avec une dose unique et importante de deux cents microgrammes de LSD. Ces deux personnes souffrent d'un alcoolisme chronique sévère pour lequel ils sont suivis au Saskatchewan Mental Hospital, à Weyburn. Après le traitement au LSD, le patient masculin a cessé de boire et est resté sobre pendant au moins six mois, date à laquelle l'étude de suivi a pris fin. La patiente a continué à boire après l'expérience mais a arrêté plus tard, pendant la période de suivi. Osmond et Hoffer sont très étonnés par cette première expérience et se demandent si le LSD pourrait avoir 50 % de chances d'aider les alcooliques. Au cours de la décennie suivante, ils testent cette hypothèse sur plus de sept cents patients, et leurs résultats confirment cette première impression. Avouons-le, 50 % d'abstinence partielle ou totale au long cours après une prise unique de LSD, dans ce domaine si difficile de la médecine que sont les alcoolodépendances chroniques, c'est plus que correct : c'est éblouissant* !

Le contexte de l'époque est favorable à de telles recherches. D'une part, nous l'avons dit, le modèle médical de l'alcoolisme s'implante de mieux en mieux, et implique que cette consommation, pour ne pas devenir excessive, requière une capacité d'autocontrôle dont tout le monde ne dispose pas, ce qui peut nécessiter les soins par des professionnels de santé. D'autre part, dans cette Amérique de l'après-guerre, tous se souviennent de l'échec cuisant de la Prohibition et chacun est convaincu que la consommation d'alcool doit se faire sur la base d'un choix individuel[238]. Osmond et Hoffer conçoivent un modèle biopsychosocial de l'alcoolisme véritablement visionnaire dans lequel les facteurs sociaux jouent un grand rôle : ils sont convaincus, bien avant l'heure, que consommation d'alcool et masculinité toxique se renforcent mutuellement dans une société américaine où les beuveries des jeunes hommes adultes sont perçues comme un signe de virilité et sont fortement valorisées socialement. Les psychédéliques, appuyés par une thérapie, pourraient aider le sujet à modifier ses perceptions individuelles et sociales et améliorer son auto-contrôle. Les essais cliniques continuent ; d'autres chercheurs comme Smith commencent leurs propres

* Mais les critères qu'utilisaient alors les chercheurs ne sont pas ceux d'aujourd'hui (nos méthodologies sont devenues beaucoup plus exigeantes) et les résultats sont, de ce fait, difficilement exploitables à l'aune des critères actuels.

études et la méthodologie s'affine. Les patients passent la journée dans une chambre d'hôpital ou dans un cabinet médical, accompagnés d'une infirmière ou d'un psychiatre. Au fur et à mesure que les essais progressent, on améliore l'environnement avec des stimuli tels que de la musique, des fleurs fraîchement coupées, des peintures... Environ huit heures après avoir consommé du LSD, l'expérience commence à s'estomper et, le lendemain, les patients sont encouragés à rédiger une description écrite de leur expérience.

Le psychiatre d'un de ces patients décrit dans son rapport : « Il a eu un sentiment d'unité momentanée avec Dieu. Eu une vision alors qu'il était allongé, les yeux fermés, d'un escalier en colimaçon avec lui-même parlant à une autre personne. Cela semblait avoir une grande signification pour lui... Il semble avoir acquis une certaine perspicacité et une certaine compréhension de lui-même. »

Fait intéressant, ces expériences bénéficient du soutien local des Alcooliques anonymes (AA). Fondés en 1935, les AA reposent sur le soutien fraternel offert par les membres d'une communauté qui partagent leurs expériences, le rétablissement reposant sur un espace social, et un soutien par les pairs, soutenu par un programme en « douze étapes » impliquant une dimension spirituelle avec la croyance en une puissance supérieure à soi. La dernière des douze étapes impliquant d'ailleurs le partage de cette spiritualité : « Ayant connu un réveil spirituel comme résultat de ces étapes, nous avons alors essayé de transmettre ce message à d'autres alcooliques et de mettre en pratique ces principes dans tous les domaines de notre vie[239]. » Or les participants des traitements au LSD déclarent que l'expérience induite chimiquement génère souvent un sentiment de spiritualité voire de béatitude, avec un effet extrêmement puissant sur la perception de soi. Bill W., l'un des cofondateurs des AA, ira jusqu'à expérimenter lui-même le LSD à la fin des années 1950, entretenant une correspondance avec Osmond et Hoffer.

Seule une infime minorité de patients dans ces essais semble avoir fait part d'impressions ou de réactions négatives au LSD, du type d'hallucinations terrifiantes et de crises d'angoisse mais qui pouvaient être contenues par la présence rassurante du staff et au besoin par un anxiolytique. Et contrairement aux craintes de certains détracteurs, la prise de LSD n'entraînait aucune dépendance. Mais la principale autorité canadienne en matière de toxicomanie conteste finalement les conclusions de ces recherches puis décide d'interdire la poursuite d'essais cliniques.

À la fin des années 1960, le LSD est devenu une drogue récréative associée à l'émergence de la contre-culture américaine et des mouvements contestataires de la jeunesse, ce qui représente clairement une menace pour le gouvernement de Nixon, comme l'analyse le journaliste américain Michael Pollan dans son passionnant essai *How to Change Your Mind**. Les outrances de Timothy Leary[240], célèbre psychologue qui prônait la diffusion massive du LSD, et les faits divers tragiques survenus sous l'emprise de la drogue utilisée à tort et à travers soulèvent l'indignation du grand public. La pénalisation du LSD aux États-Unis en 1968 entraîne de fait la fin de la recherche clinique dans le traitement des addictions pour une longue période[241]. Mais en fin de compte, l'introduction du traitement de l'alcoolisme avec la thérapie sous LSD par Osmond et Hoffer au Saskatchewan a non seulement renforcé le modèle médical de l'alcoolisme, mais a également fortement incité les décideurs politiques et le grand public à reconnaître l'alcoolisme comme une maladie à part entière ayant des implications socioculturelles et biologiques.

Mais depuis deux décennies, les psychédéliques ont effectué un retour au sein de la recherche scientifique et dans les débats qui animent la communauté médicale, et certaines villes comme

---

* Penguin Press, 2018.

Denver (Colorado) ou Oakland (Californie) ont dépénalisé l'usage de la psilocybine, un psychédélique présent dans les champignons psychédéliques au mode d'action sérotoninergique relativement proche de celui du LSD, suivis par d'autres dans le Vermont et l'Oregon.

Tout récemment, des chercheurs de la NYU Grossman School of Medicine ont montré que deux doses de psilocybine réduisent la consommation excessive d'alcool de 83 % en moyenne chez les buveurs lorsqu'elles sont combinées à la psychothérapie[242]. L'étude a porté sur quatre-vingt-treize hommes et femmes souffrant de dépendance à l'alcool. Ils ont été assignés au hasard pour recevoir soit deux doses de psilocybine, soit un antihistaminique placebo en double aveugle (ni les chercheurs ni les participants à l'étude ne savaient quel médicament était en jeu). Dans un délai de huit mois à compter du début de leur traitement, ceux qui avaient reçu de la psilocybine ont réduit la consommation excessive d'alcool de 83 % par rapport à leur consommation d'alcool avant le début de l'étude, alors que ceux qui avaient reçu des antihistaminiques ont réduit leur consommation d'alcool de 51 %. Les résultats sont très proches de ceux des études pionnières d'Osmond et Hoffer, avec près de la moitié (48 %) des patients ayant reçu de la psilocybine qui ont complètement cessé de boire par rapport à 24 % du groupe placebo et ce, huit mois après leur première dose. L'auteur principal de l'étude, le psychiatre Michael P. Bogenschutz, par ailleurs directeur du Centre de médecine psychédélique de NYU Langone déclarait[243] : « Nos résultats suggèrent fortement que la thérapie par la psilocybine est un moyen prometteur de traiter le trouble de la consommation d'alcool, une maladie complexe qui s'est avérée notoirement difficile à gérer. »

Si nous disposons actuellement d'une vingtaine de petites études (dont la plupart sont non contrôlées) portant sur l'intérêt du LSD dans les troubles liés à l'alcool, il y a encore trop peu d'essais randomisés contrôlés remplissant les critères de qualité en vigueur aujourd'hui pour que l'utilisation du LSD puisse être accréditée dans le cadre d'une utilisation plus large : la recherche doit donc continuer. Il en va de même pour l'utilisation des autres psychédéliques (psilocybine, mescaline, ayahuasca et MDMA), qui ne sont pas autorisés dans le traitement des addictions et demeurent strictement interdits en France. Une grande prudence doit par ailleurs encadrer les essais cliniques car le risque, à vouloir aller trop vite et à produire des recherches de mauvaise qualité, serait que des drames surviennent, ce qui conduirait inéluctablement à refermer de nouveau pour plusieurs décennies les passionnantes recherches sur les vertus thérapeutiques des psychédéliques.

Avant de terminer ce chapitre sur les addictions, ajoutons que nous disposons en France d'un outil d'un intérêt considérable : les Centres de soins, d'accompagnement et de prévention en addictologie (CSAPA), qui assurent gratuitement les fonctions d'information, de prévention, d'orientation et de prise en charge médicale, psychologique et sociale pour les personnes souffrant d'addiction*.

* Vous trouverez le CSAPA le plus proche de votre domicile à l'adresse suivante : https://annuaire.action-sociale.org.

12

Les psychédéliques : l'avenir des thérapies ?

Commençons par le témoignage très particulier de Laurent, un cher ami montréalais, lui-même psychiatre, ayant bénéficié d'une prise de psilocybine dans le cadre d'un protocole de recherche sur les volontaires sains :

> « Juin 2022. J'ai réalisé une prise de psilocybine sous surveillance médicale, après un bilan biologique et cardiovasculaire. Le médecin responsable s'est bien assuré que je n'avais pas d'antécédent de toxicomanie ni de psychose. À vrai dire, je n'avais jamais vécu de trip de toute mon existence, c'était donc une première, que j'appréhendais avec un mélange d'anxiété et d'excitation. Après la prise de la substance contenue dans les mystérieux champignons magiques, je me suis installé confortablement, muni d'un masque de sommeil occultant complètement la lumière et d'une playlist soigneusement choisie (on m'avait surtout sélectionné de la musique Trance mais j'étais libre d'ajouter d'autres morceaux). Quelques heures plus tard, j'ai pris des notes pour garder une trace de cette expérience incroyablement puissante et qui restera à jamais gravée dans ma mémoire. Les voici :
> Les mots sont bien trop pauvres pour décrire ce que je viens de vivre. Ce furent les trois heures les plus riches et denses de

toute mon existence. Jusque-là, mon plus haut en termes de densité expérientielle était, après la naissance de ma fille, ma première visite à la Galerie des Offices à Florence : et même pour cela, la comparaison ne peut se faire, l'échelle de mesure étant radicalement différente ; dire moins de un millionième serait encore très éloigné de la réalité en termes de densité émotionnelle.

Le choix de l'environnement, du *set and setting*, et en particulier de la musique est capital ; il est déroutant de constater que ce n'est pas la musique que l'on aime habituellement qui fonctionne (j'ai été désappointé en constatant l'absence d'effet de mes morceaux préférés de musique classique et de jazz, et aussi de la plupart des titres pop-rock type Beatles, REM, Doors, Velvet Underground, etc. dont j'avais pensé qu'ils fonctionneraient ; par exemple, alors que j'adore plus que tout les *Variations Goldberg* de Bach et le *Messie* de Haendel, j'avoue que je me suis dit en les écoutant sous psilocybine : « C'est vraiment de la daube, leur musique ! »).

Il faut aller du côté d'environnements musicaux tout à fait spécifiques en termes de fréquence et de trame sonore : Trance (un genre musical que je ne connais pas et n'apprécie pas particulièrement mais qui éclate littéralement le cerveau sous psilo), certains bruits forêt-rivière issus d'albums de méditation, et surtout certains titres des Pink Floyd (en particulier ces deux titres qui ont un effet absolument incroyable : *Shine on you crazy diamonds* et *Set the controls for the heart of the sun*) qui m'ont mené loin dans des contrées inconnues de moi et m'ont plongé dans un univers mystico-philosophique extrêmement profond.

Le mieux est d'être seul et de ne pas être dérangé (chaque fois qu'on est venu me demander si ça allait, cela interrompait immédiatement l'expérience).

Au bout d'une trentaine de minutes, une imagerie visuelle riche et intense est apparue, très colorée et complexe, avec un sentiment océanique puissant, et une très forte composante affective de joie intense (on se surprend souvent à sourire ou à rire). Les univers visuels dépendent fortement de la trame musicale : on peut aller des univers de Hieronymus Bosch ou Tim Burton avec de nombreuses créatures effrayantes (tout en ressentant une profonde euphorie) en passant par des visualisations interstellaires complexes, des forêts avec des animaux étranges, des images de type jeu vidéo ou flipper, qui pulsent au rythme de la musique. Cela était accompagné d'une hypersensibilité sensorielle et émotionnelle avec une très forte réactivité qui s'est muée rapidement en sentiment de fusion et d'empathie universelle.

Mais le noyau le plus important de l'expérience est la disparation du sentiment même de soi. C'est quasiment impossible à décrire avec des mots, mais quand l'ego revient, on a le sentiment de devoir remettre de vieilles fripes trop étroites et usées.

Un test que j'ai trouvé utile pour repérer le début et la fin des effets psychédéliques correspond à l'évaluation de la disparation du sentiment de soi (conscience autoréférentielle). En pratique, je me posais régulièrement la question « Est-ce que je me sens ridicule ? », ou n'importe quel adjectif agréable ou désagréable concernant ma personnalité. Vient un moment où l'on ne peut plus répondre à la question car elle n'a tout simplement plus de sens (« je » a foutu le camp, littéralement). De nombreuses intuitions spontanées sont survenues sous la forme de révélations existentielles, avec l'apparition de sentiment de compréhension profonde et surtout d'apaisement. J'avais tenté de poser un cadre avec des questions très personnelles rédigées au préalable. J'ai pu traiter ces sujets, mais en réalité bien d'autres sujets cruciaux et profonds se sont présentés à ma conscience tout à fait spontanément (portant sur des figures importantes vivantes ou mortes de mon existence, sur la compréhension de mécanismes psychiques me concernant, c'est-à-dire une sorte de thérapie accélérée avec des éclairages incroyablement pertinents et totalement nouveaux, soit sur des questions existentielles, en particulier mon rapport à la mort).

Il y a très clairement un sentiment d'avant/après de l'expérience, que je qualifierais, faute de mieux, comme le sentiment de devoir remettre de pauvres vêtements inutiles et informes, une sorte de costume empesé, alors que l'on a nagé nu et libre dans l'océan de l'univers.

La créativité : l'expérience est tellement riche et dense que l'on pourrait écrire des centaines de pages dessus, mais on a cependant bien plus envie de demeurer dans l'expérience, tant les mots semblent vains (ainsi que tout le reste, notamment le désir de faire de la littérature... Les concepts qui sous-tendent ces désirs semblent alors tellement futiles et ridicules). Néanmoins le meilleur moment pour écrire semble la fin de l'expérience, quand les effets s'estompent et que l'on accepte de redonner un peu d'intérêt au reste, qui n'en a que très peu, une fois que l'on a fusionné avec l'univers et vu Dieu, ce qui se produit de façon très imagée, complexe et en même temps très simple, archétypale ; j'ai vu son immense « berceau » de cristal, alors même que je suis athée... Quant à savoir après cette expérience si Dieu existe ou pas, je peux simplement dire que cette question n'a aucune importance, pas plus que la mort, l'échec, la réussite, etc. La vérité est ailleurs, dans un ailleurs mystique ct sacré qui n'a pas de nom, je pourrais difficilement dire plus que ces mots bien trop pauvres : « Une exaltante vibration de l'univers. »

On perçoit l'utilité thérapeutique potentielle pour soulager les personnes en fin de vie qui redoutent la mort (par exemple, je me suis vu et senti mort, enterré, l'eau et la terre ruisselant à travers moi, et c'était extrêmement apaisant), mais aussi la dépression (la disparition du sentiment de soi et de toutes les constructions mentales est une expérience libératrice), les troubles anxieux (plus rien ne fait vraiment peur quand on s'est senti « être » l'univers), les traumatismes (on les visualise littéralement : par exemple, concernant des épisodes douloureux de l'enfance, j'étais dans une caverne avec des chauves-souris, et ils se résolvent spontanément, ou plutôt ils n'ont aucune importance et tout ceci se déroulait de façon extrêmement fluide et avec une grande allégresse). On pense aussi à l'intérêt pour l'anorexie mentale et les TOC (la dimension de structure ou de rigidité psychique disparaît totalement durant l'expérience) au même titre que pour certains troubles de la personnalité, parmi lesquels je pense tout naturellement aux troubles de la personnalité borderline, avec toute la dimension de mentalisation et d'erreurs de théorie de l'esprit, et l'importance du jugement punitif sur soi, car tout cela disparaît et on en retient l'expérience centrale, ce sentiment que les conflits interpersonnels n'ont aucune espèce d'intérêt (c'est-à-dire ne sont que des jeux d'enfants immatures – avec beaucoup d'apaisement –), on se souvient même après avoir remis ses habits du jugement moral, du sentiment de jugement sur soi, de comparaison, de réussite ou d'échec, de solitude ou d'absence, que ce ne sont que de pauvres habits sans valeur.

On comprend aussi l'intérêt phylogénique du sentiment de soi : les prédateurs ne font absolument pas peur, on prendrait presque plaisir à être mangés par eux et à se fondre dans les particules vibrantes de l'univers… D'un point de vue philosophique, l'expérience corrobore la théorie bouddhiste selon laquelle l'ego est une pure construction mentale, et ce que perturbation du réseau du mode par défaut signifie vraiment (on comprend parfaitement l'hyperconnectivité cérébrale induite par la psilocybine, cf. la métaphore de la boule à neige). »

L'ENTRÉE EN SCÈNE DES PSYCHÉDÉLIQUES : BACK TO THE SIXTIES...

Si les portes de la perception étaient nettoyées, chaque chose apparaîtrait à l'homme telle qu'elle est, infinie. Aldous HUXLEY

Le 16 avril 1943, le chimiste suisse Albert Hofmann, employé par les laboratoires Sandoz à Bâle, se contamine par mégarde avec un dérivé de l'acide lysergique dont il était en train d'étudier les propriétés. Il expérimente alors des sensations euphorisantes et des hallucinations similaires à celles qui sont provoquées par l'ergot de seigle, un champignon susceptible de se développer dans la farine du pain, provoquant le « mal des Ardents » ou « feu de Saint-Antoine », dont les ravages furent terribles au Moyen Âge. L'ergot de seigle aurait d'ailleurs fait l'objet d'une utilisation rituelle par les hommes des tourbières*, vraisemblablement au cours de sacrifices humains qu'il s'agissait peut-être, grâce à l'action psychédélique, de faciliter[244]. Intrigué par les effets de sa nouvelle molécule, Albert Hofmann en ingère ce qu'il pense être une petite quantité, soit 0,25 mg (en réalité une dose massive). Après un trajet à vélo épique durant lequel il bascule dans un univers parallèle, il croise une voisine en arrivant chez lui dans laquelle il reconnaît « une sorcière malveillante au masque coloré ». Il relate dans son autobiographie « toutes mes tentatives

* Datant du néolithique jusqu'au Moyen Âge, ces restes humains ont été découverts dans d'excellentes conditions de conservation, momifiés dans les tourbières du nord de l'Europe.

pour mettre fin à la désintégration du monde extérieur et à la dissolution de mon ego semblaient peine perdue[245] ». Cette découverte conduira au développement de la drogue hallucinogène la plus mythique des années 1960 : le LSD (diéthylamide de l'acide lysergique).

À peine quelques années plus tard, un beau matin de mai 1953, dans sa maison d'Hollywood Hills, Aldous Huxley ingère 400 mg de cristaux de sulfate de mescaline délivrés par le psychiatre Humphry Osmond. Initialement, la mescaline contenue dans le cactus peyotl était utilisée lors de cérémonies amérindiennes dont l'origine remonterait aux civilisations aztèques. Huxley vit alors une extraordinaire expérience d'illumination esthétique et spirituelle, qu'il décrira plus tard dans son livre *The Doors of Perception* (*Les Portes de la perception*) par ces mots : « Ce qu'Adam a vu au matin de sa création, le miracle, instant par instant, de l'existence nue. » Ce livre va devenir la proue de la contre-culture des années 1960 et un véritable tremplin de la révolution psychédélique. Huxley et Osmond cherchèrent les racines grecques qui correspondaient à « rendre visible la psyché », et ce dernier suggéra « psychédélique ».

Au-delà de l'expérience esthétique (Huxley évoque magnifiquement Bernini, Watteau, Vermeer, etc.) et philosophique (avec « l'élargissement du champ de conscience », « la nature des choses »), l'écrivain aborde le potentiel thérapeutique des psychédéliques : « La mescaline pourrait révéler la cause de la schizophrénie et potentiellement son remède. »

À peu près à la même période, l'artiste et poète Henri Michaux publie ses recherches sur les effets de la mescaline sur la conscience et la créativité.

Le banquier et botaniste amateur Gordon Wasson retrouve au Mexique, en 1955, une communauté tribale qui utilise des champignons hallucinogènes (les fameux « Magic Mushrooms ») selon une tradition ancienne. Quelques années plus tard, Albert Hof-

mann isole le produit actif contenu dans le champignon et le nomme « psilocybine ». Timothy Leary, un fantasque psychologue de Harvard, promeut largement le LSD et la psilocybine aux États-Unis à partir des années 1960, allant jusqu'à en recommander la diffusion dans l'eau du robinet… La *beat generation* et les *hippies* s'emparent largement de cette substance. En France, de nombreux artistes, auteurs et philosophes en font l'expérience (Jean-Paul Sartre, Antonin Artaud, etc.).
Mais c'est déjà le début de la fin de l'utilisation des psychédéliques en médecine. En dépit de premières études cliniques prometteuses, en particulier pour traiter l'alcoolisme, les psychédéliques acquièrent rapidement une mauvaise réputation liée aux *bad trips* qu'ils peuvent occasionner lorsqu'ils sont utilisés en dehors de tout cadre. Sous l'impulsion du président américain Richard Nixon, qui voit d'un très mauvais œil l'émergence de la contre-culture, en particulier dans le contexte de la guerre du Viêtnam[246], les psychédéliques sont peu à peu déclarés illégaux dans l'ensemble du monde occidental à partir de la fin des années 1960.

LE RETOUR EN GRÂCE DES PSYCHÉDÉLIQUES : DE NOUVEAUX ESPOIRS THÉRAPEUTIQUES

Mais la piste thérapeutique est poursuivie en sourdine par un petit groupe de scientifiques. Le psychiatre Peter Gasser étudie ainsi le bénéfice du LSD pour soulager l'angoisse de mort de patients en phase terminale de cancer[247]. Les résultats sont spectaculaires, les patients semblent soulagés plus rapidement et plus efficacement qu'avec les approches habituelles. Surtout, ces études montrent qu'il est possible d'utiliser les psychédéliques à visée thérapeutique en toute sécurité, à condition de le faire dans un cadre médical bien précis.

Peu à peu, les psychédéliques font l'objet d'essais cliniques extrêmement prometteurs qui ouvrent actuellement la voie à d'immenses espoirs en termes de progrès thérapeutiques. Les données dont nous disposons à l'heure actuelle suggèrent de puissants effets antidépresseurs et anxiolytiques[248] et un vaste potentiel thérapeutique pour le syndrome post-traumatique[249], la dépendance aux substances[250] et la détresse en fin de vie[251]. La thérapie psychédélique est peu à peu en train d'émerger vers ce qui pourrait d'ici à quelques années représenter une alternative aux traitements standard actuels. À ce jour, les études indiquent non seulement l'efficacité, mais aussi une bonne sécurité d'emploi, avec dans certains cas moins d'effets secondaires potentiels que d'autres classes de psychotropes[252]. Dans la mesure où les effets secondaires des médicaments et la non-observance médicamenteuse sont des problèmes centraux en santé mentale, la nature intermittente de la prise du traitement psychédélique (par exemple, une seule prise tous les trois mois) est susceptible d'être plus acceptable pour les patients. Ces thérapies pourraient également apporter un soulagement à ceux qui ont eu une mauvaise réponse thérapeutique avec les traitements usuels ou qui ont développé une résistance aux médicaments.

Mais ces nouvelles thérapies assistées par psychédéliques nécessitent des travaux de recherche supplémentaires pour mieux comprendre leurs mécanismes d'action et mieux délimiter les conditions précises de leur utilisation optimale dans les différents troubles mais aussi en fonction des caractéristiques individuelles de chaque patient. L'imagerie cérébrale permet aujourd'hui de mieux comprendre les effets des psychédéliques en particulier l'augmentation de l'hyperconnectivité neuronale et les perturbations du réseau du mode par défaut (voir page 59).

Aujourd'hui, les psychédéliques utilisés à des fins thérapeutiques comprennent l'acide lysergique diéthylamide (LSD), la psilocybine, la mescaline et l'ayahuasca. La 3,4-méthylène-dioxy-méth

amphétamine (MDMA ou ecstasy) et la kétamine présentent également, à certaines doses, des caractéristiques psychédéliques[253]. Tous ont en commun la possibilité d'induire une expérience mystique, y compris la MDMA[254, 255] et la kétamine[256].
Mais indépendamment des effets chimiques et neurobiologiques de ces molécules, l'expérience mystique est-elle susceptible d'expliquer en soi leur efficacité thérapeutique ?

EXPÉRIENCE MYSTIQUE, FLEXIBILITÉ PSYCHOLOGIQUE OU HYPERCONNECTIVITÉ CÉRÉBRALE : QUELLE EST LA CLÉ DES PSYCHÉDÉLIQUES ?

On n'est peut-être pas fait pour un seul moi. Henri Michaux

Béatitude, révélation, illumination, plongée dans l'inconscient, réminiscence de mémoires oubliées, ou simple artefact cérébral lié à un grand chambardement chimique : quel est le mode d'action thérapeutique des psychédéliques pour soulager la souffrance psychique ?
Les psychédéliques ont tous en commun d'agir puissamment sur les récepteurs à la sérotonine (de type 5-HT 2A) et d'entraîner des effets cliniques relativement similaires, notamment des modifications de la perception sensorielle (voire des hallucinations), une altération du sens du temps et de l'espace, des expériences mystiques et spirituelles et une dissolution de l'ego. Mais quel est à proprement parler le mécanisme d'action précis susceptible d'expliquer leur impressionnant potentiel thérapeutique ?
À l'heure actuelle, à défaut de grande certitude, trois pistes complémentaires et convergentes se précisent :
- l'intensité de l'expérience mystique ;
- l'augmentation de la flexibilité cognitive ;

• l'augmentation de la plasticité et de la connectivité neuronale et la perturbation du réseau du mode par défaut.

Mais commençons par le commencement : qu'est-ce qu'une expérience mystique ? Quels sont les critères précis qui permettent de la définir ? Le philosophe William James (1842-1910), souvent présenté comme le fondateur de la psychologie en Amérique, en retient quatre dans son livre *Varieties of Religious Experience* :

1. L'ineffabilité. L'expérience mystique est non communicable, elle doit être expérimentée directement et ne peut être transmise à autrui.

2. Le caractère noétique. Ce terme désigne le fait que l'expérience est liée à un contenu de connaissance (révélation, illumination, etc.), avec le sentiment d'un mystère dévoilé. Impossible pour l'observateur de déterminer s'il y a réellement un contenu de connaissance, mais peu importe en fait, du moment que le sujet au centre de l'expérience mystique ne doute pas de l'existence de ce contenu de connaissance.

3. Le caractère momentané et transitoire. Les états mystiques ne durent que quelques heures (à la différence des états psychotiques qui peuvent durer des mois ou des années).

4. La passivité. Les éléments de l'expérience s'intègrent d'eux-mêmes dans la vie intérieure du sujet, sans l'interrompre, et la modifient.

Dès 1960, le philosophe et épistémologiste britannique Walter Terence Stace, dans son essai *Mysticism and Philosophy*, ajoute d'autres critères essentiels permettant de définir l'expérience mystique, notamment le caractère sacré, l'humeur profondément positive, la transcendance du temps et de l'espace[257]. Il a en outre séparé l'expérience mystique dite extravertie de l'expérience introvertie pour ce qui concerne le sentiment d'unité, la première impliquant l'interconnexion universelle tandis que la seconde implique la dissolution de l'ego (c'est-à-dire le sen-

timent de disparition du moi, du je) ; la présence des deux est considérée comme « complète ».
Sur la base des critères identifiés par Stace, Pahnke et Richards[258] ont développé, en 1966, le *Mystical Experience Questionnaire* (MEQ), qui contient quatre facteurs : mystique, humeur positive, transcendance du temps et de l'espace, et ineffabilité. Le sujet peut ainsi noter de 0 (pas du tout) à 5 (extrême) chacun des trente items, parmi lesquels on trouve : « Expérience de la fusion de votre moi avec un tout plus large », « Expérience de l'unité avec la réalité ultime », « Sentiment que vous avez vécu l'éternité ou l'infini », « Sentiment que vous avez vécu quelque chose de profondément sacré et saint », « Sentiments de tendresse et de douceur », « Sentiments de paix et de tranquillité », « Sentiments de joie », « Sentiment d'être "en dehors du temps", au-delà du passé et du futur », « Sentiment que l'expérience ne peut pas être décrite de manière adéquate en mots », etc. On peut donc mesurer de façon fiable et reproductible, c'est-à-dire scientifique, la qualité de l'expérience mystique sous psychédéliques.
Attardons-nous maintenant sur un résultat passionnant : la plupart des études montrent l'existence d'un lien très fort entre l'efficacité thérapeutique et l'intensité de l'expérience vécue, en particulier de la dimension mystique, sous psychédéliques. C'est ce qu'a mis en exergue le travail d'une équipe du King's College (Londres) qui a montré que l'expérience mystique est étroitement liée à la réduction des symptômes et à l'amélioration de la qualité de vie[259]. Les auteurs ont compilé douze études de thérapies psychédéliques utilisant la psilocybine, l'ayahuasca ou la kétamine, dans des domaines aussi divers que la détresse liée au cancer, les addictions aux drogues et les troubles dépressifs résistants : dix des douze études confirmaient ce lien.
Globalement, ces études montrent que certains mécanismes psychologiques liés à l'action des psychédéliques semblent universels. Il s'agit notamment d'une prise de conscience très intense

émotionnellement[260], d'une flexibilité psychologique accrue[261] et de l'expérience mystique[262]. Cette dernière peut inclure le sentiment océanique d'absence de limites (SOAL), l'interconnexion universelle, la dissolution de l'ego et la transcendance du temps et de l'espace[263]. Le SOAL peut être défini comme l'illimitation de soi ou le sentiment d'être un avec l'univers ; les sous-facteurs du SOAL identifiés dans les questionnaires de recherche sont la perspicacité, l'état de bonheur, l'expérience de l'unité et l'expérience mystique[264]. La dissolution de l'ego fait référence à la réduction ou à la perte de son sens de l'identité personnelle ; cela peut être positif, sous la forme du SOAL (expérience de l'unité), ou négatif, avec la production d'anxiété lors d'un *bad trip*[265].

Si l'expérience mystique prédit largement le résultat thérapeutique, il est alors important de tenir compte des éléments qui l'affectent en particulier le fameux *set and setting*, c'est-à-dire le cadre et l'environnement. Il a été notamment montré que l'anxiété induite par les psychédéliques, par exemple, la crainte de la dissolution de l'ego, compromet les effets thérapeutiques de la psilocybine et de la kétamine. L'importance du *set and setting* dans lequel l'anxiété du sujet est parfaitement gérée par du personnel soignant bien formé est donc absolument essentielle. Les différentes versions de thérapies assistées par psychédéliques incluent en règle générale, au préalable à la prise de psychédélique, des techniques de relaxation et de méditation en pleine conscience ainsi que l'établissement d'un rapport thérapeutique de grande confiance.

Des idées ayant un sens philosophique très profond sur le plan personnel peuvent être suscitées par l'expérience mystique sous psychédéliques et largement contribuer (voire être à l'origine) de l'effet thérapeutique[266]. On peut rapprocher ce type d'expérience sous thérapie assistée par psychédéliques à ce que décrivent les personnes ayant vécu l'expérience d'une mort imminente (les fameuses NDE, ou *Near-Death Experiences*), durant laquelle

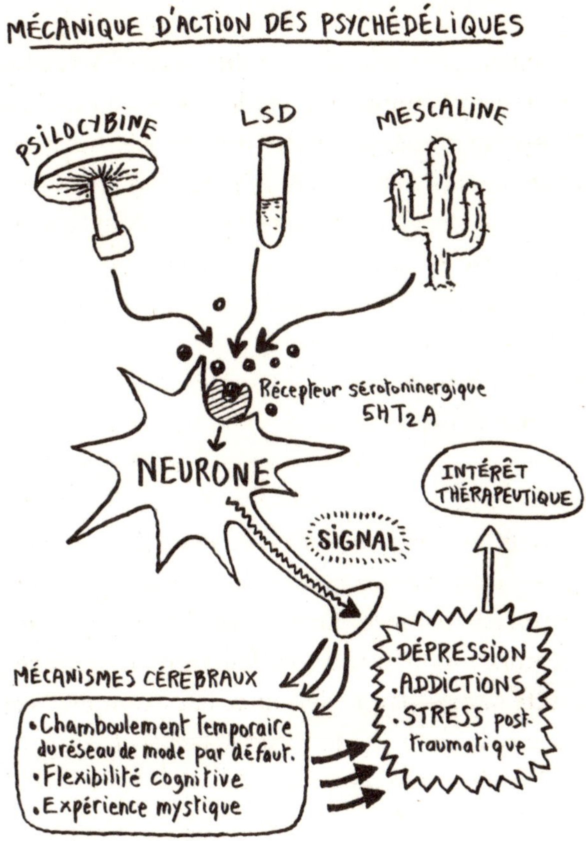

les sujets se dissocient, éprouvent un sentiment d'apaisement, d'amour et de bien-être extrêmement intense, décrivent des effets visuels (notamment sous la forme d'une lumière ou d'un tunnel), disent avoir eu le sentiment de voir leur vie défiler, se réconcilient avec leurs morts, ou vivent une prise de conscience existentielle très intense qui les conduit à radicalement changer de vie[267, 268].

Concernant la flexibilité psychologique, Steven Hayes[269], le fondateur de l'ACT (voir page 115), la définit comme « la capacité de changement mise au service des valeurs choisies ». Certains chercheurs postulent que le mécanisme psychothérapeutique fondamental des psychédéliques est justement le renforcement de cette flexibilité psychologique[270]. D'autres auteurs, dans la même veine, suggèrent que l'expérience mystique psychédélique, avec son prodigieux effet *awe**, augmenterait durablement la dimension d'« ouverture » de la personnalité, ce qui impliquerait une faible réponse à ce type de thérapie chez les sujets rigides sur le plan de la personnalité[271].

Sur le plan cérébral, l'imagerie fonctionnelle montre une augmentation massive de la connectivité neuronale sous psychédéliques, avec une forte altération temporaire du fameux RMD (le réseau du mode par défaut).

En réalité, rien n'interdit de penser – et c'est sans doute l'hypothèse qui tient le mieux la route à l'heure actuelle — que ces trois composantes liées à l'efficacité thérapeutique des psychédéliques (expérience mystique, flexibilité cognitive et hyperconnectivité) ne témoignent que d'un seul et même processus, lequel se manifeste différemment en fonction du niveau d'observation, phénoménologique, psychopathologique ou en imagerie cérébrale.

L'AVENIR DES PSYCHOTHÉRAPIES EST-IL SOLUBLE DANS LES PSYCHÉDÉLIQUES ?

Il serait un peu facile de claironner ici haut et fort : « Avec l'avènement des psychédéliques, je vous annonce officiellement et en avant-première la fin des psychothérapies classiques, qui seront toute progressivement abandonnées dans quelques décennies, voire la fin de la psychiatrie telle que nous la connaissons. » Qui dit révolution dit fin du règne précédent, et force est de constater que nous avons, en France, une certaine culture de l'exécution capitale ; à titre personnel, je ne me réclame pas de cette culture de la décapitation. L'arrivée des psychédéliques en thérapie va évidemment bouleverser la donne et elle est d'ores et déjà por-

* Effroi mêlé d'admiration et de respect (Larousse).

teuse de grandes promesses, mais ce sera vraisemblablement plus une évolution qu'une révolution à la française, avec des têtes qui tombent.

Les plus grands changements se feront sans nul doute dans la prise en charge des psychotraumatismes avec des thérapies accélérées qui permettront en seulement une à cinq séances de guérir des patients pour lesquels dix, quinze ou vingt ans de thérapie classique n'auraient pas abouti. Nous assisterons sans doute à de grands progrès dans le domaine du traitement des dépressions, des troubles anxieux, mais aussi des addictions et des troubles du comportement alimentaire. Les travaux de recherche orienteront aussi peu à peu vers la prise en charge des troubles de la personnalité les plus sévères qui bénéficieront, très vraisemblablement, des mêmes avancées avec l'émergence de nouvelles thérapies assistées par les psychédéliques. Pour autant, tous les patients ne pourront pas bénéficier de ces mêmes psychédéliques, ne serait-ce qu'au vu de leurs contre-indications et de leurs possibles effets secondaires, et toutes les pathologies psychiques n'en bénéficieront pas. Ces molécules psychédéliques sont, du reste, susceptibles d'en aggraver certaines, notamment les psychoses et tout particulièrement la schizophrénie. Pour l'instant, nulle certitude quant à leur utilisation possible dans les troubles bipolaires, dans l'autisme ou dans d'autres troubles neurodéveloppementaux tels que l'hyperactivité avec déficit attentionnel.

N'oublions pas non plus que les grands pourvoyeurs de troubles de santé mentale sont la précarité, la solitude, la violence sous toutes ses formes, et en particulier les violences sexuelles, les fondamentalismes religieux et, bien entendu, la plus grande misère de toutes, car elle les contient plus ou moins tous, la guerre. Nulle panacée chimique pour tout cela. Aucune drogue non plus, si puissante soit elle, ne remplacera jamais l'ancrage solide d'une présence bienveillante, l'écoute empathique, la parole réconfortante, le conseil avisé du thérapeute. Le mythe de l'homme augmenté, surpuissant et à l'extrême longévité, si cher aux startupers milliardaires qui ne voient pas bien ou investir leur fortune ailleurs que dans leur ego, n'est précisément qu'un mythe. Je ne crois pas beaucoup non plus aux fables du *micro-dosing* (c'est-à-dire l'utilisation de très petites doses de psychédéliques), selon lesquelles la prise de très petites doses de psychédéliques, serait vecteur de créativité et de productivité, pas plus d'ailleurs au fait que Baudelaire n'ait dû son génie qu'aux seules ivresses des paradis artificiels. Du reste, la meilleure étude publiée sur le sujet montre que le *microdosing* n'est globalement pas plus efficace que le placebo[272].

Soyons également très prudents au fait qu'à vouloir aller trop vite des utilisateurs imprudents n'en viennent à dévoyer l'utilisation des psychédéliques en dehors d'un usage médical, parfaitement encadré par du personnel spécifiquement formé et vigilant, ce qui risquerait de conduire à de terribles accidents. Je pense avec émotion à la mort tragique du fils du chanteur australien Nick Cave, que j'ai découverte jadis dans le merveilleux film *Les Ailes du désir,* de Wim Wenders. Ce jeune garçon est mort à 15 ans en chutant des falaises de Brighton, sous l'emprise de LSD. Or, qui a pris du LSD ou de la psilocybine en quantité suffisante sait qu'il est possible de voler, ou plutôt croit qu'il est possible de voler, de sentir au plus profond de soi que l'on forme un tout avec l'univers et que, partant de là, la mort n'est pas un véritable désagrément.

TOUT CE QU'IL NE FAUT PAS FAIRE AVEC LES PSYCHÉDÉLIQUES

Le vrai risque est celui d'un nouveau Far-West des thérapies assistées par psychédéliques, commercialisées sans foi ni loi pour une utilisation hors du cadre médical. Et ce Far-West a déjà commencé, notamment aux États-Unis, où des sociétés telles My

Ketamine Home, Wondermed ou encore Mindbloom commercialisent déjà, pour quelques centaines de dollars, des kits pour la prise de pastilles orales de kétamine, dont l'autoadministration à domicile par le patient est prévue à l'issue d'une simple visioconsultation avec un thérapeute (qui le plus souvent n'est pas psychiatre), c'est-à-dire hors de tout contrôle médical et clinique, et sans protection contre le risque d'addiction. Les témoignages de patients que l'on peut trouver sur les blogs ne rassurent guère sur la surveillance et la sécurité d'utilisation, et l'efficacité de ces thérapies dans des conditions dégradées, quand on connaît l'importance du *set and setting* et de l'encadrement psychothérapique, laisse vraisemblablement à désirer.
À ce titre, le témoignage de James Kent, rédacteur en chef du site Psychedelic Spotlight, est assez inquiétant*. Dans son article « I *tried at-home ketamine therapy and here's what happened* » (« J'ai essayé la thérapie à la kétamine à la maison et voilà ce qui s'est passé »), il écrit:

> « Ce n'est un secret pour personne que j'ai adoré la kétamine dans le passé, alors quand Wondermed m'a approché et m'a proposé un essai gratuit de quatre semaines de thérapie à la kétamine à domicile, j'ai accepté l'offre avec joie. [...] On m'a donné des instructions sur la façon de prendre ma tension artérielle, comment utiliser le journal de suivi, comment accéder à l'application pour programmer de la musique, ne pas boire d'eau pendant quelques heures avant la séance, prendre une capsule de ginseng une heure avant la séance, et comment utiliser la pastille (vous la gardez dans votre bouche et la remuez pendant qu'elle se dissout durant une dizaine de minutes ; la kétamine est censée être absorbée par les muqueuses de la joue et des gencives). En guise de conclusion, le thérapeute a souligné que

* https://psychedelicspotlight.com/i-tried-at-home-ketamine-therapy-and-heres-what-happened/

j'aurais besoin d'avoir un(e) "baby-sitter" pour veiller sur moi en cas de problème, comme un ami ou un membre de la famille (mais pas un enfant). Toutes ces instructions essentielles ont été données à la fin d'un long appel vidéo, et j'en ai oublié la plupart [...]. Il y avait beaucoup d'informations sur la façon de mettre en place une session, mais je n'ai rien vu sur la nécessité d'avoir un gardien présent pour veiller sur moi. Cela m'a beaucoup facilité la planification et j'ai réservé un après-midi de week-end pour essayer la thérapie. Je n'ai finalement utilisé aucun des outils du kit autre que les pastilles, mais j'ai testé le brassard de tensiomètre (piles non incluses) et ma tension artérielle était bonne [...]
Le "high" à la kétamine est difficile à décrire, mais c'est comme s'immiscer dans une fissure de la réalité où le temps s'arrête et où s'ouvre un espace infini. J'avais l'impression que mon corps planait, voguait dans l'espace, et j'étais totalement déconnecté du monde. J'ai médité sur le mot "dissociatif" et je me suis émerveillé d'être maintenant complètement détaché du souvenir de mon stress et de mon anxiété. J'étais dans un lieu intemporel et éternel où aucune de ces préoccupations n'avait plus d'importance. Même si le trip a été extrêmement paisible et apaisant, il n'a duré qu'environ trente-cinq à quarante minutes au total. Au fur et à mesure que les effets se sont dissipés, je suis retourné dans le monde ordinaire, et mes soucis et mes angoisses sont lentement revenus. [...] La thérapie de suivi n'était qu'une continuation de la prescription de kétamine pendant encore quatre semaines au coût de 299 dollars, ce qui semblait très cher pour le faible niveau de soulagement qu'elle offrait. J'ai refusé de continuer le traitement parce qu'il ne semblait pas être une solution pour ce qui me posait problème. [...] Lorsque les effets des médicaments se dissipent, vous êtes de nouveau seul*. »

* Extraits librement traduits.

Dans cet exemple édifiant de tout ce qu'il ne faut pas faire avec les psychédéliques, non seulement le sujet présente une vraisemblable contre-indication (il dit lui-même avoir usé et peut-être abusé de la kétamine par le passé), mais il n'y a aucune surveillance durant la prise (donc personne ne peut vérifier qu'il n'est pas en danger ou qu'il ne met pas en danger ses proches – imaginons le cas où la personne serait seule avec un enfant en bas âge !). Surtout, il n'y a pas de véritable encadrement psychothérapique ; James Kent conclut d'ailleurs par ces mots terribles : « Vous êtes de nouveau seul. » Un tel usage pourrait vite provoquer des catastrophes qui conduiraient de nouveau, comme sous Nixon, à une mise sous cloche de l'utilisation des psychédéliques en médecine pour les soixante prochaines années.

L'URGENCE : ACCÉLÉRER LA RECHERCHE

Il est certes important de poser la question du cadre législatif restrictif qui interdit strictement les psychédéliques (ce qui ne facilite pas la recherche médicale, tant s'en faut), mais il est encore plus important que des protocoles thérapeutiques de haute qualité, puissent être menés par des cliniciens rigoureux dans notre pays, qui fut pionnier des grandes découvertes de la psychiatrie. Rappelons que c'est en France qu'ont été décrites les propriétés cliniques du Largactil®, un psychotrope révolutionnaire qui devait enfin permettre de soigner la schizophrénie, dans le temple de Sainte-Anne, cette grande maison qui devrait bientôt abriter, comme c'est actuellement le cas d'autres grandes institutions cliniques et universitaires à travers le monde, de tels essais cliniques sur les psychédéliques.

Conclusion

Une thérapie ? Pourquoi pas !

« Borné dans sa nature, infini dans ses vœux… » C'est ainsi que Lamartine décrivait la nature humaine. Cette inadéquation entre nos rêves et la réalité de nos vies résume parfaitement la problématique des thérapies. Au fond, la grande question à laquelle elles conduisent toutes se résume à ceci : « De quoi suis-je réellement capable ? »

Remplacer les questions essentielles par d'autres, plus fondamentales encore, c'est précisément ainsi que la connaissance progresse, tant au niveau de l'individu tout au long de sa vie, que de l'humanité depuis l'Antiquité. En fait, l'objectif d'une thérapie est de transformer chacun de nos *pourquoi* en un « Pourquoi pas ? ».

Par-delà les questions du *pourquoi*, c'est-à-dire de l'utilité et de l'efficacité des thérapies, qui sont le fil rouge de cet ouvrage, se posent aussi celles du *quand* et du *comment*. Je me suis volontairement refusé à faire un tour d'horizon exhaustif de toutes les thérapies existantes : cet ouvrage eût alors été un catalogue extrêmement rébarbatif. J'ai préféré l'approche centrée sur les problèmes de la vraie vie, de ceux que nous pouvons tous rencontrer un jour ou l'autre, en particulier la dépression et les traumatismes psychologiques, en les illustrant de situations de patients que j'ai réellement rencontrés et soignés.

QUATRE GRANDS PRINCIPES À CONNAÎTRE AVANT DE COMMENCER UNE THÉRAPIE

1er principe : tout se joue à la première séance ! Presque tout… Cela a même été scientifiquement montré[273, 274] ! Comme dans un coup de foudre amoureux, la qualité de l'alliance thérapeutique se noue dès les premiers instants d'une rencontre. Cela ne signifie pas nécessairement que la première impression est la bonne (on peut avoir trouvé génial son psy à la première séance et le juger abominable à la troisième), mais qu'elle est déterminante. Autrement dit, si votre première impression est catastrophique, validez ce que vous ressentez, quand bien même ce thérapeute vous aurait été vivement recommandé et envisagez immédiatement de changer. Si votre première impression est tout simplement mitigée, eh bien, donnez-vous le temps de deux ou trois sessions supplémentaires pour voir comment les choses évoluent. Mais là encore, faites-vous confiance : votre ressenti prévaut sur tous les titres et travaux du thérapeute rencontré. Il ou elle peut être doté·e de grandes qualités, si l'alchimie ne fonctionne pas, la thérapie risque de s'enliser.

2e principe : le psy n'est pas dans votre tête ! Ne partez pas du principe que votre thérapeute est omniscient et omnipotent. C'est un être humain comme les autres, imparfait comme les autres, et qui, en dépit de toute son empathie et de sa finesse clinique, n'est absolument pas doté de pouvoirs de télépathie. Cela implique que vous lui disiez les choses importantes, y compris s'il ne vous les demande pas, sans partir du principe que ce qui est évident pour vous l'est pour lui. Soyez clair sur vos objectifs, sur vos besoins et sur vos états émotionnels. N'ayez surtout pas honte de lui révéler les épisodes les plus douloureux et humiliants de votre existence, il est là pour les entendre. J'ai rencontré un très grand nombre de patientes ayant vécu des viols n'en ayant jamais parlé à leur

thérapeute au cours de longues années de suivi. Quand je leur demande pourquoi, elles me répondent : « Parce qu'il ne m'avait pas demandé. » Elles ont bien entendu raison, tout thérapeute devrait pouvoir poser la question des traumatismes vécus à un moment de la thérapie, mais tous ne le font pas. Alors parlez-lui en confiance. De tout. Osez. Sans peur de son jugement – un bon thérapeute ne juge pas, bien au contraire, il ressentira de l'empathie envers vous et cherchera les moyens de vous aider à avancer.
3e principe : la confiance que vous accordez ne doit jamais devenir synonyme de dépendance ou d'emprise. La relation avec votre thérapeute peut devenir très intense et profonde ; pour autant, elle ne doit jamais être synonyme de sujétion. C'est un point que j'ai déjà évoqué, mais j'y reviens car il est fondamental. Si au fur et à mesure des séances vous avez l'impression que chacune de vos décisions doit nécessiter l'approbation impérative du thérapeute, qu'il se comporte comme un dictateur tyrannique envers vous ou qu'au contraire il tente de vous séduire ou de vous manipuler, eh bien, soyez clair, dites-le-lui. On a le droit de commenter la thérapie, et l'on a aussi le droit d'émettre une critique justifiée et argumentée envers son thérapeute. Sa réponse sera un précieux éclairage : s'il vous juge et vous fait des reproches injustifiés ou si vous sentez qu'il ne respecte pas votre point de vue, fuyez. Tout simplement, fuyez. Immédiatement. S'il vous entend, vous comprend, vous donne des explications qui vous semblent appropriées ou reconnaît sa part de responsabilité et cherche à améliorer les choses, donnez-vous le temps de réévaluer le cadre thérapeutique sur deux ou trois séances pour vous assurer qu'il est sain, mais restez vigilant.
4e principe : la thérapie est terminée quand vous décidez qu'elle l'est ! Bien entendu, libre à votre thérapeute de vous dire qu'il pense qu'il faut persévérer et qu'il y a encore du chemin à parcourir. Mais si au fond de vous ses arguments ne vous convainquent pas, eh bien, dites-le-lui. Là encore, une thérapie

est un processus collaboratif et non professoral. Votre thérapeute ne sait pas toujours tout mieux que vous. Il peut se tromper, vous aussi. Osez en parler librement avec lui, et prenez le temps d'une dernière séance pour expliquer les choses. Cela sera plus approprié pour vous (comme pour lui) qu'une fuite en catimini (en particulier si vous avez travaillé sur l'affirmation de soi !). D'autant que cette dernière séance peut finalement se transformer, grâce à ce dialogue sur votre désir d'arrêter, en l'envie de faire encore un petit bout de chemin ensemble…

L'AVENIR DES THÉRAPIES : VERS UNE PSYCHIATRIE DE PRÉCISION ?

Quand il s'est agi d'entrer dans le domaine plus théorique, plutôt que de m'essayer à une savante recension, j'ai tenté là encore d'approcher la substantifique moelle, sans doute au prix de raccourcis que certains puristes ne me pardonneront pas (mais tant pis, je survivrai).

Quoi qu'il en soit, j'ai tout fait pour échapper au raccourci du mépris et à la tentation du « contre » (contre la psychanalyse, contre les TCC, contre les neurosciences, etc.) et j'ai tenté ici de développer une approche intégrative et respectueuse de chaque orientation. Je me suis cependant tenu au maximum de franchise, ayant présenté les approches qui me semblent les plus solides et les plus valides actuellement, c'est-à-dire uniquement celles que je conseillerais à mes proches s'ils en avaient besoin – ce qui a toujours été ma façon d'exercer la médecine.

Pour moi, les mots « biomarqueur », « neuromodulation » ou « neuropsychologie cognitive » ne sont pas des gros mots, pas plus que les mots « éthique du soin », « humanisme » ou « singularité psychique ». La psychiatrie souffre déjà suffisamment, inutile que ses acteurs d'obédiences diverses continuent de se mépriser et de se combattre, comme ils le font parfois, stéri-

lement, depuis des décennies. Oublions les combats d'arrière-garde et tournons-nous résolument vers l'avenir.
L'avenir de la discipline se situera vraisemblablement autour de ce que certains chercheurs nomment « psychiatrie de précision[275] », c'est-à-dire une approche qui prendra en compte l'individu dans sa globalité et sa singularité et qui saura combiner les différents outils diagnostiques et thérapeutiques de façon personnalisée.

UNE PSYCHIATRIE 3.0 ?

Mais cet avenir, de quoi est-il fait, au juste ? Avec les progrès spectaculaires des techniques de neuro-imagerie et de *machine learning*, allons-nous assister à l'avènement d'une psychiatrie 3.0 ?
Nous sommes tout juste à l'aube de ce moment passionnant de l'histoire de la médecine où il y a conjonction entre, d'une part, la mise au point d'outils thérapeutiques révolutionnaires (nouvelles thérapies et nouveaux psychotropes, outils numériques survitaminés à l'IA, neuromodulation, etc.) et, d'autre part, un questionnement salutaire sur les classifications des maladies mentales.
Paradoxalement, cette conjonction inédite survient au moment où la psychiatrie, plus que jamais parent pauvre de la médecine, traverse une crise sans précédent, avec un déficit majeur de moyens humains et matériels. Ainsi, 30 à 50% des postes de praticiens hospitaliers sont d'ores et déjà vacants en fonction des régions (selon le Centre National de Gestion). La situation ne va pas s'améliorer, avec une pyramide des âges très défavorable. Quand on regarde les choix d'orientation des jeunes internes, on se rend compte qu'ils semblent peu intéressés par la psychiatrie et vu l'état de la discipline, on les comprend : en dépit d'une situation de tension dramatique dans la plupart des hôpitaux

psychiatriques, le nombre de lits continue de reculer (selon les chiffres de la DREES pour 2021).

Ne cherchons pas ailleurs qu'en nous-mêmes les responsables de cette situation. Nous sommes en réalité tous responsables, du fait même des représentations sociales qui entourent la maladie mentale, laquelle n'a jamais été considérée comme une priorité de santé publique, alors qu'elle l'est, éminemment. Ainsi, moins de 5 % des fonds de recherche publics sont consacrés à la psychiatrie. Pourtant, selon l'OMS, les maladies mentales sont aux premiers rangs des coûts de santé ; dans le même temps, l'industrie pharmaceutique a désinvesti, à quelques exceptions près, le champ de la recherche en santé mentale. Croire que les nouveaux outils numériques, le Big Data, les psychédéliques et de nouvelles classifications vont à eux seuls résoudre cette situation serait naïf et illusoire. À moins de penser rapidement de nouveaux modèles de soins en psychiatrie, cette révolution 3.0 risque de ne bénéficier qu'à ceux qui auront les moyens de se l'offrir, dans une médecine non pas à deux, mais à trois voire quatre vitesses. D'un côté, ceux qui auront des moyens substantiels s'offriront des séjours dans de somptueuses cliniques high-tech dotées d'un personnel attentif et humain où ils bénéficieront des meilleures thérapies dont ils pourront suivre l'évolution grâce aux applications santé intelligentes de leur iPhone dernière génération, de l'autre, les démunis seront relégués sur les interminables listes d'attente de structures publiques vétustes et en déshérence.

De premiers pas, trop timides, ont été accomplis, notamment avec le lancement du remboursement des psychothérapies mais dont les conditions actuelles sont jugées indignes par la majorité des psychologues. L'avenir de la psychiatrie repose avant tout sur l'humain, qu'il nous faut réinvestir et remettre au cœur du système, en médecine comme ailleurs.

REVENIR AUX FONDAMENTAUX

Réinvestir l'humain, c'est lui consacrer le temps, l'attention, les soins et l'accompagnement qu'il mérite pour le conduire vers le rétablissement. Mais remettre l'humain au centre du système est une gageure à une époque où tout est fait pour gagner du temps, automatiser de nouvelles procédures et surtout et avant tout, optimiser les coûts.

Un bon thérapeute et une bonne thérapie ont un coût certain pour l'individu et pour la société. Or l'explosion de la demande de soins en santé mentale rend l'équation de plus en plus compliquée. C'est un problème qu'il nous faut résoudre de toute urgence : nos décideurs, sollicités sur de nombreux fronts, en ont-ils réellement conscience ? Ont-ils la volonté, le courage et la détermination nécessaires pour inverser la tendance ? Peut-être faut-il reformuler la question afin qu'elle soit mieux comprise : les thérapies soignent et sauvent des vies[276], combien valent ces vies ?

Enfin, au terme de cet ouvrage, comment ne pas conclure par ce très sage conseil de Spinoza, que tout bon thérapeute devrait faire sien : « Ni moquer, ni pleurer, ni haïr, seulement comprendre. »

ET POUR FINIR, L'ETERNEL RETOUR

Toutes les choses reviennent éternellement et nous revenons nous-mêmes avec elles, nous avons déjà été là une infinité de fois et toutes les choses l'ont été avec nous.

Frédéric Nietzsche.

Le plus grand des thérapeutes de tous les temps est celui qui a posé sans doute la plus ambitieuse des questions de toute l'histoire de la philosophie, celle de *l'Éternel Retour*. L'auteur d'*Ainsi parlait Zarathoustra* se targuait d'être, plus que philosophe, *psy-*

chologue et *attrapeur de rats*[*]. D'ailleurs, il se reconnaissait, à juste titre, deux grands précurseurs en la matière, Dostoïevski et Stendhal, les vrais pères de la psychopathologie moderne, avec Sophocle, Shakespeare, Proust et quelques autres que nous avons convoqué dans cet ouvrage.

L'Éternel Retour, c'est prendre conscience que nous devons choisir d'accomplir chacun de nos actes pour l'éternité. Entre demeurer avachi sur son canapé hypnotisé par Instagram ou se tenir debout, Nietzsche nous dit qu'il faut trancher... Et qu'"OMG", c'est pour l'éternité !

Pour mieux vous le représenter, faites cette vertigineuse expérience en pensée : devoir vivre et revivre éternellement votre propre vie avec le sentiment de ne pas l'avoir vécue comme vous l'auriez voulue. C'est l'enfer...

Maintenant, demandez-vous comment la vivre de telle sorte que le concept d'Éternel Retour vous convienne et vous plaise : que feriez-vous, ici et maintenant ?

Je crois sincèrement que c'est le meilleur argument pour débuter une thérapie.

Et *s'il faut avoir une musique en soi pour faire danser le monde*, alors la thérapie est vraisemblablement, dans notre monde d'aujourd'hui, cette *danse au bord de l'abîme* évoquée par l'auteur d'*Humain, trop humain*.

* Préface du Crépuscule des idoles

Références

1. https://www.who.int/fr/health-topics/depression. — R. C. Kessler, M. Petukhova, N. A. Sampson *et al.*, « Twelve-month and lifetime prevalence and lifetime morbid risk of anxiety and mood disorders in the United States », *International Journal of Methods in Psychiatric Research*, 2021, 21(3), 169-184. — K. Smith, « Mental health: a world of depression », *Nature*, 2014, 515(7526), 180.

2. D'après Santé publique France (COVIPREV) : https://www.santepubliquefrance.fr/etudes-et-enquetes/coviprev-une-enquete-pour-suivre-l-evolution-des-comportements-et-de-la-sante-mentale-pendant-l-epidemie-de-covid-19.

3. D'après Santé publique France (CONFEADO): https://www.santepubliquefrance.fr/etudes-et-enquetes/confeado-une-etude-destinee-aux-enfants-sur-le-vecu-du-confinement-lie-a-l-epidemie-de-covid-19.

4. https://dares.travail-emploi.gouv.fr/sites/default/files/1c94dd73c9034a033a0f0c2bd87e133d/DI_MMO_T1%202022pdf.pdf.

5. M. Zimmerman, « Improving the recognition of borderline personality disorder in a bipolar world », *The Journal of Personality Disorders*, 2016, 30(3), 320-335.

6. A. Caspi *et al.*, « Role of genotype in the cycle of violence in maltreated children », *Science*, 2002, 97(5582), 851-854. — A. Caspi *et al.*, « Influence of life stress on depression: moderation by a polymorphism in the 5-HTT gene », *Science*, 2003, 301(5631), 386-389.

7. T. E. Moffitt *et al.*, « How common are common mental disorders? Evidence that lifetime prevalence rates are doubled by prospective versus retrospective ascertainment », *Psychological Medicine*, 2010, 40(6), 899-909.

8. A. Caspi *et al.*, « Longitudinal assessment of mental health disorders and comorbidities across 4 decades among participants in the Dnedin birth cohort study, *JAMA Network Open*, 2020, 3(4), e203221.

9. O. Plana-Ripoll *et al.*, « Exploring comorbidity within mental disorders among a Danish national population », *JAMA Psychiatry*, 2019, 76(3), 259-270.

10. M. Solmi *et al.*, « Age at onset of mental disorders worldwide: large-scale meta-analysis of 192 epidemiological studies », *Molecular Psychiatry*, 2022, 27(1), 281-295.

11. Spinoza, *Éthique*, 1677.

12. A. Pasquier, *Psychologie et Psychopathologie des émotions*, Dunod, 2021.

13. C. Darwin, *The Expression of the Emotions in Man and Animals*, 1872.

14. William James, *The Principles of Psychology*, 1890.

15. Sigmund Freud, *L'Interprétation des rêves*, 1900.

16. S. Freud (1894), « Les psychonévroses de défense », in *Névrose, Psychose et Perversion*, Presses universitaires de France, 1973, p. 14.

17. P. Ekman, *Je sais que vous mentez ! L'art de détecter ceux qui vous trompent*, Le Livre de poche, 2011.

18. G. Rizzolatti *et al.*, « Premotor cortex and the recognition of motor actions cognit », *Brain Res*, 1996, 3, 131-141.

19. A. Damasio, *L'Erreur de Descartes : la raison des émotions*, Odile Jacob, 2010.

20. A. Sroufe, *Emotional Development: The Organization of Emotional Life in*

the Early Years, Cambridge University Press, 1996. – M. Lewis, C. Feiring, S. Rosenthal, « Attachment over time », *Child Development*, 2000, 71, 707-720.

21. L. R. Brody, J. A. Hall, *Gender and Emotion*, The Guilford Press, 1993.

22. Daniel Goleman, *Emotional Intelligence, Why it Matters more than QI*, Bloomsbury Publishing, 1995.

23. M. M. Linehan, *Cognitive-behavioral Treatment of Borderline Personality Disorder*, Guilford Press, 1993. – A. E. Fruzzetti, C. Shenk, P. D. Hoffman, « Family interaction and the development of borderline personality disorder: a transactional model », *Dev Psychopathol*, 2005, 17(4), 1007-10030.

24. H. Bottemanne, Y. Longuet, C. Gauld, « L'esprit prédictif : introduction à la théorie du cerveau bayésien », *L'Encéphale*, 2022, 48(4), 436-444.

25. T. E. Moffitt *et al.*, « Depression and generalized anxiety disorder: cumulative and sequential comorbidity in a birth cohort followed prospectively to age 32 years », *Archives of General Psychiatry*, 2007, 64(6), 651-660.

26. Y. Østby *et al.*, « Mental time travel and default-mode network functional connectivity in the developing brain », *PNAS USA*, 2012, 109(42), 16800-16804.

27. J. Bowlby, *A secure Base: Parent-child Attachment and Healthy Human Development*, Basic Books, 1988.

28. I. Weaver *et al.*, « Epigenetic programming by maternal behavior », *Nature Neuroscience*, 2004, 7(8), 847-854.

29. Torgersen, S., Kringlen, E., & Cramer, V. (2001). The prevalence of personality disorders in a community sample. *Archives of general psychiatry*, 58(6), 590-596.

30. J. R. Abela, B. L. Hankin, « Rumination as a vulnerability factor to depression during the transition from early to middle adolescence: A multiwave longitudinal study », *Journal of Abnormal Psychology*, 2011, 120(2), 259-271. – R. A. Burwell, S. R. Shirk, « Subtypes of rumination in adolescence: associations between brooding, reflection, depressive symptoms, and coping », *JCCAP*, 2007, 36(1), 56-65.

31. J. E. Roberts *et al.*, « Ruminative response style and vulnerability to episodes of dysphoria: gender, neuroticism, and episode duration », *Cognitive Therapy and Research*, 1998, 22 (4), 401-423. – J. Michalak *et al.*, « Rumination as a predictor of relapse in mindfulness-based cognitive therapy for depression », *Psychology and Psychotherapy*, 2011, 84(2), 230-236.

32. S. Lyubomirsky *et al.*, « Effects of ruminative and distracting responses to depressed mood on retrieval of autobiographical memories », *Journal of Personality and Social Psychology*, 1998, 75(1), 166-177. – S. Lyubomirsky, S. Nolen-Hoeksema, « Effects of self-focused rumination on negative thinking and interpersonal problem solving », *Journal of Personality and Social Psychology*, 1995, 69(1), 176-190.

33. W. Treynor, R. Gonzalez, S. Nolen-Hoeksema, « Rumination reconsidered: a psychometric analaysis », *Cognitive Therapy and Research*, 2003, 27(3), 247-259.

34. M. B. Junkins *et al.*, « Rumination: reflection can amplify the depressogenic effects of Brooding », *International Journal of Cognitive Therapy*, 2017, 10(1), 34-46.

35. R. L. Buckner, J. Andrews-Hanna, D. L. Schacter, « The brain's default network: anatomy, function, and relevance to disease », *Annals of the New York Academy of Sciences*, 2008, 1124, 1-38.

36. M. E. Raichle *et al.*, « Inaugural article: a default mode of brain function », *Proceedings of the National Academy of Sciences*, 2001, 98(2), 676-682. – M. E. Raichle, A. Z Snyder, « A default mode of brain function:

a brief history of an evolving idea », *NeuroImage*, 2007, 37(4), 1083-1090.

37. Y. Yeshurun, M. Nguyen, U. Hasson, « The default mode network: where the idiosyncratic self meets the shared social world », *Nature Review Neuroscience*, 2021, 22(3), 181-192.

38. C. Baeken *et al.*, « Cognitive behavioral based group psychotherapy focusing on repetitive negative thinking: decreased uncontrollability of rumination is related to brain perfusion increases in the left dorsolateral prefrontal cortex », *Journal of Psychiatric Research*, 2021, 136, 281-287.

39. T. Barnhofer *et al.*, « Effects of mindfulness training on emotion regulation in patients with depression: reduced dorsolateral prefrontal cortex activation indexes early beneficial changes », *Psychosomatic Medicine*, 2021, 83(6), 579-591. — B. Tomasino, F. Fabbro, « Increases in the right dorsolateral prefrontal cortex and decreases the rostral prefrontal cortex activation after-8 weeks of focused attention based mindfulness meditation », *Brain and Cognition*, 2016, 102, 46-54. — C. C. Bauer *et al.*, « Mindfulness training preserves sustained attention and resting state anticorrelation between default-mode network and dorsolateral prefrontal cortex: a randomized controlled trial », Hum Brain Mapping, 2020, 41(18), 5356-5369.

40. A. Barrós-Loscertales *et al.*, « Resting state functional connectivity associated with sahaja yoga meditation », *Frontiers in Human Neuroscience*, 16 mars 2021 : Doi.org/10.3389/fnhum.2021.614882.

41. C. G. Connolly *et al.*, « Resting-state functional connectivity of subgenual anterior cingulate cortex in depressed adolescents », *Biological Psychiatry*, 2013, 74(12), 898-907.

42. M. Kiefer*et al.*, « Neural signatures of bullying experience and social rejection in teenagers », *PLoS One*, 2021, 16(8), e0255681.

43. D. Drobisz, A. Damborská, « Deep brain stimulation targets for treating depression », Behavioral Brain Research, 2019, (1)359, 266-273.

44. M. D. Satyshur *et al.*, « Functional connectivity of reflective and brooding rumination in depressed and healthy women », *Cognitive, Affective and Behavioral Neuroscience*, 2018, 18(5), 884-901.

45. K. Bromis *et al.*, « Meta-Analysis of 89 Structural MRI Studies in Posttraumatic Stress Disorder and Comparison With Major Depressive Disorder », *American Journal of Psychiatry*, 2018, 175(10), 989-998.

46. C. A. Figueroa *et al.*, « Aberrant default-mode network-hippocampus connectivity after sad memory-recall in remitted-depression », *Social Cognitive and Affective Neuroscience*, 2017, 12(11), 1803-1813.

47. W. Bao, « Alterations in large-scale functional networks in adult post-traumatic stress disorder: a systematic review and meta-analysis of resting-state functional connectivity studies », *Neuroscience and Biobehavioral Reviews*, 2021, 131, 1027-1036.

48. R. K. Pitman *et al.*, « Biological studies of post-traumatic stress disorder », *Nature Reviews Neuroscience*, 2012, 13(11), 769-787.

49. T. W. Schmitz *et al.*, « Hippocampal GABA enables inhibitory control over unwanted thoughts », *Nature Communications*, 2017, 8, 1311.

50. L. R. Silberbauer *et al.*, « Effect of ketamine on limbic GABA and glutamate: a human in vivo multivoxel magnetic resonance spectroscopy study », *Frontiers in Psychiatry*, 2020, 11, 549903.

51. C. L. Guglietti *et al.*, « Meditation-related increases in GABA B modulated cortical inhibition », *Brain Stimulation*, 2013, 6(3), 397-402.

52. C. C. Streeter *et al.*, « Effects of yoga versus walking on mood, anxiety, and brain GABA levels: a randomized controlled MRS study », *Journal of Alternative and Complementary Medicine*, 2010, 16(11), 1145-1152.

53. R. O. Mooney *et al.*, « Acute aerobic exercise modulates primary motor cortex inhibition », *Experimental Brain Research*, 2016, 234, 3669-3676.

54. H. X. Zhou *et al.*, « Rumination and the default mode network: meta-analysis of brain imaging studies and implications for depression », *Neuroimage*, 2020, 206, 116287. — A. B. Nejad, P. Fossati, C. Lemogne, « Self-referential processing, rumination, and cortical midline structures in major depression », *Frontiers in Human Neuroscience*, 2013, 7, 666. — M. G. Berman *et al.*, « Depression, rumination and the default network, *Social Cognitive and Affective Neuroscience*, 2011, 6(5), 548-555. — B. J. Borserio *et al.*, « Default mode network activity in depression subtypes », *Reviews in the Neuroscience*, 2021, 32(6), 597-613.

55. C. G. Yan *et al.*, « Reduced default mode network functional connectivity in patients with recurrent major depressive disorder », *Proceedings of the National Academy of Sciences of the United States of America*, 2019, 116(18), 9078-9083.

56. P. Delaveau *et al.*, « Brain effects of antidepressants in major depression: a meta-analysis of emotional processing studies », *Journal of Affective Disorders*, 2011, 130(1-2), 66-74.

57. L. Smigielski *et al.*, « Psilocybin-assisted mindfulness training modulates self-consciousness and brain default mode network connectivity with lasting effects », *NeuroImage*, 2019, 196, 207-215.

58. R. L. Carhart-Harris *et al.*, « Psilocybin for treatment-resistant depression: fMRI-measured brain mechanisms », *Scientific Reports*, 2017, 7(1), 13187.

59. N. L. Mason *et al.*, « Me, myself, bye: regional alterations in glutamate and the experience of ego dissolution with psilocybin », *Neuropsychopharmacology*, 2020, 45(12), 2003-2011.

60. R. L. Carhart-Harris *et al.*, « Psilocybin with psychological support for treatment-resistant depression: an open-label feasibility study », *Lancet Psychiatry*, 2016, 3(7), 619-627. — R. L. Carhart-Harris *et al.*, « Psilocybin with psychological support for treatmentresistant depression: six-month follow-up », *Psychopharmacology*, 2018, 235(2), 399-408. — R. L. Carhart-Harris *et al.*, « Trial of psilocybin versus escitalopram for depression », *New England Journal of Medicine*, 2021, 384(15), 1402-1411.

61. L. Jerome *et al.*, « Long-term follow-up outcomes of MDMA-assisted psychotherapy for treatment of PTSD: a longitudinal pooled analysis of six phase 2 trials », *Psychopharmacology*, 2020, 237(8), 2485-2497. — M. Mithoefer *et al.*, « MDMA-Assisted psychotherapy for PTSD: a promising novel experimental treatment moving into phase 3 trials with FDA Breakthrough therapy designation », *European Neuropsychopharmacology*, 2019, 29(6), S11-S12.

62. https://www.apa.org/news/press/releases/2009/12/wampold (extrait traduit).

63. B. E. Wampold *et al.*, « A meta-analysis of outcome studies comparing bona fide psychotherapies: empiricially, "all must have prizes" », *Psychological Bulletin*, 1997, 122(3), 203-215.

64. M. Zimmerman, L. Becker, « Psychiatric patients who do not believe they deserve to get better », *Journal of Clinical Psychiatry*, 2022, 83(4), 21br14314.

65. Pour plus d'informations, consulter les données issues du rapport de la Miviludes sur le site gouvernemental : https://www.miviludes.interieur.gouv.

fr/quest-ce-quune-dérive-sectaire/où-la-déceler/les-dérives-sectaires-dans-le-domaine-de-la-santé/quell.

66. L. Luborsky, B. Singer, « Comparatives studies of psychotherapies. Is it true that "everywon has one and all must have prizes"? », *Archives of Genral Psychiatry*, 1975, 32(8), 995-1008.

67. B. E. Wampold, « How important are the common factors in psychotherapy? An update », *World Psychiatry*, 2015, 14(3), 270-277.

68. B. E. Wampold *et al.*, « A meta-analysis of outcome studies comparing bona fide psychotherapies: empiricially, "all must have prizes" », *Psychological Bulletin*, 1997, 122(3), 203-215. – A. A. Abbass, J. M. Town, « Bona fide psychotherapy models are equally effective for major depressive disorder: future research directions », *JAMA Psychiatry*, 2016, 73(9), 893-894.

69. Évaluation de l'efficacité de la pratique de l'hypnose, rapport de l'Inserm coordonné par B. Falissard, 2015 : https://www.inserm.fr/.

70. G. M. Bakker, « The current status of energy psychology: extraordinary claims with less than ordinary evidence », *Clinical Psychologist*, 2013, 17(3), 91-99. – W. L. Waite, M. D. Holder, Assessment of the Emotional Freedom Technique », *Scientific Review of Mental Health Practice*, 2003, 2(1), 20-26.

71. Évaluation de l'efficacité de la pratique de l'hypnose, rapport de l'Inserm coordonné par B. Falissard, 2015 : https://www.inserm.fr/.

72. T. Longe, *Freud, le temps de la neurologie*, Erès, 2021.

73. M. Borch-Jacobsen, J. Cottraux, D. Pleux, J. Van Rillaer, C. Meyer, *Le livre noir de la psychanalyse*, Les Arènes, 2005.

74. K. Popper, *La Falsifiabilité, condition du progrès scientifique*, 2018 (rééd.), Éditions universitaires européennes.

75. M. Balmary, *L'Homme aux statues. Freud et la faute cachée du père*, Grasset, 1997 (éd. revue et augmentée).

76. « Sándor Ferenczi (1873-1933) », *Toute une vie*, France Culture, 6 février 2021, réalisation Anne Pérez-Franchini.

77. J. Mitchell, *Psychanalyse et Féminisme*, Éditions des femmes, 1978.

78. S. Freud, M. Bonaparte, *Correspondance intégrale : 1925-1939*, Flammarion, 2022.

79. E .Roudinesco, « "Mon maître aimé", "Chère Princesse" : Marie Bonaparte, Sigmund Freud et l'orgasme impossible », *Le Monde*, 26 octobre 2022.

80. S. Robert, *Le Mur. La Psychanalyse à l'épreuve de l'autisme*, Océan Invisible Productions, 2011.

81. D. Anzieu, *L'Autoanalyse*, Paris, PUF, 1959. Nouvelle édition : *L'Autoanalyse de Freud et la découverte de la psychanalyse*, PUF, 1975 (rééd. 1988 et 1998).

82. J.D. Nasio, *Cinq Leçons sur la théorie de Jacques Lacan*, Rivages, 1992 (rééd. Payot, 2017).

83. I. P. Pavlov, *Lectures on conditioned reflexes: Twenty-five years of objective study of the higher nervous activity (behaviour) of animals*, 1928, Liverwright Publishing Corporation (trad. W. Gantt). Doi.org/10.1037/11081-000.

84. M. C. Jones, « A laboratory study of fear: the case of Peter » (1924), *The Journal of Genetic Psychology*, 2010, 31, 308-315.

85. A. C. Catania, S. Harnad, *The Selection of Behavior. The Operant Behaviorism of B. F. Skinner: Comments and Consequences*, CUP Archive, 1988.

86. A. Bandura, *L'Apprentissage social*, 1980, Éditions Pierre Mardaga (traduction J. A. Rondal).

87. J. Cottraux, *Les Thérapies cognitives. Comment agir sur nos pensées et nos émotions ?*, Retz, 2011.

88. A. T. Beck, *La Thérapie cognitive et les troubles émotionnels*, De Boeck, 2017.

89. A. Wells, *Metacognitive Therapy for Anxiety and Depression*, Guilford Press, 2011.

90. D. Gourion, *Anti-stress. La Méthode simple pour soigner l'anxiété et la déprime*, Marabout, 2022.

91. D. S. Ludwig, J. Kabat-Zinn, « Mindfulness in medicine », *JAMA*, 2008, 300(11), 1350-1352.

92. L. Hilton *et al.*, « Mindfulness meditation for chronic pain: systematic review and meta-analysis », *Annals of Behavioral Medicine*, 51(2), 199-213.

93. J. Eberth, P. Sedlmeier, « The effects of mindfulness meditation: a meta-analysis », Mindfulness, 2012, 3(3), 174-189.

94. J. Kabat-Zinn, « Mindfulness-based stress reduction (MBSR) », *Constructivism in the Human Sciences*, 2003, 8(2), 73.

95. J. Kabat-Zinn, « Mindfulness-based stress reduction (MBSR) », *Constructivism in the Human Sciences*, 2003, 8(2), 73.

96. S. V. Segal *et al.*, « Antidepressant monotherapy vs sequential pharmacotherapy and mindfulness-based cognitive therapy, or placebo, for relapse prophylaxis in recurrent depression », *Archives of General Psychiatry*, 2010, 67(12), 1256-1264. — W. Kuyken *et al.*, « Effectiveness and cost-effectiveness of mindfulness-based cognitive therapy compared with maintenance antidepressant treatment in the prevention of depressive relapse or recurrence (PREVENT): a randomised controlled trial », *Lancet*, 2015, 386(9988), 63-73.

97. L. Shi *et al.*, « Meditation and blood pressure: a meta-analysis of randomized clinical trials », *Journal of Hypertension*, 2017, 35(4), 696-706.

98. J. M. Rogers, « Mindfulness-based interventions for adults who are overweight or obese: a meta-analysis of physical and psychological health outcomes », *Obesity Reviews*, 2017, 18(1), 51-67.

99. T. J. Dunn, M. Dimolareva, « The effect of mindfulness-based interventions on immunity-related biomarkers: a comprehensive meta-analysis of randomised controlled trials », *Clinical Psychology Review*, 2022, 92, 102124.

100. N. S. Schutte, J. M. Malouff, « A meta-analytic review of the effects of mindfulness meditation on telomerase activity », *Psychoneuroendocrinology*, 2014, 42, 45-48.

101. C. André, *Méditer jour après jour*, Éditions de l'Iconoclaste, 2011.

102. S. C. Hayes, K. D. Strosahl, K. G. Wilson, *Acceptance and Commitment Therapy: The Process and Practice of Mindful Change*, Guilford Press, 2011.

103. R. Harris, *Le Piège du bonheur*, 2017, Pocket.

104. C. Twomey, G. O'Reilly, « Effectiveness of a freely available computerised cognitive behavioural therapy programme (MoodGYM) for depression: meta-analysis », *Australian and New Zealand Journal of Psychiatry*, 2017, 51(3), 260-269.

105. C. Twomey, G. O'Reilly, B. Meyer, « Effectiveness of an individually-tailored computerised CBT programme (Deprexis) for depression: a meta-analysis », *Psychiatry Research*, 2017, 256, 371-377.

106. T. Chan, *et al.*, « Merlynne: motivating peer-to-peer cognitive behavioral therapy with a serious game », *Proceedings of the ACM on Human-Computer Interaction*, 2021, 5(CHI PLAY), 1-23.

107. R. Gori, C. Hoffmann, A. Vanier, « Les TCC ne sont pas des psychothérapies », *Le Carnet PSY*, 2005, 8(103), 24-25.

108. E. Illouz, E. Cabanas, *Happycratie. Comment l'industrie du bonheur a pris le contrôle de nos vies*, Premier Parallèle,

2018. — S. Salman, *Au bon soin du capitalisme*, Presses de Sciences Po, 2021.

109. Adrian Wels, *Metacognitive Therapy for Anxiety and Depression*, Guilford Publications, 2009.

110. Wells, A., & Sembi, S. (2004). Metacognitive therapy for PTSD: A core treatment manual. Cognitive and Behavioral Practice, 11(4), 365-377.

111. Propos recueillis par J.-F. Marmion, *Cercle Psy*, 2014-2015 : https://www.scienceshumaines.com/

112. J. I. Bisson *et al.*, « Psychological therapies for chronic post-traumatic stress disorder (PTSD) in adults », *Cochrane Database Syst Review*, 2013, 2013(12), CD003388. — I. Mavranezouli *et al.*, « Psychological treatments for post-traumatic stress disorder in adults: a network meta-analysis », *Psychological Medicine*, 2020, 50(4), 542-555.

113. F. Shapiro, *Principes de bases de l'EMDR, protocoles et procédures*, Dunod, 2001 (2ᵉ éd.), p. 284.

114. P. Pace, *Pratiquer l'ICV. L'Intégration du cycle de vie*, Dunod, 2014.

115. F. Siclari, K. Valli, I. Arnulf, « Dreams and nightmares in healthy adults and in patients with sleep and neurological disorders », *The Lancet Neurology*, 2020, 19(10), 849-859.

116. N. Morina, J. Lancee, A. Arntz, « Imagery rescripting as a clinical intervention for aversive memories: a meta-analysis », *Journal of Behavior Therapy and Experimental Psychiatry*, 2017, 55, 6-15.

117. P. Spangler, J. West, « Nightmare deconstruction and reprocessing for PTSD nightmares », *in Sleep and Combat-related Post Traumatic Stress Disorder*, Springer, 2018, p. 311-316.

118. B. Bettelheim, *Psychanalyse des contes de fées*, Robert Laffont, 1976 (rééd. Pocket, 1999).

119. R. Harris. *Le Piège du bonheur*, Pocket, 2017.

120. D'après les travaux de Spangler, Bowers et Hill, 2012 sur le modèle *Nightmare Deconstruction and Reprocessing*.

121. M. D. Hoskins *et al.*, « Pharmacological therapy for post-traumatic stress disorder: a systematic review and meta-analysis of monotherapy, augmentation and head-to-head approaches », *European Journal of Psychotraumatology*, 2021, 12(1), 1802920.

122. B. V. Watts *et al.*, « Meta-analysis of the efficacy of treatments for post-traumatic stress disorder », *Journal of Clinical Psychiatry*, 2013, 74(6), e541-50. — P. A. Coventry *et al.*, « Psychological and pharmacological interventions for posttraumatic stress disorder and comorbid mental health problems following complex traumatic events: systematic review and component network meta-analysis », *PLoS Medicine*, 2020, 17(8), e1003262.

123. C. G. Abdallah *et al.*, « The neurobiology and pharmacotherapy of post-traumatic stress disorder », *Annual Review of Pharmacology and Toxicology*, 2019, 59, 171-189.

124. A. Bahji *et al.*, « Efficacy of 3,4-methylenedioxymethamphetamine (MDMA)-assisted psychotherapy for posttraumatic stress disorder: a systematic review and meta-analysis », *Progress in Neuro-Psychopharmacology and Biological Psychiatry*, 2020, 96, 109735.

125. J. Guina *et al.*, « Benzodiazepines for PTSD: a systematic review and meta-analysis », *Journal of Psychiatric Practice*, 2015, 21, 281-303.

126. T. Beckers, M. Kindt, « Memory reconsolidation interference as an emerging treatment for emotional disorders: strengths, limitations, challenges, and opportunities », *Annual Review of Clinical Psychology*, 2017, 13, 99-121.

127. R. Hurlemann *et al.*, « Human amygdala reactivity is diminished by the β-noradrenergic antagonist propranolol », *Psychological Medicine*,

2010, 40, 1839-1848. – M. H. Lonergan *et al.*, « Propranolol's effects on the consolidation and reconsolidation of long-term emotional memory in healthy participants: a meta-analysis », *Journal of Psychiatry and Neuroscience*, 2013, 38(4), 222-231.

128. S. Pigeon *et al.*, « Impairing memory reconsolidation with propranolol in healthy and clinical samples: a meta-analysis », *Journal of Psychiatry and Neuroscience*, 2022, 47(2), E109-E122.

129. A. Brunet *et al.*, « Reduction of PTSD symptoms with pre-reactivation propranolol therapy: a randomized controlled trial », *American Journal of Psychiatry*, 2018, 175, 427-433.

130. T. Amoroso, M. Workman, Treating posttraumatic stress disorder with MDMA-assisted psychotherapy: a preliminary meta-analysis and comparison to prolonged exposure therapy », *Journal of Psychopharmacology*, 2016, 30, 595-600.

131. L. Jerome *et al.*, « Long-term follow-up outcomes of MDMA-assisted psychotherapy for treatment of PTSD: a longitudinal pooled analysis of six phase 2 trials », *Psychopharmacology*, 2020, 237(8), 2485-2497. – M. Mithoefer *et al.*, « MDMA-assisted psychotherapy for PTSD: a promising novel experimental treatment moving into phase 3 trials with Food and Drug Administration breakthrough therapy designation », *European Neuropsychopharmacology*, 2019, 29(6), S11-S12.

132. L. Degenhardt, R. Bruno, L. Topp, « Is ecstasy a drug of dependence? », *Drug and Alcohol Dependence*, 2010, 107(1), 1-10.

133. A. Feder *et al.*, « Efficacy of intravenous ketamine for treatment of chronic posttraumatic stress disorder: a randomized clinical trial », *JAMA Psychiatry*, 71, 681-688.

134. J. Bastiaans, « Mental liberation facilitated by the use of hallucinogenic drugs », in L. Grinspoon, B. Bakalar (dir.), *Psychedelic Reflections*, Human Science Press, 1983, p. 142-152.

135. H. Ossebaard, N. Maalsté, « The bastiaans method of drug-assisted psychotherapy », *MAPS Bulletin*, 1999, 9, 3-9.

136. J. L. Nielson, J. D. Megler, « Ayahuasca as a candidate therapy for PTSD », *in* B. C. Labate, C. Cavnar C (dir.), *The Therapeutic Use of Ayahuasca*, Springer, 2014, p. 41-58. – A. Inserra, « Hypothesis: the psychedelic ayahuasca heals traumatic memories via a sigma 1 receptor-mediated epigenetic-mnemonic process », *Frontiers in Pharmacology*, 2018, 9, 1-13. – B. C. Labate, C. Cavnar C (dir.), *The Therapeutic Use of Ayahuasca*, Springer, 2014.

137. P. Y. Collins *et al.*, « Grand challenges in global mental health », *Nature*, 2011, 475, 27-30.

138. K. S. Kendler, L. M. Thornton, C. O. Gardner, « Stressful life events and previous episodes in the etiology of major depression in women: an evaluation of the "kindling' hypothesis », *American Journal of Psychiatry*, 2000, 157(8), 1243-1251.

139. W. Katon *et al.*, « A randomized trial of relapse prevention of depression in primary care », *Archives of General Psychiatry*, 2001, 58(3), 241-247.

140. J. R. Geddes *et al.*, « Relapse prevention with antidepressant drug treatment in depressive disorders: a systematic review », *Lancet*, 2003, 361(9358), 653-661.

141. Z. V. Segal, J. D. Teasdale, J. M. Williams, *La Thérapie cognitive basée sur la pleine conscience pour la dépression : prévenir la rechute*, De Boeck, 2019 (3ᵉ éd.).

142. J. D. Teasdale *et al.*, « Prevention of relapse/recurrence in major depression by mindfulness-based cognitive therapy », *Journal of Consulting and Clinical Psychology*, 2000, 68(4), 615-623. – J. M. William, W. Kuyken, « Mindfulness-based cognitive the-

rapy: a promising new approach to preventing depressive relapse », *British Journal of Psychiatry*, 2012, 200(5), 359-360. – Z. Zhang *et al.*, « The effect of CBT and its modifications for relapse prevention in major depressive disorder: a systematic review and meta-analysis », *BMC Psychiatry*, 2018, 18(1), 50.

143. S. Nolen-Hoeksema, « Responses to depression and their effects on the duration of depressive episodes », *Journal of Abnormal Psychology*, 1991, 100(4), 569-582.

144. E. Driessen *et al.*, « The efficacy of short-term psychodynamic psychotherapy for depression: a meta-analysis », *Clinical Psychology Review*, 2010, 30(1), 25-36.

145. P. Cuijpers *et al.*, « Interpersonal psychotherapy for depression: a meta-analysis », *American Journal of Psychiatry*, 2011, 168(6), 581-592. – C. Bian *et al.*, « Effect of interpersonal psychotherapy on social functioning, overall functioning and negative emotions for depression: a meta-analysis », *Journal of Affective Disorders*, 2022, 320, 230-240. – F. Duffy, H. Sharpe, M. Schwannauer, « Review : the effectiveness of interpersonal psychotherapy for adolescents with depression – a systematic review and meta-analysis », *Child and Adolescent Mental Health*, 2019, 24(4), 307-317.

146. J. Warren, « Network meta-analysis of antidepressants », *The Lancet*, 2018, 392(10152), 1010-1011.

147. J. Guidi, G. A. Fava, « Sequential combination of pharmacotherapy and psychotherapy in major depressive disorder: a systematic review and meta-analysis », *JAMA Psychiatry*, 2021, 78(3), 261-269.

148. J. Hyde *et al.*, « Efficacy of neurostimulation across mental disorders: systematic review and meta-analysis of 208 randomized controlled trials », *Molecular Psychiatry*, 2022, 27(6), 2709-2719.

149. E. Tatti *et al.*, « Boosting psychological change: combining non-invasive brain stimulation with psychotherapy », *Neuroscience and Biobehavioral Reviews*, 2022, 142, 104867.

150. J. M. Park *et al.*, « Recent updates on electro-convulsive therapy in patients with depression », *Psychiatry Investigation*, 2021, 18(1), 1-10.

151. A. Yrondi *et al.*, « Electroconvulsive therapy, depression, the immune system and inflammation: a systematic review », *Brain Stimulation*, 2018, 11(1), 29-51.

152. F. Charlson *et al.*, « New WHO prevalence estimates of mental disorders in conflict settings: a systematic review and meta-analysis », *The Lancet*, 394, 240–248.

153. R. M. *et al.*, « Antidepressant effects of ketamine in depressed patients », *Biological Psychiatry*, 2000, 47, 351-354. – Y. D. Hu *et al.*, « Single i.v. ketamine augmentation of newly initiated escitalopram for major depression: results from a randomized, placebo-controlled 4-week study », *Psychological Medicine*, 2016, 46, 623-635. – D. F. Ionescu *et al.*, « A single infusion of ketamine improves depression scores in patients with anxious bipolar depression », *Bipolar Disorders*, 2015, 17, 438-443. – S. T. Wilkinson *et al.*, « The effect of a single dose of intravenous ketamine on suicidal ideation: a systematic review and individual participant data meta-analysis », *American Journal of Psychiatry*, 2018, 175, 150-158.

154. M. Ghasemi *et al.*, « Rapid antidepressant effects of repeated doses of ketamine compared with electroconvulsive therapy in hospitalized patients with major depressive disorder », *Psychiatry Research*, 2014, 215, 355-361. – D. F. Ionescu *et al.*, « Repeat-dose ketamine augmentation for treatment-resistant depression with chronic suicidal ideation: a randomized, double blind,

placebo controlled trial », *Journal of Affective Disorders*, 2019, 243, 516-524. – A. López-Díaz *et al.*, « Use of repeated intravenous ketamine therapy in treatment-resistant bipolar depression with suicidal behaviour: a case report from Spain, *Therapeutic Advances in Psychopharmacology*, 2019, 7, 137-140.

155. P. Zanos, T. D. Gould, « Mechanisms of ketamine action as an antidepressant », *Molecular Psychiatry*, 2018, 23, 801-811.

156. H. Bottemanne *et al.*, « Evaluation of early ketamine effects on belief-updating biases in patients with treatment-resistant depression », *JAMA Psychiatry*, 2022, 79(11), 1124-1132.

157. M. F. Grunebaum *et al.*, « Ketamine for rapid reduction of suicidal thoughts in major depression: a midazolam-controlled randomized clinical trial », *American Journal of Psychiatry*, 2018, 175, 327-335. – A. López-Díaz *et al.*, « Use of repeated intravenous ketamine therapy in treatment-resistant bipolar depression with suicidal behaviour: a case report from Spain », *Therapeutic Advances in Psychopharmacology*, 2017, 7, 137-140. – S. T. Wilkinson *et al.*, « The effect of a single dose of intravenous ketamine on suicidal ideation: a systematic review and individual participant data meta-analysis », *American Journal of Psychiatry*, 2018, 175, 150-158.

158. J. Kim *et al.*, « Esketamine for treatment-resistant depression – first Food and Drug Administration-approved antidepressant in a new class », *New England Journal of Medicine*, 2019, 381, 1-4.

159. Y. Wei Y, L. Chang, K. Hashimoto, « A historical review of antidepressant effects of ketamine and its enantiomers », *Pharmacology Biochemistry and Behavior*, 2020, 190, 172870.

160. https://www.ema.europa.eu/en/documents/product-information/spravato-epar-product-information_fr.pdf.

161. L. Vlerick *et al.*, « Pharmacokinetics, absolute bioavailability and tolerability of ketamine after intranasal administration to dexmedetomidine sedated dogs », 2020, *PLoS One*, 15, e0227762.

162. R. L. Carhart-Harris *et al.*, « Psilocybin with psychological support for treatment-resistant depression: an open-label feasibility study », *Lancet Psychiatry*, 2016, 3(7), 619-627. – R. L. Carhart-Harris *et al.*, « Psilocybin with psychological support for treatmentresistant depression: six-month follow-up », *Psychopharmacology*, 2018, 235(2), 399-408. – R. L. Carhart-Harris *et al.*, « Trial of psilocybin versus escitalopram for depression », *New England Journal of Medicine*, 2021, 384(15), 1402-1411.

163. National Comorbidity Survey (NCS), Harvard Medical School, 2007. .

164. J. Nepon *et al.*, « The relationship between anxiety disorders and suicide attempts: findings from the National Epidemiologic Survey on Alcohol and Related Conditions », *Depression and Anxiety*, 201, 27(9), 791-798.

165. K. Naragon-Gainey, « Meta-analysis of the relations of anxiety sensitivity to the depressive and anxiety disorders », *Psychological Bulletin*, 2010, 136(1), 128.

166. H. M. Lai*et al.*, « Prevalence of comorbid substance use, anxiety and mood disorders in epidemiological surveys, 1990-2014. A systematic review and meta-analysis », *Drug and Alcohol Dependence*, 2015, 154, 1-13.

167. N. M. Batelaan *et al.*, « Anxiety and new onset of cardiovascular disease: critical review and meta-analysis », *British Journal of Psychiatry*, 2016, 208(3), 223-231.

168. T. A. Kolesar *et al.*, « Systematic review and meta-analyses of neural

structural and functional differences in generalized anxiety disorder and healthy controls using magnetic resonance imaging », *NeuroImage Clinical*, 2019, 24, 102016.

169. E. A. M. Van Dis *et al.*, « Long-term outcomes of cognitive behavioral therapy for anxiety-related disorders: a systematic review and meta-analysis », *JAMA Psychiatry*, 2020, 77(3), 265-273. – A. N. Kaczkurkin, E. B. Foa, « Cognitive-behavioral therapy for anxiety disorders: an update on the empirical evidence », *Dialogues in Clinical Neuroscience*, 2015, 17(3), 337-46.

170. J. H. Schultz, (2018). *Le Training autogène : méthode de relaxation par autodécontraction concentrative. Essai pratique et clinique*, PUF, 2018.

171. K. S. Springer, H. C. Levy, D. F. Tolin, « Remission in CBT for adult anxiety disorders: a meta-analysis », *Clinical Psychology Review*, 2018, 61, 1-8. – E. Mayo-Wilson *et al.*, « Psychological and pharmacological interventions for social anxiety disorder in adults: a systematic review and network meta-analysis », *The Lancet*, 2014, 1(5), 368-376.

172. J. Kabat-Zinn, « An outpatient program in behavioral medicine for chronic pain patients based on the practice of mindfulness meditation: Theoretical considerations and preliminary results », *General Hospital Psychiatry*, 1982, 4(1), 33-47.

173. J. Kabat-Zinn, « Some reflections on the origins of MBSR, skillful means, and the trouble with maps », *Mindfulness*, Routledge, 2013, p. 281-306.

174. R. A. Gotink *et al.*, « Standardised mindfulness-based interventions in healthcare: an overview of systematic reviews and meta-analyses of RCTs », *PloS One*, 2015, 10(4), e0124344. – J. Eberth, P. Sedlmeier, « The effects of mindfulness meditation: a meta-analysis », *Mindfulness*, 2012, 3(3), 174-189. – P. Grossman*et al.*, « Mindfulness-based stress reduction and health benefits: a meta-analysis », *Journal of Psychosomatic Research*, 2004, 57(1), 35-43.

175. K. S. Young *et al.*, « The impact of mindfulness-based interventions on brain activity: A systematic review of functional magnetic resonance imaging studies », *Neuroscience and Biobehavioral Reviews*, 2018, 84, 424-433. – C. R. Pernet*et al.*, « Mindfulness related changes in grey matter: a systematic review and meta-analysis », *Brain Imaging and Behavior*, 2021, 15(5), 2720-2730.

176. R. Baer *et al.*, « Doing no harm in mindfulness-based programs: Conceptual issues and empirical findings », *Clinical Psychology Review*, 2019 Jul;71:101-114.

177. S. C. Hayes, F. Midal, *Un esprit libéré - Le Guide de la thérapie d'acceptation et d'engagement (ACT)*, Robert Laffont, 2022.

178. M. G. Ferreira *et al.*, « Effects of group Acceptance and Commitment Therapy (ACT) on anxiety and depressive symptoms in adults: A meta-analysis », Journal of Affective Disorders, 2022, 309, 297-308.

179. A. Abbing *et al.*, « The effectiveness of art therapy for anxiety in adults: A systematic review of randomised and non-randomised controlled trials », *PloS One*, 2018, 13(12), e0208716.

180. C. A. Bartley, M. Hay, M. H. Bloch, « Meta-analysis: aerobic exercise for the treatment of anxiety disorders », *Progress in Neuro-Psychopharmacology and Biological Psychiatry*, 2013, 45, 34-39.

181. C. P. McDowell *et al.*, « Physical activity and anxiety: a systematic review and meta-analysis of prospective cohort studies », *American Journal of Preventive Medicine*, 2019, 57(4), 545-556.

182. K. Jayakody, S. Gunadasa, C. Hosker, « Exercise for anxiety disorders: systematic review », *British Journal of Sports Medicine*, 2014, 48(3), 187-196.

183. D. Richards *et al.*, « The efficacy of internet-delivered treatment for generalized anxiety disorder: a systematic review and meta-analysis », *Internet Interventions*, 2015, 2(3), 272-282. – G. Andrews *et al.*, « Computer therapy for the anxiety and depression disorders is effective, acceptable and practical health care: an updated meta-analysis », *Journal of Anxiety Disorders*, 2018, 55, 70-78. – I. L. Kampmann, P. M. Emmelkamp, N. Morina, « Meta-analysis of technology-assisted interventions for social anxiety disorder », *Journal of Anxiety Disorders*, 2016, 42, 71-84.

184. T. R. Chen *et al.*, « Pharmacological and psychological interventions for generalized anxiety disorder in adults: a network meta-analysis », *Journal of Psychiatric Research*, 2019, 118, 73-83. – N. Chawla *et al.*, « Drug treatment for panic disorder with or without agoraphobia: systematic review and network meta-analysis of randomised controlled trials », *British Medical Journal*, 2022, 376, e066084.

185. A. Bystritsky, « Treatment-resistant anxiety disorders », *Molecular Psychiatry*, 2006, 11(9), 805-814.

186. J. M. Stoffers *et al.*, « Psychological therapies for people with borderline personality disorder », *Cochrane Database of Systematic Reviews*, 201, ;2012(8), CD005652.

187. I. A. Cristea *et al.*, « Efficacy of psychotherapies for borderline personality disorder: a systematic review and meta-analysis », *JAMA Psychiatry*, 2017, 74(4):319-328.

188. J. E. Young, J. S. Klosko, M. E. Weishaarn, *La Thérapie des schémas : approche cognitive des troubles de la personnalité*, De Boeck, 2017.

189. C. A. Padesky, « Schema change processes in cognitive therapy », *Clinical Psychology and Psychotherapy*, 1994, 1, 267-278.

190. C. Gauthier *et al.*, *Guide de pratique pour la thérapie des schémas*, Jean Goulet Éditeur, 2019.

191. M. Linehann, *Traitement cognitivo-comportemental du trouble de la personnalité*, Médecine et Hygiène, 2000.

192. A. Bateman, P. Fonagy, *Mentalization Based Treatment for Personality Disorders: A Practical Guide*, Oxford University Press, 2016.

193. P. Kopp, *Le Coût social des drogues en France*, Observatoire français des drogues et toxicomanies, 2015, rapport d'étude : www.ofdt.fr//BDD/publications/docs/epfxpkvc.pdf.

194. *Global Status Report On Alcohol and Health*, World Health Organization, 2018 : https://apps.who.int/iris/handle/10665/274603

195. N. D. Volkow, M. Michaelides, R. Baler, « The neuroscience of drug reward and addiction », *Physiological Reviews*, 2019, 99, 2115-2140,

196. N. D. Volkow *et al.*, « Addiction circuitry in the human brain », *Annual Review of Pharmacology and Toxicology*, 2012, 52, 321-336.

197. J.D. Salamone, M. Corre, « The mysterious motivational functions of mesolimbic dopamine », *Neuron*, 2012, 76, 470-485,

198. N.D. Volkow, M. Boyle, « Neuroscience of addiction: relevance to prevention and treatment », *American Journal of Psychiatry*, 2018, 175, 729-740,

199. T. W. Robbins, K. D. Ersche, B. J. Everitt, « Drug addiction and the memory systems of the brain », *Annals of the New York Academy of Sciences*, 2008, 1141, 1-21.

200. R. Z. Goldstein, N. D. Volkow, « Drug addiction and its underlying neurobiological basis: neuroimaging evidence for the involvement of the frontal cortex », *American Journal of Psychiatry*, 2002, 159(10), 1642-1652.

201. E. L. Garland *et al.*, « Emotion dysregulation in addiction », *in*

T. Beauchaine, S. E. Crowell (dir.), *Oxford Handbook of Emotion Dysregulation*, Oxford Library of Psychology, 2020, 313-326.

202. *World Drug Report 2021*, United Nations, Office on Drugs and Crime, 2021 : www.unodc.org/unodc/en/data-and-analysis/wdr2021.html

203. W. R. Miller, S. Rollnick, *L'Entretien motivationnel. Aider la personne à engager le changement*, InterEditions, 2019.

204. C. C. DiClemente, J. O. Prochaska, « Toward a comprehensive, transtheoretical model of change: stages of change and addictive behaviors », *in* W. R. Miller, N. Heather (dir.), *Treating Addictive Behaviors*, Plenum Press, 1998, 3-24.

205. B. W. Lundahl *et al.*, « A meta-analysis of motivational interviewing: Twenty-five years of empirical studies », *Research on Social Work Practice*, 2010, 20(2), 137-160. – C. C. Cushing *et al.*, « Meta-analysis of motivational interviewing for adolescent health behavior: efficacy beyond substance use », *Journal of Consulting and Clinical Psychology*, 2014, 82(6), 1212. – L. Li *et al.*, « Effectiveness of motivational interviewing to reduce illicit drug use in adolescents: a systematic review and meta-analysis », *Addiction*, 2016, 111(5), 795-805.

206. W. R. Miller, « Motivational enhancement therapy: description of counseling approach », *in* J. Boren, L. Onkend (dir.), *Approaches to Drug Abuse Counseling*, National Institure on Drug Abuse, 2000, p. 89-93.

207. K. M. Carroll *et al.*, « Motivational interviewing to improve treatment engagement and outcome in individuals seeking treatment for substance abuse: A multisite effectiveness study », *Drug and Alcohol Dependence*, 2006, 81(3), 301-312.

208. K. M. Carroll *et al.*, « A multisite randomized effectiveness trial of motivational enhancement therapy for Spanish-speaking substance users », *Journal of Consulting and Clinical Psychology*, 2009, 77(5), 993.

209. S. B. Goldberg *et al.*, « Mindfulness-based interventions for substance use disorders », *Cochrane Database Systematical Reviews*, 202, 10(10), CD011723.

210. E. B. Lee, W. An, M. E. Levin, « An initial meta-analysis of Acceptance and Commitment Therapy for treating substance use disorders », *Drug and Alcohol Dependence*, 2015, 155, 1-7.

211. M. Magill, L. A. Ray, « Cognitive-behavioral treatment with adult alcohol and illicit drug users: a meta-analysis of randomized controlled trials », *Journal of Studies on Alcohol and Drugs*, 2009, 70(4), 516-527.

212. L. A. Ray *et al.*, « Combined pharmacotherapy and cognitive behavioral therapy for adults with alcohol or substance use disorders: a systematic review and meta-analysis », *JAMA Network Open*, 2020, 3(6), e208279-e208279.

213. D. M. Donovan *et al.*, « 12-step interventions and mutual support programs for substance use disorders: an overview », *Social Work in Public Health*, 2013, 28(3-4), 313-332. – S. Reif *et al.*, « Peer recovery support for individuals with substance use disorders: assessing the evidence », *Psychiatric Services*, 2014, 65(7), 853-861. – G. Lo Coco *et al.*, « Group treatment for substance use disorder in adults: a systematic review and meta-analysis of randomized-controlled trials », *Journal of Substance Abuse Treatment*, 2019, 99, 104-116.

214. D. Hartnett *et al.*, « The effectiveness of functional family therapy for adolescent behavioral and substance misuse problems: a meta-analysis », *Family Process*, 201, 56(3), 607-619.

215. E. E. Tanner-Smith, S. J. Wilson, M. W. Lipsey, « The comparative effectiveness of outpatient treatment for adolescent substance abuse: a meta-

analysis », *Journal of Substance Abuse Treatment*, 2013, 44(2), 145-158.

216. J. Szapocznik, J. Douglas, « An ecodevelopmental framework for organizing the influences on drug abuse: a developmental model of risk and protection », in M. D. Glantz, C. R. Hartel (dir.), *Drug Abuse: Origins and Interventions*, American Psychological Association, 1999, 331-366. — J. D. Hawkins, R. F. Catalan, J. Y. Miller, « Risk and protective factors for alcohol and other drug problems in adolescence and early adulthood: implications for substance abuse prevention », *Psychological Bulletin*, 1992, 112(1), 64-105.

217. A. Oshri *et al.*, « Developmental pathways to adolescent cannabis abuse and dependence: child maltreatment, emerging personality, and internalizing versus externalizing psychopathology », *Psychology of Addictive Behaviors*, 2011, 25(4), 634644.

218. M. Skeer *et al.*, « A prospective study of familial conflict, psychological stress, and the development of substance use disorders in adolescence », *Drug and Alcohol Dependence*, 2009, 104(1-2), 65-72.

219. J. Biederman *et al.*, « Patterns of aAlcohol and drug use in adolescents can be predicted by parental substance use disorders », *Pediatrics*, 2000, 106(4), 792-797.

220. C. E. Henderson *et al.*, « Parenting practices as mediators of treatment effects in an early-intervention trial of multidimensional family therapy », *American Journal of Drug Alcohol Abuse*, 2009, 35(4), 220-226.

221. C. Montgomery, J. E. Fisk, L. Craig, « The effects of perceived parenting style on the propensity for illicit drug use: the importance of parental warmth and control», *Drug and Alcohol Review*, 2008, 27(6), 640-649.

222. J. P. Caughlin, R. S. Malis, « Demand/withdraw communication between parents and adolescents: connections with self-esteem and substance use », *Journal of Social and Personal Relationships*, 2004, 21(1), 125-148.

223. J. M. Beyers *et al.*, « A cross-national comparison of risk and protective factors for adolescent substance use: the United States and Australia», *Journal of Adolescent Health*, 2004, 35(1), 3-16.

224. S. P. Schinke, L. Fang, K. C. Cole, « Substance use among early adolescent girls: risk and protective factors », *Journal of Adolescent Health*, 2008, 43(2), 191-194.

225. G. M. Barnes *et al.*, « Effects of parental monitoring and peer deviance on substance use and delinquency », *Journal of Marriage and Family*, 2006, 68(4), 1084-1104.

226. O. G. Bukstein, « Practice parameter for the assessment and treatment of children and adolescents with substance use disorders », *Journal of the American Academy of Child and Adolescent Psychiatry*, 2005, 44(6), 609-621.

227. S. W. Henggeler *et al.*, *Multisystemic Therapy for Antisocial Behavior in Children and Adolescents*, Guilford Press, 2009.

228. T. L. Sexton, J. F. Alexander, *Functional Family Therapy Clinical Training Manual*, Annie E. Casey Foundation, 2004.

229. S. W. Henggeler *et al.*, *Multisystemic Therapy for Antisocial Behavior in Children and Adolescents*, Guilford Press, 2009.

230. H. A. Liddle *et al.*, « Multidimensional family therapy: a science-based treatment for adolescent drug abuse», *in* J. Lebow (dir.), *Handbook of Clinical Family Therapy*, John Wiley and Sons, 2005, 128-163.

231. H. Y. Cheng *et al.*, « Treatment interventions to maintain abstinence from alcohol in primary care: systematic review and network meta-

analysis », *British Medical Journal*, 202, 371:m3934 ; doi:10.1136/bmj.m3934.

232. D. Tomasi, N. D. Volkow, « Striato-cortical pathway dysfunction in addiction and obesity: differences and similarities », *Critical Reviews in Biochemistry and Molecular Biology*, 2013, 48, 1-19

233. R. Maatoug *et al.*, « Non-invasive and invasive brain stimulation in alcohol use disorders: a critical review of selected human evidence and methodological considerations to guide future research », *Comprehensive Psychiatry*, 2021, 109, 152257.

234. P. Conrad, J. Schneider, *Deviance and Medicalization: From Badness to Sickness*, Temple University Press, 1992.

235. E. Dyck, P. Farrell, « Psychedelics and psychotherapy in Canada: Humphry Osmond and Aldous Huxley », *History of Psychology*, 2018, 21(3), 240.

236. E. Dyck, « "Hitting highs at rock bottom": LSD treatment for alcoholism, 1950-1970 », *Social History of Medicine*, 2006, 19(2), 313-329.

237. F. R. Mendes *et al.*, « Classic and non-classic psychedelics for substance use disorder: a review of their historic, past and current research », *Addiction Neuroscience*, 3, 2022, 100025.

238. J. C. Burnham, 1993, *Bad Habits: Drinking, Smoking, Taking Drugs, Gambling, Sexual Misbehavior and Swearing in American History*, New York University Press, 1993.

239. Les Douze Étapes et Douze Traditions – Les Alcooliques anonymes : https://www.aa.org/fr/twelve-steps-twelve-traditions

240. P. Clervoy, M. Corcos, *Petits moments d'histoire de la psychiatrie en France*, EDK, 2012.

241. A. Hintzen, T. Passie, *The Pharmacology of LSD: a Critical Review*, Oxford University Press, 2010.

242. M. P. *et al.*, « Percentage of heavy drinking days following psilocybin-assisted psychotherapy vs placebo in the treatment of adult patients with alcohol use disorder: a randomized clinical trial », *JAMA Psychiatry*, 2022, 79(10):953-962. 243. https://nyulangone.org/

244. T. Taylor, *The Buried Soul: How Humans Invented Death*, Fourth Estate Ltd, 2003.

245. A. Hoffman, *LSD - Mon enfant terrible*, L'esprit frappeur, 2003.

246. M. Pollan, *How to Change Your Mind: What the New Science of Psychedelics Teaches Us About Consciousness, Dying, Addiction, Depression, And Transcendence*, Penguin, 2018.

247. P. Gasser, K. Kirchner,T. Passie, « LSD-assisted psychotherapy for anxiety associated with a life-threatening disease: a qualitative study of acute and sustained subjective effects », *Journal of Psychopharmacology*, 2015, 29(1), 57-68.

248. B. Romeo *et al.*, « Efficacy of psychedelic treatments on depressive symptoms: a meta-analysis », *Journal of Psychopharmacology*, 2020, 34, 1079-1085.

249. F. Liriano, C. Hatten, T. Schwartz, « Ketamine as treatment for post-traumatic stress disorder: a review », *Drugs in Context*, 2019, 8:1–7.

250. D. E. Nichols, M. W. Johnson, C. D. Nichols, « Psychedelics as medicines: an emerging new paradigm », *Clinical Pharmacology and Therapeutics*, 2017, 101, 209-219.

251. S. Ross, « Therapeutic use of classic psychedelics to treat cancer-related psychiatric distress », *International Review of Psychiatry*, 2018, 30, 317-330.

252. S. Muttoni, M. Ardissino, C. John, « Classical psychedelics for the treatment of depression and anxiety: asystematic review », *Journal of Affective Disorders*, 2019, 258, 11-24.

253. E. M. Krupitsky, A. Y. Grinenko, « Ketamine Psychedelic Therapy: a review of the results of ten years of

research », *Journal of Psychoactive Drugs*, 1997, 29, 165-183.

254. F. Holze *et al.*, « Distinct acute effects of LSD, MDMA, and d-amphetamine in healthy subjects », *Neuropsychopharmacology*, 2019, 45, 462-471.

255. J. M. Jones, M. K. Nock, « Lifetime use of MDMA/ecstasy and psilocybin is associated with reduced odds of major depressive episodes », *Journal of Psychopharmacology*, 2022, 36, 57-65.

256. R. L. Rothberg *et al.*, « Mystical-type experiences occasioned by ketamine mediate its impact on at-risk drinking: results from a randomized, controlled trial », *Journal of Psychopharmacology*, 2021, 35, 150-158.

257. W. T. Stace, *Mysticism and Philosophy*, MacMillam and Co., 1960.

258. W. N. Pahnke, W. A. Richards, « Implications of LSD and experimental mysticism », *Journal of Religion and Health*, 1966, 5, 175-208.

259. K. Ko *et al.*, « Psychedelics, mystical experience, and therapeutic efficacy: a systematic review », *Frontiers in Psychiatry*, 2022, 13, 917199.

260. L. Roseman *et al.*, « Emotional breakthrough and psychedelics: validation of the emotional breakthrough inventory », *Journal of Psychopharmacology*, 2019, 33, 1076-1087.

261. A. K. Davis, F. S. Barrett, R. R. Griffiths, « Psychological flexibility mediates the relations between acute psychedelic effects and subjective decreases in depression and anxiety », *Journal of Contextual Behavioral Science*, 202, 15, 39-45.

262. S. Ross *et al.*, « Rapid and sustained symptom reduction following psilocybin treatment for anxiety and depression in patients with life-threatening cancer: a randomized controlled trial », *Journal of Psychopharmacology*, 2016, 30, 1165-1180.

263. F. S. Barrett, R. R. Griffiths, « Classic hallucinogens and mystical experiences: phenomenology and neural correlates », *Behavioral Neurobiology of Psychedelic Drugs*, 2017, 36, 393-430.

264. L. Roseman, D. Nutt, R. Carhart-Harris, « Quality of acute psychedelic experience predicts therapeutic efficacy of psilocybin for treatment-resistant depression », *Frontiers in Pharmacology*, 2018 : www.frontiersin.org/articles/10.3389/fphar.2017.00974/full.

265. M. Nour *et al.*, « Ego-dissolution and psychedelics: validation of the Ego-Dissolution Inventory (EDI). *Frontiers in Human Neurosciences*, 2016 : www.frontiersin.org/articles/10.3389/fnhum.2016.00269/full.

266. R. Carhart-Harris *et al.*, « Psilocybin with psychological support for treatment-resistant depression: six-month follow-up », *Psychopharmacology*, 2018, 235, 399-408.

267. C. French, « "Near-death experiences in cardiac arrest survivors". The Boundaries of Consciousness: Neurobiology and Neuropathology », *Progress in Brain Research*, 2005, 150, 351–367.

268. E. Dakwar *et al.*, « A sub-set of psychoactive effects may be critical to the behavioral impact of ketamine on cocaine use disorder: results from a randomized, controlled laboratory study », *Neuropharmacology*, 2018, 142, 270-276.

269. S. C. Hayes*et al.*, « Acceptance and commitment therapy: model, processes and outcomes », *Behaviour Research and Therapy*, 2006, 44, 1-25.

270. R. Watts, J. B. Luoma, « The use of the psychological flexibility model to support psychedelic assisted therapy », *Journal of Contextual Behavioral Science*, 2020, 15:92-102.

271. P. S. Hendricks, « Awe: a putative mechanism underlying the effects of classic psychedelic-assisted psychotherapy », *International Review of Psychiatry*, 2018, 30, 331-342.

272. F. Cavanna *et al.*, « Microdosing with psilocybin mushrooms: a double-blind placebo-controlled study », *Translational Psychiatry*, 2022, 12, 307.

273. K. O. Lavik *et al.*, « The first sessions of psychotherapy: a qualitative meta-analysis of alliance formation processes », *Journal of Psychotherapy Integration*, 2018, 28(3), 348.

274. Van Benthem *et al.*, « A dual perspective on first-session therapeutic alliance: strong predictor of youth mental health and addiction treatment outcome », *European Child and Adolescent Psychiatry*, 2020, 29(11), 1593-1601.

275. R. C. Kessler, A. Luedtke, « Pragmatic precision psychiatry. A new direction for optimizing treatment selection », *JAMA Psychiatry*, 2021, 78(12), 1384-1390. – B. S. Fernandes *et al.*, « The new field of 'precision psychiatry' », *BMC Medicine*, 2017, 15(1), 1-7. – I. C. Passos *et al.*, « Precision psychiatry: the future is now », *The Canadian Journal of Psychiatry*, 2022, 67(1), 21-25.

276. R. Calati, P. Courtet, J. Lopez-Castroman, « Refining suicide prevention: a narrative review on advances in psychotherapeutic tools », *Current Psychiatry Reports*, 2018, 20(2), 1-10. – H. Wu *et al.*, « The significance of cognitive-behavioral therapy on suicide: an umbrella review », *Journal of Affective Disorders*, 2022, 15(317), 142-148.

Bibliographie conseillée

Christophe André
Consolations, L'Iconoclaste, 2022.
Méditer, jour après jour : vingt-cinq leçons pour vivre en pleine conscience, L'Iconoclaste, 2011.

Boris Cyrulnik
Psychothérapie de Dieu, Odile Jacob, 2019.

Antonio Damasio
L'Erreur de Descartes : la raison des émotions, Odile Jacob, 1995.
Spinoza avait raison : joie et tristesse, le cerveau des émotions, Odile Jacob, 2003.

Sigmund Freud
Introduction à la psychanalyse, Payot (traduction et réédition 2022).
Cinq Leçons sur la psychanalyse, Payot (traduction et réédition 2015).
Totem et Tabou, Payot (traduction et réédition 2021).

Alain Gérard et Brigitte Rémy
Si votre psychothérapie n'avance pas..., Albin Michel, 2015.

Russ Harris
Le Piège du bonheur, Pocket, 2017.

Jon Kabat-Zinn et Yolande Du Luart
Où tu vas, tu es : Apprendre à méditer pour se libérer du stress et des tensions profondes, J'ai lu, 2013.

Catherine Musa
Mieux vivre avec un trouble borderline, Dunod, 2019.

Juan-David Nasio
Enseignement de sept concepts cruciaux de la psychanalyse, Payot, 2016.

Michael Pollan
Les Nouvelles Promesses des psychotropes, Pocket, 2021.

Bessel A. Van der Kolk
Le corps n'oublie rien, Pocket, 2021.

Irvin D. Yalom
Thérapie existentielle, Le livre de poche, 2017.

Jeffrey Young
Je réinvente ma vie, Éditions de l'Homme, 2018.

Remerciements

Je tiens à exprimer humblement ma profonde reconnaissance envers tous les patients qui continuent de m'enseigner la psychiatrie avec tant de confiance et de persévérance (en dépit de mes incalculables erreurs), ainsi qu'à mes Maîtres Henri Lôo et Jean-Pierre Olié et bien entendu à mes chers collègues et amis Philippe Fossati, Raphael Gaillard, Alain Gérard, Marc Masson, Stéphane Mouchabac, Sylvie Natier-Duchamp et Frédéric Raffaitin (et tous les autres…).

Parmi mes nombreuses sources d'inspiration, je tiens à rendre un hommage tout particulier à Christophe André, un guide fidèle, bienveillant et inspirant à bien des égards depuis tant d'années, mais aussi à Adrian Wells, pour ses inestimables travaux sur la méta-cognition, à Steven Hayes, l'incroyable créateur de la thérapie ACT et à Russ Harris, dont les ouvrages sont de véritables pépites.

Laura Zuili, mon agent, et Olivia Maschio Esposito, mon éditrice, trouveront ici l'expression de ma profonde reconnaissance pour leur énergie insatiable, l'enthousiasme joyeux et l'efficacité incroyable avec laquelle elles ont porté ce nouveau projet.

Enfin, un immense merci à mes proches, qui sont un soutien inestimable au quotidien.

Achevé d'imprimer par Rotativas
pour le compte des Éditions Marabout (Hachette Livre)
58, rue Jean-Bleuzen, 92178 Vanves Cedex
Dépôt légal : février 2023
ISBN : 978-2-501-17374-2
8900666